新文京開發出版股份有限公司
NEW WCDP
新世紀・新視野・新文京 — 精選教科書・考試用書・專業參考書

New Wun Ching Developmental Publishing Co., Ltd.

New Age · New Choice · The Best Selected Educational Publications — NEW WCDP

第5版

郵輪旅遊概論

郵輪百科事典

呂江泉 alumi　編著

Cruise Tour Introduction: Essential Cruise Glossary

FIFTH EDITION

全新改版，新增郵輪產業百科事典、郵輪航線規劃準則以及郵輪航線選擇要訣等篇章，堪稱當代郵輪產學界最新穎、最詳實、最權威力作。

國家圖書館出版品預行編目資料

郵輪旅遊概論 : 郵輪百科事典 / 呂江泉編著. --
五版.--新北市 : 新文京開發出版股份有限公司,
2021.06
面 ; 公分

ISBN 978-986-430-728-9（平裝）

1.航運管理 2.郵輪旅行

557.43 110007100

郵輪旅遊概論—郵輪百科事典（五版）（書號：**HT31e5**）

編 著 者	呂江泉
出 版 者	新文京開發出版股份有限公司
地　　址	新北市中和區中山路二段 362 號 9 樓
電　　話	(02) 2244-8188（代表號）
F A X	(02) 2244-8189
郵　　撥	1958730-2
初　　版	西元 2015 年 03 月 01 日
二　　版	西元 2016 年 05 月 01 日
三　　版	西元 2017 年 05 月 01 日
四　　版	西元 2019 年 01 月 10 日
五　　版	西元 2021 年 06 月 01 日

建議售價：450 元

法律顧問：蕭雄淋律師

ISBN 978-986-430-728-9

吳序

自 20 世紀 90 年代迄今，郵輪產業發展概以歐美為市場主力，主要郵輪地理區位多集中於加勒比海、地中海以及阿拉斯加等歐美海域。郵輪集團則依序以嘉年華、皇家加勒比、挪威（諾維真）、地中海以及雲頂香港等，目前名列全世界前五大集團。其中，雲頂香港旗下麗星郵輪以及星夢郵輪長期在台深耕，讓台灣旅客得以體驗郵輪旅遊，20 餘年來共累積約 200 萬人次的旅客量，開啟台灣旅客對於郵輪旅遊之認知。近年來，全球郵輪產業出現板塊東移之趨勢，雲頂、公主、歌詩達、皇家加勒比等郵輪船隊看好亞太地區發展，不僅投入郵輪船隻於亞洲海域，同時更紛紛搶進台灣市場灣靠或母港營運。

隨著台灣郵輪產業日益蓬勃發展之需要，台灣國際郵輪協會乃於 2014 年底正式成立，規劃有教育訓練、公共關係、活動參訪、研究發展、接待推廣、完善法規及港勤服務等七個委員會。歷年來並在交通部觀光局贊助下成功舉辦共六期、三十餘梯次郵輪導遊領隊人員、郵輪產業從業人員專業培訓，全面提升台灣郵輪產業人力資源之發展。本人忝任台灣國際郵輪協會第一屆、第二屆理事長，也要藉此特別感謝全體理監事暨會務人員，長期致力於深化郵輪專業人才培育、完善法規和國際交流的無私奉獻。

本書作者呂江泉博士學養俱佳，長年鑽研休閒觀光事業尤其郵輪旅遊理論與實務領域，旅遊產業實務經驗與學術專業皆得為晚進者之榜樣。此外，呂老師身為台灣國際郵輪協會常務顧問，除熱心協助本協會教育訓練委員會講座之外，更因其於郵輪旅遊領域學術研究之輝煌成果，獲邀擔任發展郵輪產業白皮書起草人之一，同時榮獲中國交通運輸協會郵輪遊艇分會 CCYIA 頒發「中國郵輪發展專家委員會」專家證書。

2019 年，雲頂香港集團總裁區福耀(Colin Au)有鑒於大華人地區的消費者，對於這個新興的海上航遊產業認識相對較為生疏，遂在取得產業界一致公認的「郵輪聖經」—「伯利茲郵輪年鑑 Berlitz Cruising and Cruise Ships」主編 Douglas Ward 授權同意之後，透過本人委請呂博士著手負責將之擇要譯成華文實體書暨電子書問世，以作為廣大華人消費族群選擇搭乘郵輪航遊的重要參考。最後，針對呂老師長期為本協會所作的無私貢獻，本人藉此表達由衷的謝忱。

台灣國際郵輪協會榮譽理事長 吳勛豐

推薦序
RECOMMENDATION

林序

全球郵輪市場於近二十餘年來，平均以每年 7.2%左右的比率穩定成長，2019 年全球郵輪旅客人次終於突破 3,000 萬人次的史上新高規模。根據 CLIA 研究顯示，即使當下全球受到 COVID-19 新冠肺炎疫情嚴重的衝擊影響，預估未來郵輪產業表現仍將優於其他的旅遊品類，而亞太海域則是近幾年來成長最為快速的市場，全球郵輪公司已將發展重心逐步轉進亞洲，積極開發此一全球最具潛力的郵輪客源市場。台灣位處東北亞及東南亞郵輪航運的中心樞紐地位，加以擁有豐富的自然與人文觀光資源，吸引多家國際郵輪來台灣靠或母港營運，加上國人搭乘郵輪旅遊風氣日盛，2018 年台灣終能躋身成為世界第十一、亞洲第二大郵輪客源市場，基隆港也發展成為亞洲第五大郵輪港口，充分展現台灣發展郵輪市場經濟的無限潛力。

COVID-19 新冠疫情肆虐全球，郵輪產業發展幾乎完全停擺，而台灣自 2020 年 7 月底起，即有星夢郵輪探索夢號領先全球復航跳島環島航程。值此國家防疫能力就是展現國力的時代，台灣也因有賴於疫情控制得當，不但已然成為國際矚目的防疫典範，同時更因率先全球復航台灣跳島環島航線而聲名大噪。同時，本協會長期以來也致力於配合政府推展 Fly Cruise 海空聯營業務，並負責執行台灣發展跳島郵輪國際行銷暨國際論壇計畫，期望藉此吸引更多國際旅客來台搭乘郵輪、觀光旅遊及休閒遊憩，以帶動台灣整體旅遊產業的蓬勃發展。

呂江泉博士長年潛心於鑽研郵輪旅遊理論與產業實務，其所獲致郵輪旅遊領域學術研究之輝煌成果，足為晚進學子學習之榜樣。今次呂博士出版《郵輪旅遊概論－郵輪百科事典》第五版專書，除著重於郵輪旅遊專業資訊，諸如郵輪概論、產業演進、海域航線、集團船隊、活動設施、郵輪體驗、人資組織、郵輪評鑑、安全規範、市場行銷、港埠經濟以及產業趨勢等十二篇章之外，特別再加入郵輪疫情防制篇章，期以提供產學各界對郵輪旅遊防疫安全之重要參考。本人除對作者努力不懈的研究精神表達敬佩之外，也特別感謝他長期為台灣國際郵輪協會所做的無私貢獻。

台灣國際郵輪協會理事長 林博宗

五版序 PREFACE

編者年少時在國立臺灣海洋大學主修輪機工程學系，曾經有段搭乘商船遨遊四海的生命歷程。而後二十餘載青壯年期間，長期從事相關導遊領隊、產品規劃、行銷管理暨旅遊業經理人等觀光遊憩產業背景職務。2001夏承蒙前中國海專黃聲威校長抬愛，敦聘擔任該校新設立海洋休閒觀光科專任講師一職。其後，分別於台灣觀光學院旅遊系、國立屏東大學休閒系歷任助理教授、副教授，並於 2017 年自教職退休迄今。因此，本人選定並著手撰寫相關海洋休閒觀光碩博士論文與郵輪旅遊著述，除深盼將近年來多方涉獵蒐集之相關文獻、職場經歷及教學心得，得以集結出書以饗各界同好並用為教材之餘，同時祈願個人三十餘載寶貴求學生涯暨職場歷練，不致平白虛度。

值此政府全力推展海洋休閒觀光，尤其爭取國際郵輪停靠台灣港口以發展郵輪產業之重大時機，本書全新改版、增修第五版之編寫，特別著重於郵輪旅遊專業資訊－諸如郵輪百科事典、概論、產業、航線、船隊、設施、體驗、組織、評鑑、安全、行銷、港埠、趨勢及防疫等十三個篇章，祈使各界郵輪同好得以對郵輪旅遊有較為完整清晰之認識，並作為未來發展郵輪整體產業之參考外，同時深盼得以引發相關學界及產業各界人士之共鳴同修。吾等如能對此一持續成長中之海洋休憩產業，寄予更多關注與深入探討，企盼將來會有更進一步之發展契機。

本書得以順利編寫完成，本人由衷感謝全球郵輪最大品牌 Carnival Corporation & plc 嘉年華郵輪集團前總監徐景奇、台灣國際郵輪協會榮譽理事長吳勛豐、高雄國際郵輪協會榮譽理事長孫志鵬等三位郵輪產業先進的指導提攜；同時要感謝引領我進入學術殿堂的長官恩師黃聲威、劉元安、李銘輝、薛益忠、容繼業、林玥秀、曹勝雄、鄭天明等教授之提攜與教誨。

此外，本書得以在短短六年內五版出書，作者也要藉此向新文京開發出版股份有限公司經理洪成賀、編輯江品慧等細膩嚴謹的編校專業團隊，誠摯致上個人的感佩之意。最後，謹此向內人嚴廣亭女士獻上我的摯愛與謝忱，她樂觀無憂的精神鼓舞與無怨無悔的寬容相伴，是我此生最大的福分。

第五版增修改版導讀：

1. 第五版全書改採 2020 年最新文獻資料，佐以郵輪產業現況探討以及完整增修郵輪專業術語，以第一手「郵輪百科事典」形式呈現。
2. 第五版增修改版目錄，除收錄原有的章、節條目之外，增加「郵輪疫情防制」專章，並於各章節下增錄分節條目，以方便讀者查找。

呂江泉 alumi 謹識

呂江泉 博士 Dr. C. C. Lu, alumi

台灣省雲林縣人，具四十餘載觀光休閒產學跨界資歷，長期專注從事於郵輪旅遊產業研究。就讀中國文化大學觀光事業研究所碩士論文〈旅客選擇海上郵輪旅遊之動機與體驗研究〉、地學研究所博士論文〈台灣發展郵輪停靠港之區位評選研究〉，同時著作暨譯著《郵輪旅遊》、《郵輪旅遊概論》、《郵輪旅遊實務》、《伯利茲郵輪年鑑》等專書。曾專任台北海洋科技大學海洋休閒觀光系講師，台灣觀光學院旅遊管理系助理教授，國立屏東大學休閒事業經營學系副教授，兼任國立臺灣海洋大學海洋觀光系、中國文化大學觀光事業系副教授、高雄國際郵輪協會常務理事、台灣國際郵輪協會理事暨常務顧問、台灣港務公司營運委員會委員、交通部觀光局領隊導遊職前訓練講座、行政院消保處郵輪旅遊定型化契約審查委員。

目錄
CONTENTS

郵輪設施配置圖範例

1 迷你總統套房
2 總統套房
3 觀景台
4 秀場
5 健身房、三溫暖
6 按摩浴
7 運動場
8 托兒所
9 照相館
10 客房
11 主要餐廳
12 賭場
13 酒吧
14 露天泳池、按摩浴
15 狄斯可舞廳
16 比薩餐廳
17 大廳、酒吧
18 大廳
19 免稅店
20 鋼琴酒吧
21 自助式餐廳、咖啡廳
22 大型歌劇院

EXPLORE THE EXOTI

郵輪航線海域圖範例

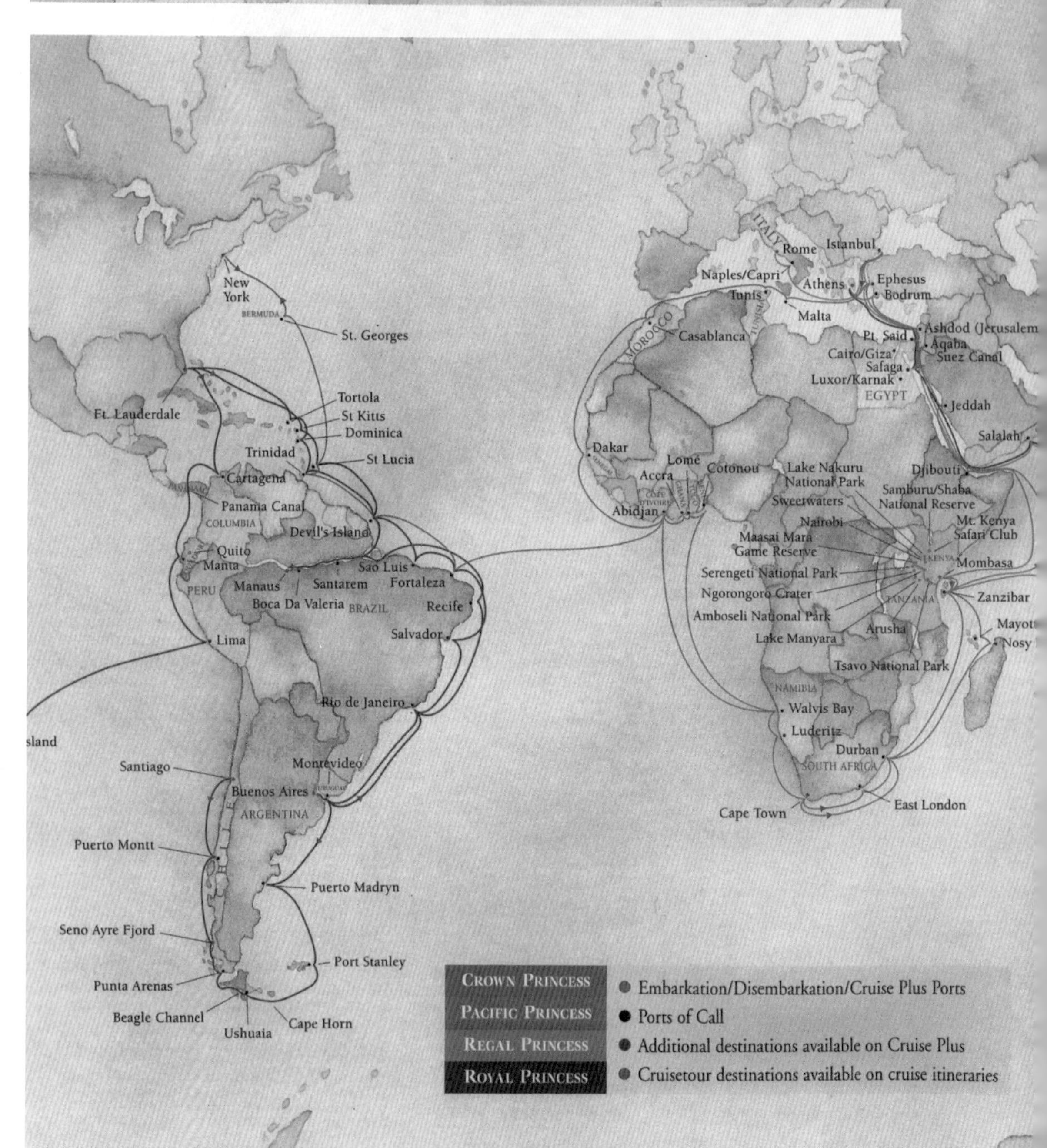

ORLD OF PRINCESS

P OUT YOUR ADVENTURE.

Captain is at the helm of your Grand Class ship, but you're in charge of Exotic Adventure. Choose from the widest array of ships, itineraries and of call in world-wide cruising. From the Aleutian Islands to the Cape of Hope, from the Strait of Gibraltar to the tip of South America, and from lands of the South Pacific to Alaska's Glacier Bay, we trace the coastline of ighty continents, and drop anchor in over 100 exciting ports.

郵輪百科事典

郵輪專業術語彙編

Essential Cruise Glossary

CHAPTER

Cruise / Cabin / Crew / Deck / Knot / SOLAS

依據國際慣例，基於航空與航海兩界之行業特殊性，飛行器及包括郵輪在內的海上船舶均有其本業專用術語，以明確和陸路交通工具用語明確區隔。同時，郵輪旅遊產業尤其是船隻航行乘務相關用語，與一般旅遊產業用語之認知差距甚大，相關郵輪旅遊產學各界人士，均應密切寄予關注以適應此一新興旅遊產業之特殊屬性。茲以表列方式分別條舉航空與航海兩界相通術語、郵輪船體方位設施及郵輪專業術語如下。

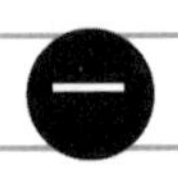

一 海空兩界相通術語 Air / Sea Terminology

(一) 海空專用術語對照表 Air / Cruise Terminology

海空專用術語	航空用語 / 郵輪用語
Captain	機長／船長。
Crew	機組員／船員、乘組員。相異：飛行員 Pilot／船員 Seaman。
Cabin	飛機機艙／船艙或客艙。
Deck	樓層／甲板。因此，Airbus A380 雙層機型又稱為 Double Decker。
Gangway	空橋／舷梯或船橋。
Galley	空廚／廚房。
Mayday	求救訊號。航海船舶、航空器遇到非常緊急狀況時呼救訊號。
Porthole	飛機窗戶／船舶舷窗。
Port	機場 Airport／港口 Seaport。
Purser	座艙長／事務長或事務員。
Terminal	機場航站／碼頭航站。

（二）海空通訊英文字母代號表 Phonetic Alphabet Tables

Letter	Phonetic Alphabet	Letter	Phonetic Alphabet	Letter	Phonetic Alphabet
A	Alpha	J	Juliet	S	Sierra
B	Bravo	K	Kilo	T	Tango
C	Charlie	L	Lima	U	Uniform
D	Delta	M	Mike	V	Victor
E	Echo	N	November	W	Whiskey
F	Foxtrot	O	Oscar	X	X-ray
G	Golf	P	Papa	Y	Yankee
H	Hotel	Q	Quebec	Z	Zulu
I	India	R	Romeo		

二 船體方位設施術語 Ship's Hull Terminology

船體方位術語	輪船船體方位及主要設施術語釋義
船體：Hull	船體為船舶硬體主體結構，統稱為船殼(Hull)，如按其縱向劃分可分為船艏部(Fore Part)，船舯部(Midship Part)及船艉部(Aft Part)三大區塊；船體之最前端部位稱為船艏(Bow; Stem)，船體最後端部位稱為船艉(Stern)。
船艏：Bow	船艏；船舶最前端的部位，又稱為 Head。(前進 Go Ahead)
船艏區塊：Fore	船艏區塊；整個靠近船頭部位的區塊，又稱為 Forward。
船艉：Stern	船艉；船舶最後端的部位，又稱為 Back。(後退 Go Astern)
船艉區塊：Aft	船艉區塊；整個靠近船尾部位的區塊。
左舷：Port Side	左舷，人員在船上面向船頭方向的左側。
右舷：Starboard Side	右舷，人員在船上面向船頭方向的右側。

船體方位術語	輪船船體方位及主要設施術語釋義
船舯：Midship	船舯或船舶中段部位區塊，屬於整艘船最寬闊的一段，又稱為Amidships。
甲板：Deck	甲板，在船體船樑(Beam)上面鋪以近乎水平方向之平面結構物稱之，甲板亦即等同於陸地上建物的樓層。
主甲板：Main Deck	主甲板，係屬郵輪全船主要服務設備與設施之所在。主甲板通常又稱為救生艇甲板(Lifeboat Deck)或散步甲板(Promenade Deck)，Promenade 亦即代表 360 度全景環繞式步道之謂。
大廳：Atrium; Lobby	中庭大廳，又稱 Centrum, Lounge。郵輪中庭，其結構往往挑高穿越多層甲板，在狹長船舶空間中給予旅客空曠雄偉之感受。
駕駛台：Bridge	駕駛台；船橋，又稱 Helm 或 Wheelhouse，主要設置於航海船橋甲板(Navigation Bridge Deck)，為航行運轉總指揮中心。
客艙：Cabin	船艙或客艙，又稱為 Stateroom 或 Room。郵輪客艙通常分為無窗內艙(Inside Cabin)、海景外艙(Outside or Seaview Cabin)、海景陽台艙(Balcony Cabin)及海景套房艙(Suite)等四種類型。
主餐廳：MDR	主餐廳，Main Dinning Room 縮寫。
設施：Amenity	郵輪休閒遊憩設施統稱，又稱 Facility。
通道：Alleyway	船舶內外通道。泛指郵輪船上任何通道之總稱。
空橋：Gangway	空橋、舷梯或船橋。
救生艇：Lifeboat	救生艇。郵輪於船體兩側主甲板上方，依據 SOLAS 安全公約規範各裝備若干足以容納全體船員暨旅客總數 110%之救生船艇或浮具，預防萬一以確保海上航行安全。
救生筏：Liferaft	救生筏。通常存放於郵輪船體兩側主甲板之筒狀玻璃纖維容器中，緊急情況時可利用高壓氣體充氣成為救生筏。
Muster；Muster Drill	緊急集合（點）演習。郵輪船方召集旅客和乘組員集會，以應對實際緊急情況或進行逃生演練(Lifeboat Drill)。
動力：Propulsion	郵輪動力或推進器(Propeller)。早期傳統郵輪以蒸汽推動，現代郵輪多用渦輪發動機(Turbine Engine)、液化天然氣(Liquid Natural Gas; LNG)或油電混合動力(Hybrid Electric)為主要動力來源。

船體方位術語	輪船船體方位及主要設施術語釋義
裝修：Refurbishment; Renovation; Remodel	郵輪翻新裝潢。指的是郵輪船體的翻新工程或內裝的重新裝潢，通常代表著如下幾個意涵。 1. 透過延伸工法(Stretch)增大船體噸位容量。 2. 修造新一代船型(Features)的企業統一形象。 3. 增減不同數量的客艙（例如增加陽台艙比例）。 4. 不同的內外裝潢（例如船體塗裝或內部裝潢）。 5. 增添裝設更多的娛樂設備或公共設施。

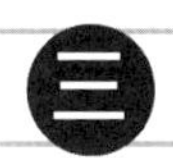

三 郵輪專業術語彙編 Cruise Terminology ABC

A

Abandon Ship Drill	緊急逃生演習，又稱 Lifeboat Drill。假設船舶遇難須棄船逃生之演習活動，SOLAS 規定全體船員暨旅客必須一律參加演習，郵輪每航次開船前船方會以「7 短_ _ _ _ _ _ _ 1 長________」汽笛聲通知。
ABC Islands	ABC 三島。位於西加勒比海，均為荷蘭之固有屬地，ABC 分別代表阿魯巴(Aruba)、伯奈爾(Bonaire)及古拉索(Curacao)等三座島嶼。
Abeam	船舷外圍（舷側）。即指平行於船體之外部，並非屬船舶本身範圍。
Aboard	人員登船或在船上。
ABS	美國驗船協會(American Bureau of Shipping)，屬於掌理船舶結構安全、設計以及維修之檢驗單位，為世界最主要船級社之一。
Adjoining Cabin	緊鄰艙房。通常是單號對單號、雙號對雙號相鄰。
Add-On	額外費用，又稱 Extra Cost。指不包含於船票費用之額外收費，例如旅遊保險、航空機票、岸上接送、遊程及食宿或港口稅捐等。
Adventure Cruise	探險型郵輪，又稱 Expedition Cruise。專指行駛於相對落後或偏遠地區之郵輪航線，例如行駛南極、北極、中美洲亞馬遜河叢林、太平洋加拉巴哥斯群島(Galapagos)等郵輪。

Aft	船艉。船尾部位區塊；最後端又稱為 Stern。因此，船舶倒俥時（向後退）稱為 Go Astern。
Agency Fee	港口代理費，又稱 Attendance Fee。港口代理行(Port Agent)於船舶靠港時，提供相關人貨報關、備品運補及雜項服務所收取之費用。
Agenda	郵輪活動行程表或每日節目表。各家郵輪船隊名稱有別，通常又稱為 Daily Program、Daily Schedule。
Ahead	船艏。船舶最前端部位，又稱 Bow、Head、Front。因此，船舶前俥時（向前開）稱為 Go Ahead。
Air/Sea/Land Mix	結合機票與船票之陸海空套裝行程。通常亦包含機場與港口間來回接送及陸上遊程等，又稱 Fly/Cruise Package。
Air City	指定進出點城市。郵輪旅客得指定某一特定城市，作為其搭乘郵輪接駁航空班機之進出點。
All Inclusive	一價全包套裝遊程，又稱 All Inclusive Concept。指郵輪產品涵蓋來回機票、食宿交通及遊程安排等項目，亦即所有攸關食衣住行育樂（吃住行遊購娛）等觀光六大元素之總和。
All Suite Cruise	全套房艙郵輪，又稱 Deluxe Category 或 Premium Segment。指郵輪公司以全套房艙為號召，如銀海(Silversea)、星風(Windstar)、璽寶(Seabourn)等即屬此類頂級郵輪船隊。
Alleyway	通道。泛指船舶上任何通道之總稱。
Allocation	團體訂位、訂房，又稱 Allotment。指旅客透過旅行社所預訂之郵輪艙房總數。
Alongside	船舶停靠碼頭。如遇船舶吃水過深或船身過長，無法直接停靠於碼頭時，則先拋錨固定於錨地(Anchorage)，再以接駁船(Tender)轉運上岸來回。
Alternating Itineraries	雙併航線，又稱 Butterfly Itinerary 或 Back to Back。指同一艘郵輪同時行駛兩條不同航線，提供擁有較長休閒時間的旅客選擇搭乘。
Alternating Dining	主題餐廳。郵輪除固定於自助餐廳或主餐廳供餐外，亦設有各式小型付費制主題餐廳。相似字：付費餐廳 Specialty Restaurant。
Amenity	郵輪休憩設施總稱，又稱 Facility。

Amidships	船舯部位區塊。又稱 Midship，船舶中段部位，屬於整艘船最為寬闊的一段。
Anchor	船錨。船舶停靠碼頭(Dock; Alongside)或錨地(Anchorage)，利用拋錨碇泊之重力以固定船身。
Anchor Ball	錨球。船舶停靠碼頭或錨地拋錨時，必須懸掛一顆黑色錨球示警，告知其他船舶注意保持距離以策安全。
Anti-Rebating Policy	反殺價政策。反殺價幾乎是所有郵輪公司都維持的一項政策，該政策可以降低或防止代理商從事價格戰活動。簡言之，該政策要求旅行社在通過客戶的信用卡付款時，應收取郵輪票價的總金額。
Anytime Dinning	郵輪旅客不分批次自由用餐制，又稱 Open Seating or Free Seating。詳見 Seating。
APPS	防制船舶排放汙染物法規(Act to Prevent Pollution from Ships)。
Arrival Notification	船舶進港預告，郵輪通常多提早於一兩年前，向預定進港港口當局提出進港通告。又稱 Advance Notice of Arrival Requirements。
Art Auction	藝術品拍賣會。屬於郵輪船上諸多船上活動與營銷副業之一。
Assigned Seating	分批座次時間。郵輪業者配合劇場夜總會表演場次時間，幫旅客安排分批輪流入座享用晚餐或看秀。詳參 Seating。
Astern	船艉。船舶最尾端部位，又稱 Back。因此，船舶倒俥時（向後退）稱為 Go Astern。
At Sea	船舶啟航或海上巡航，通常指郵輪不靠岸之海上巡航日。相似字：Sea Day。
Atrium	中庭大廳，又稱 Centrum, Lounge, Lobby。郵輪中庭結構往往挑高穿越多層甲板，在狹長船舶空間中給予旅客空曠雄偉之感受。
Auto Pilot	自動導航系統(Automatic Pilot)。現代船舶運用電羅經自動導航系統(Gyro Pilot)，依設定船舶航向(Compass Direction)自動航行。

B

Baby Sitting	臨時代客照看嬰幼童之服務。
Baggage Policy	行李重量限制。郵輪雖亦根據航空公司慣例，限定旅客行李重量，但實務上大都並未嚴格執行行李限重政策。
Baggage Tag	行李吊牌，又稱 Luggage Tag。郵輪以不同色澤吊牌區分，以便迅速代客搬運行李進出艙房，並作為旅客上下船順序之識別。
Balcony Cabin	海景陽台艙，又稱 Veranda Cabin。郵輪海景外艙以落地門連通附設有海灘桌椅之觀景陽台，面積坪數及價位略高於內艙及外艙。
BL Category	保證住宿陽台艙方案，又稱 X Category。詳見 Guarantee。
Ballast Tank	壓載艙。船舶利用海水壓載艙重量，以維持船舶平衡並預防傾側。
Bar Tender	酒吧調酒員。
Bare Boat Charter	空船租用，又稱 Demise Charter。租賃船舶時由租用客戶自行負責雇用船員、補養及保險等。相對字 Wet Charter（整船租用）。
Basis Two	郵輪產業通常採用「兩位旅客共用一間艙房」之計價方式，又稱為 Twin Share Basis。
Beam	船幅，即船舶中段腹部最寬處，又稱 Breadth。巴拿馬運河條款規定，越過運河郵輪之船幅不得逾越該運河最寬標準。
Bearing	船舶航向，即船舶羅經設定航行方向(Compass Direction)。
Beauty Salon	美容美髮服務，又稱 Barber Shop。旅客須事先預訂並付費享用。
Beaufort Scale	蒲福風級。代表風浪強弱程度之標示，常用風力或風速等級表示，蒲福風級風力共分 0~12 級、風速共分 0~17 級。
Bell	俥鐘；船鐘，又稱 Telegraph。為船舶駕駛台指揮船舶運轉之工具。傳統船舶以手搖式船鐘運轉，現代船舶均採電腦化系統操作。
Bell Book	俥鐘記錄簿，又稱 Log Book。
Below	下層船艙，通常指位於主甲板以下的船艙樓層。
Berth	床位；船席。一指郵輪艙房中之床位、鋪位；另一則指船舶所停靠之碼頭、船席。碼頭、船席又稱 Dock、Pier、Quay、Wharf。
Bilge	船底汙水艙。儲存汙水同時亦具有壓載艙(Ballast Tank)之功能。

Bill of Lading	貨物提單，簡寫 B/L。船舶運送貨物所發行載貨提單證券，內容包括船名、船長、目的港、貨名及運費等明細。
Blast	船笛；警示用之船號或鳴笛。
Boarding Pass	登船證，又稱郵輪卡(Cruise Card)。旅客 Check-In 時取得之磁卡，具有上下船識別證、房卡、計帳卡、簽證卡等多重功能。
Boat Station	緊急逃生救生艇集合點。又稱 Muster Station，旅客搭乘郵輪時，應切記個人之緊急集合點及專屬救生艇編號。
BOB	預購遊程(Booking on Board)簡稱。旅客於郵輪上預購下一航次遊程，其收費價位通常會有較多之折扣優惠。
Bollard	繫纜樁。碼頭、船席區用來繫綁船纜，以固定船舶之裝置。
Booking	訂位。
Booking Form	訂位表。旅客訂位時，應詳填食宿、交通、保險等需求項目。
Boutique Ship	小型豪華郵輪，又稱 Deluxe Ship。強調全套房艙、個人專屬服務，知名的有銀海(Silversea)、星風(Windstar)、璽寶(Seabourn)等。
Boutiques	精品店。
Bow	船艏。船舶最前端頭部，又稱 Head、Fore、Front。
Bow Thruster	船艏側螺旋槳。裝設於船艏兩側之較小型螺旋槳，用為船舶靠、離岸或轉彎之輔助機具。相對字 Stern Thruster（船艉側螺旋槳）。
Brand Management	品牌管理，又稱 Branding。郵輪公司透過購併(Acquisition)其他船隊，再以品牌管理吸引不同目標市場客群。詳見 Fleet。
Breakwater	碎波堤；防波堤。
Bridge	船舶駕駛台、船橋，又稱 Wheelhouse。設置於船艏或船艉較高處之船橋駕駛台，為船舶航行運轉操作指揮中心。
Budget Cruise	平價郵輪。平價郵輪船隊船型較為老舊或設施服務較為陽春之郵輪品牌，以平價供應分眾市場之需求。典型的平價郵輪船隊，以 Easy-Cruise 最具代表性，以吸引較為年輕的客群為市場訴求。此外，其產品可分段購買（至少兩晚），亦屬郵輪市場創舉之一。
Bulbous Bow	球型破浪船艏。船舶利用圓球型船艏，配合特殊光滑塗漆設計，可有效減低造波阻力或黏性阻力，以加快速度並減省燃油耗損。

Bulkheads	艙壁。船舶之垂直隔艙壁面，形同岸上通稱的牆壁。
Bunk Bed	船舶艙房壁面折疊床(Upper Berth)。另亦指船舶燃油艙；煤料艙。
Buoy	浮標、浮筒。裝置於航道上用為船舶通過狹窄水道、暗礁等之警示浮標。如裝置於港灣內時，則用為船舶繫纜之錨地浮筒。

C

Cabin	郵輪客艙，又稱 Stateroom; Room。大致有如下各類房型： 1. 總統套房(Presidential Suite)。 2. 頂樓套房(Penthouse Suite)。 3. 行政套房(Junior Suite)。 4. 海景陽台艙(Balcony Cabin)。 5. 海景外艙(Outside or Seaview Cabin)。 6. 無窗內艙(Inside Cabin)。
Cabin Category	艙房等級。郵輪艙房通常依其位置、面積大小、有無靠海窗戶、客廳或陽台，以決定艙房等級或價位高低。
Cabin Configuration	艙房配置。郵輪艙房通常配置有大小不同尺寸的床鋪、淋浴間（少數附設浴缸）及其他類似陸上飯店之內部裝潢。
Cabin Service	艙房送餐服務，又稱 Room Service。
Cabotage	沿海航行權、內海航行權。又稱為境內航行權，指各國允許他國船舶或航空器之經營起迄點，皆位於該國境內的航行權利。
Cadet	實習生，又稱 Apprentice、Intern。
Call Sign	船舶呼號，又稱 Code。其用途頗類似航空班機，以字母和數字表示之航班代號(Flight Code)。
Canal Toll	運河通過費，又稱 Canal Transit Dues。

Cancellation Policy	取消訂位罰則規定。針對取消郵輪訂位旅客之扣款罰則規定，通常越接近出發日期罰則越高，各郵輪船隊之取消訂位罰則不一。 ＊備註：茲以公主郵輪針對取消訂位罰則規定為例大致如下： 1. 出發前 60 天或以上：免扣款。 2. 出發前 59~31 天：扣預付款。 3. 出發前 30~15 天：扣全額 50%。 4. 出發前 14~3 天：扣全額 75%。 5. 出發前 3 天（72 小時）以內：扣全額 100%。
Capacity	載客量，又稱 Lower Berth Capacity（下鋪載客量），為郵輪標示最保守之載客量。部分郵輪艙房如裝設三至四張床鋪時，除正規兩張下鋪之基本配備外，另設一至二張上鋪，以接待親友家族同遊旅客。
Captain	船長，又稱 Master。船長為執掌船舶營運暨運轉事務之總指揮官，兼負有海上公安事件仲裁司法官之重責大任。
Captain's Gala Dinner	船長盛宴，通常稱為： 1. Captain's Welcome Dinner (Cocktail Party)：船長歡迎晚宴。 2. Captain's Farewell Dinner：船長歡送晚宴。
Car Ferry	渡輪、汽車渡輪、客滾輪或滾裝船，又稱 Ro-Ro Ship。指兼營客運暨車輛直接「駛上駛下 Roll-On Roll-Off」之客貨兩用船舶。現代汽車渡輪已有朝向大型化、快速化及郵輪化發展之趨勢。
Cargo Ship	貨輪，指用於裝載乾貨之船舶。常見有雜貨船、貨櫃船、滾裝船、散裝船及礦砂船等等。
Cargo Hold	船舶貨艙。郵輪貨艙則多用於裝載食材備品等補給物料。
Cashless Policy	無現鈔交易政策。郵輪旅客於航程中除傳統支付小費及賭場遊憩外，其餘消費均不需支付現金，一律以船卡登錄記帳。一直到航程最後一天，再以現金或信用卡結帳，以減少攜帶現金、兌換等麻煩。
Casino	賭場。賭場屬郵輪特色設施活動之一，通常僅得於郵輪航行公海時開放供旅客遊憩。賭場博奕亦屬郵輪營運重點收益之一，其中單單吃角子老虎之收益，即可能高達郵輪賭場營運之 50%。 ＊備註：郵輪賭場博奕計有賓果(Bingo)、吃角子老虎(Slot Machines)、輪盤賭(Roulette)、百家樂(Baccarat)、21 點(Blackjack)、花旗骰(Craps)等等賭戲。

Cast Off	船舶啟航，又稱 Set Sail。指船舶解開繫纜、起錨(Let Go)啟航出海。
Casual Dress	休閒輕便服飾，或稱 Smart Casual。詳見 Dress Code。
Casualty	海難。
Catamaran	高速雙體船。此類船舶有設於水線上之雙體船身，以加強航行穩定性。典型的高速雙體郵輪，則以 Radisson Diamond 為代表。
CCL	嘉年華郵輪公司(Carnival Cruise Line)。
CDC	美國疾病管制局(Centers for Disease Control)。屬疾病衛生管制檢驗單位，有權突檢船舶防疫措施、餐飲及水質供應等衛生項目。
Centrum	中庭大廳，又稱 Atrium, Lounge, Lobby。郵輪中庭設置往往挑高穿越多層甲板，在狹長船舶空間給予旅客空曠雄偉之感受。
Certificate of Registry	船舶註冊證書。內容需載明船名、船籍、船東、建造日期、噸位、全長、代號、船長姓名等，以備各港口當局查驗。
Channel	航道；頻道。指船舶航行之航道，又稱 Course。另指通訊頻道。
Chapel	小教堂。郵輪附設小教堂，供旅客作禮拜、祭儀或婚禮之用。
Chart	航行海圖。內容詳載航道、水深、暗礁、燈塔、浮標等資訊。
Charter	包船。短期包船分為 Time Charter、Voyage Charter 等兩大類。長期租用分為 Bare Boat Charter、Wet Charter 等兩大類。
Chief Engineer	輪機長，屬於郵輪輪機部門(Engine Department)主管。職掌負責船舶機艙或甲板機具運轉操作、維修保養、機艙管理之總指揮。
Chief Officer	大副，又稱 Chief Mate。郵輪甲板部門高階航海員，輔佐船長、副船長擔任船舶航行或日常事務之指揮管理工作。
Chief Purser	事務長，郵輪旅館部門主管，又稱 Hotel Manager。負責旅館經營管理、財務採購、旅客諮詢及港口通關統籌指揮工作。
Chief Steward	餐廚長。傳統上 Chief Steward 屬於高級船員範疇，現代郵輪 Chief Steward 則僅屬於第二線餐廚主管。
Christening	船舶命名典禮，又稱 Naming Ceremony。由於傳統上船舶有「MS (Motor Ship)」之女性化頭銜，新造船舶慣例亦由各國皇室女性成員、第一夫人、船東夫人等「教母(Godmother)」主持擲瓶命名典禮。

CIQS / CIQS Formality	出入境通關手續。CIQS 即指各國邊界、港口、機場負責旅客貨物稅務驗放（海關 Customs)、證照查驗（移民局 Immigration）、法定傳染病檢驗（檢疫 Quarantine）、安全檢查（保全 Security）等四大政府單位之統稱。S 有時也會被解讀為「港勤服務 Port Service」。
Class	船級。船級是表示船舶安全品質的一種認證，新建、維修或改裝船舶時，須經驗船協會驗船師監造審核，檢驗合格方可發給船級證書。
Classification Society	船級社，或稱驗船協會。國際海事組織(IMO)為加強船舶航行安全，規定全球海洋國家成立驗船機構或船級社，嚴格執行船舶法定檢驗。 ＊備註：國際上較知名之船級社，計有如下各社： 1. ABS(American Bureau of Shipping, USA)：美國驗船協會。 2. BV (Bureau Varitas, France)：法國驗船協會。 3. CCS(China Classification Society)：中國（大陸）船級社。 4. CR(China Register of Shipping)：中國（臺灣）驗船中心。 5. DNV(Det Norske Veritas, Norway)：挪威驗船協會。 6. GL(Germanischer Lloyd, Germany)：德國驗船協會。 7. KR(Korean Register of Shipping, Korea)：韓國驗船協會。 8. LR(Lloyd's Register, UK)：英國勞氏驗船協會。 9. NK(Nippon Kaiji Kyokai, Japan)：日本海事協會。
Clear the Vessel	港口通關手續，又稱 CIQS 出入境通關手續。涉及各國港口通關手續，大致計有海關(Customs)、移民局(Immigration)、檢疫所(Quarantine)、海巡署海岸防衛隊(Coast Guard)、疾病管制局(CDC)等機關。
CLIA	國際郵輪協會(Cruise Lines International Association)簡稱，1975 年創立，總部設於美國華盛頓特區。CLIA 協會屬郵輪行銷推廣、人員組訓與技術指導之權威性單位。其他同類型郵輪協會於英國稱 PSA (Passenger Shipping Association)，在法國則稱為 Croisimer。
CMI	國際海事委員會(Committee Maritime International)簡稱。1897 年成立於比利時，為一非政府組織型態的海上立法及仲裁機構。
Coast Guard	海岸防衛隊，台灣稱為海巡署。海岸防衛隊負有定期檢查或突檢船舶航行安全設施之任務。船舶未能通過安檢，可能遭勒令停航處分。
Code Orange; Code Red	橙色警戒、紅色警戒，指郵輪對應船上發生病毒感染的警戒代號。除均須加強公共場域消毒殺菌措施外，橙色警戒立即停止自助式供餐，紅色警戒還須關閉泳池、Spa 按摩池等公共區域。

Coin Ceremony	新造船舶安放龍骨祈福儀式。龍骨鋪設儀式中，在龍骨下方安放象徵平安吉祥的錢幣，預祝該船的建造過程順利平穩、平平安安。
Collateral Material	宣傳品。郵輪船隊公司所印製宣傳摺頁、明信片、錄影帶、海報等宣傳品之總稱。
Color	國籍旗（旗色）。
COMBI	客貨兩用船舶(Combination Passenger & Cargo Ship)簡稱，又稱 Freighter Cruises。依據國際海事法規，指兼營搭載 12 位以上旅客之客貨兩用船舶。
Comment Card	旅客意見調查表。郵輪業者於每一航次即將結束時，發給旅客填寫意見調查表，以作為改善服務品質之重要依據。
Commission Policy	佣金政策。各家郵輪船隊公司支付佣金政策互異，目前依國際常規約支付船票全額之 10%佣金給代銷旅行社。
Communication	通訊系統。目前多數郵輪均提供衛星通訊系統服務，由報務長(Radio Officer)負責經營管理。
Comp	免費優惠(Complimentary)。指郵輪公司提供團體領隊、媒體或 VIP 之免費優惠。詳見 Free of Charge。
Companionway	樓梯間。船舶內部樓梯間之通稱。
Concessionary	特許經營商。郵輪運用委託外部資源(Outsourcing)之經營方式，將部分 Spa 美容、攝影、賭場或精品店委外經營，以降低營運成本。
Conductor's Ticket	團長（領隊）免費票。領團人員相關的免費郵輪票，其權利得受不同公司、航線的政策約束。
Conference Center	會議中心。現代郵輪為因應會展趨勢需求，均紛紛設置各類型設備齊全的會議室，再配上郵輪本身各項休閒設施，以創造最佳會議效率。
Connecting Cabins	連通艙房，指兩間相鄰艙房之間有門相通的客艙。
Contraband	違禁品。走私槍械、毒品或其他未稅貨品，均屬郵輪船方嚴格禁止攜帶之違禁品。
Convertible Beds	可拆合床鋪。兩張單人床鋪，亦可拆合連結成一張雙人大床。

Co-op Advertising	共同廣告。郵輪船隊公司與代理銷售旅行社，共同出資印製宣傳摺頁，或於電視、報紙、雜誌等媒體刊登廣告。
Course	航路，指船舶航行路線。
Crew	乘組員。船舶或飛機乘組員（船員、機員）之總稱。
Crew Administration	船員人資部門。郵輪公司總部掌管船隊船員任免、調派、薪資等之人力資源管理部門。
Crew List	船員名單。
Crew Mess	船員餐廳。通常有依乘組員職階高低，區隔餐廳等級之慣例。
Crew Purser	船員事務員。
Crew Quarter	船員專用活動或住宿區。通常以 Crew Only or Off Limit 標示，旅客非經許可不得擅自進入。
Cruise	郵輪，又稱 Cruise Ship。指一種從事商業運轉載客，並進行長短途水上巡航之休閒船舶。
Cruise and Stay Package	海陸套裝遊程。郵輪常結合位於海域周邊且擁有豐富景觀資源的港市，組裝包含搭乘郵輪之前或下船之後的岸上套裝觀光遊程。又稱 Pre- Cruise & Post- Cruise Packages。
Cruise Area	郵輪海域市場，又稱 Cruise Region。目前以加勒比海為大宗，其餘依序為地中海、亞太、西歐、阿拉斯加、美墨西岸等海域市場。
Cruise Attributes	郵輪屬性。郵輪船隊品牌為滿足不同市場需求，特針對價位、包裝、氣氛、體驗等不同屬性，進行市場區隔之規劃。
Cruise Brand	郵輪品牌。郵輪公司經購併組成不同品牌船隊，透過集團控股進行良性競爭。最典型為嘉年華集團旗下之嘉年華(Carnival)、歌詩達(Costa)、公主(Princess)、荷美(Holland America)、P&O、冠達皇后(Cunard)、愛伊達(AIDA)、璽寶(Seabourn)等 8 大品牌。
Cruise Campus	海上學府。郵輪公司本於寓教於樂之經營理念，除提供交通、食宿、休憩活動等設施服務旅客外，同時亦不定期舉辦各式研習課程及專題講座，儼如一座漂浮四海的海上學府。
Cruise Card	郵輪卡，又稱為登輪卡(Boarding Card)；旅客於 Check in 時取得之船卡，作為上下郵輪、進出艙房、消費記帳、簽證通關等多用途磁卡。

Cruise Counselor	郵輪專賣店，又稱 Cruise Specialist。指經由美國國際郵輪協會(CLIA)組訓認證，專門販售郵輪旅遊產品之旅行社。
Cruise Director	娛樂總監，屬於郵輪娛樂部門(Entertainment Department)主管。負責郵輪公共關係、育樂節目、船上每日活動等之設計、指導與帶動，係整體郵輪遊憩體驗之靈魂人物。
Cruise Documents	郵輪旅行文件。類似一般陸空遊程之行前說明會資料，內附行程表、船票、機票、行李吊牌、郵輪手冊等旅行文件。
Cruise Fare	郵輪船票費用。郵輪船票費用通常包含船艙住宿、航行交通、餐點供應（但不含付費餐廳）、娛樂表演及遊樂設施。不包含旅遊保險、航空機票、岸上接送、遊程或住宿及港口稅捐等之 Add-on 或 Extra Cost。
Cruise Insurance	郵輪旅遊保險。郵輪船票通常不包含旅遊保險，因此旅客需自行投保諸如緊急醫療、行程不便或行李遺失等旅遊保險項目。
Cruise Line	郵輪船隊公司，又稱 Cruises 或 Shipping Company。
Cruise Only	郵輪船票，又稱 Passage Ticket。船票通常不含旅遊保險、航空機票、岸上接送或岸上遊程等費用。
Cruise Region	郵輪海域市場，又稱 Cruise Area。
Cruise Revenue	郵輪市場營收。郵輪市場營收通常包含船票、船上營收、岸上遊程等收益，但不包含機票、保險及稅捐等項目。
Cruise Segments	郵輪市場區隔。特別講究「All Inclusive（一價全包套裝遊程）」的郵輪旅遊市場，因其產品涵蓋全部食衣住行育樂等觀光元素，故其銷售區域暨管道亦需有詳盡之市場區隔規劃。
Cruise Ship	郵輪。詳見 Cruise。
Cruise Specialist	郵輪專賣店，又稱 Cruise Counselor。指經由美國國際郵輪協會(CLIA)組訓認證，專門販售郵輪旅遊產品之旅行社。
Cruise Staff	娛樂專員。指郵輪娛樂活動帶動員，類似 Club Med 渡假村之 G.O. (Gentle Organizer)活動帶動員。接受娛樂總監指揮，負責郵輪公共關係、育樂節目、船上活動等之指導與帶動。
Cruise Terminal	郵輪航站；郵輪碼頭。指可供郵輪停泊、上下旅客及上下行李等建築或設施。郵輪航站通常屬跨境客流運輸之範疇，故亦必須有 CIQS 等負責出入境通關手續單位之設立。

Cruise To No-where	公海航行郵輪，指一日來回郵輪(Day Cruise)。指短程行駛公海海域，供旅客從事博奕休憩活動，所謂的「無目的地」郵輪產品。
Cruise Tour	郵輪旅遊。
Cruiser	郵輪旅客，又稱 Passenger 或 Guest。
Cruises	郵輪船隊公司，又稱 Cruise Line。
Cruising	郵輪海上巡航，又稱 At Sea。
Cruising Speed	郵輪巡航速度，通常以「節 Knot」為時速單位。傳統郵輪巡航時速約15~20 節，新式郵輪巡航時速約 20~25 節。
Customs	海關。詳見 CIQS Formality。

D

Daily Program	每日活動行程表或節目表，又稱 Daily Schedule、Agenda。郵輪娛樂部門每日依航線遊程、天候海象，精心設計次日所有日程、活動、節目及特殊注意事項等，每晚將次日活動表送達旅客艙房。
Damage Control Plan	船難控管計畫書。依海上人命安全公約(SOLAS)規定，船舶必須公開張貼相關防火、防災之「船難控管計畫書」公告並隨時備查。
Davit	救生艇吊架。依海上人命安全公約(SOLAS)規定，救生艇吊架需隨時維持最佳運作狀態，以防萬一並確保人命安全。
Day Cruise	一日來回郵輪，或稱公海郵輪(Cruise to No-where)。指短程行駛公海海域，供旅客從事博奕休憩活動，所謂的「無目的地」郵輪產品。
Dead Ship	失去動力船舶，指機艙完全失去動力之船舶。
Deadhead	空船航線。指的是郵輪換季且未載客的航線(Positioning Voyage)。
Deadlight	舷窗風暴蓋，用來防止海水衝擊舷窗的重型鉸鏈蓋。
Deck	甲板，等同於陸上建物之「樓層」。
Deck Department	甲板部門。郵輪三大部門（甲板部、輪機部、旅館部）之一，主管為船長。甲板部門工作人員有 Deck Gang 或 Deck Hands 之稱。
Deck Officer	航海員。隸屬於甲板部門高階航海專業人員，主管為船長，以下設副船長（通常僅限於郵輪）、大副、二副、三副、報務長等。

Deck Party	甲板歡樂晚會。通常於夜間郵輪離港啟航時舉辦，甲板歡樂晚會多以喧鬧的熱帶風情雷鬼背景音樂為晚會主題。
Deck Plan	甲板配置剖面圖。
Delivery	交船，新造船舶或船舶易主之交易行為。
Deluxe Category	頂級郵輪，又稱 Premium Segment。指提供精美食宿、服務與體驗之最豪華頂級郵輪。例如以全套房艙為號召的銀海(Silversea)、星風(Windstar)、璽寶(Seabourn)等船隊，即屬此類頂級郵輪之範例。
Demand Forecasting	需求預測。郵輪業推展銷售業務策略之一，行銷部門必須針對每一季節進行精準需求預測，以確保達成船位銷售業績。
Demise Charter	空船租用，又稱 Bare Boat Charter。租船時由租用客戶自行負責雇用船員、補養及保險等。相對字為 Wet Charter（整船租用）。
Depth	船深；水深。指船舶吃水深度或港口水深。
Derrick	吊桿。指船舶吊運貨物的吊桿裝置，又稱 Lift。
Detention	扣船。船舶經查有違反國際海事組織(IMO)、海上人命安全公約(SOLAS)或海岸防衛隊之安全規定，情節重大者得勒令停航處分。
DFS	免稅店(Duty Free Shop)簡稱。
Direct Business	直客業務，指直接向郵輪公司訂位業務。現代網路銷售發達，旅遊業直客業務日多；唯郵輪因事涉諸多專業，直客約僅占 2%比例。
Disabled	老弱或肢體障礙旅客。現代郵輪依照 SOLAS 海上人命安全公約規定，均特別提供無障礙空間及客艙，服務老弱或肢體障礙旅客。
Disembark	旅客下船(Disembarkation)簡稱。相對字為 Embark（登輪）。
Displacement Tonnage	排水量噸位。為船體容積或重量估算單位，簡稱噸位(Tonnage)，每 1 噸等於 100 立方英呎容積或 1,000 公斤（2,240 英磅）重量。
Distillation Plant	海水淡化機，又稱 Desalination。船舶為確保淡水供應無虞，所裝設之海水淡化設備。
Destination	目的港。
Distress Signal	船舶求救信號，又稱 Mayday（源於法語 M'Aidez）。船舶如遇難求援時，除以無線電三短、三長信號、VHF 呼喊 Mayday、Mayday、Mayday 三次示警外，並通報船名、呼號、位置、人數、遇險性質、需要何種援助等資訊求救。

Dock	碼頭；靠泊碼頭。碼頭又稱 Berth、Pier、Quay、Wharf。
Dockage	碼頭碇泊費，指船舶靠泊碼頭租金。
Doctor	船醫。海上旅行風雲難料加上近年新冠肺炎疫情肆虐，郵輪依規定均需設置醫務部(Medical Center)以防萬一，而船醫通常都屬「全科醫生」以更周全照料旅客。
Doldrums	赤道無風帶。
Dolphin	繫纜柱或柱形碰墊。
Double Bottom	雙層底艙，又稱二重底艙。位於船舶底部的雙層隔艙，平時用來裝載燃油、淡水或壓載艙海水，具有平衡穩定船舶作用。此外，萬一船身發生破損意外時，雙層底艙則可有效阻絕海水灌入。
Double Occupancy	郵輪業以「兩位共用一房」為住宿艙房計費標準，又稱 Twin Share 或 Twin Basis。旅客如要求單獨住宿，應另行支付單人價位差額，郵輪業者通常額外收取船票之 150~200%費用。
Downgrade	降低艙房等級，此現象於郵輪產業極少出現。相對字 Upgrade。
Draft	船舶吃水深度，又稱 Draught 或 Waterline。指船艏兩側之吃水水線標示，單位「噚 Fathom」，1 噚＝6 英呎＝約 183 公分高度。
Dress Ship	掛旗裝飾船舶。船舶新造下水或逢年過節時，往往會在甲板旗杆掛滿各式旗幟，以為裝飾並示隆重。
Dry Dock	乾船塢。船舶年度保養或大修時，必須進乾船塢清理底部積垢，或換裝鏽蝕之底板。
Dress Code	服裝禮儀代號。郵輪提醒旅客於享用晚宴時之穿著禮儀慣例規定。 ＊備註：服儀代號粗分有如下三種。 1. 服儀代號： (1) Formal Night (Dark Suit or Tuxedo) 正式服裝之夜：男士穿著深色西裝外套，配以淺色襯衫、打蝴蝶結(Bow Tie)或深色領帶(Black Tie)為準。女士以穿著連身一件式晚禮服(Evening Gown or Cocktail Dress)為宜。 (2) Cruise Elegant (Informal; Jacket and Tie)優雅、半正式服裝：男士穿著西裝、西褲、襯衫、打或不打領帶為準。女士穿著過膝裙配上外套之套裝或旗袍為宜。 (3) Cruise Casual (Smart Casual; Sport Shirt and Slacks) 休閒服飾：女士亦可穿著休閒褲裝。通常水準較高檔次的郵輪，均不鼓勵旅客穿著牛仔裝服飾(Jeans)赴宴。

	2. 穿著時機參考表： <table><tr><th>服裝禮儀代號</th><th>3~4 夜航程</th><th>7~8 夜航程</th><th>10~14 夜航程</th></tr><tr><td>Formal 正式</td><td>1 次</td><td>2 次</td><td>3~4 次</td></tr><tr><td>Informal 半正式</td><td>1 次</td><td>2 次</td><td>4~6 次</td></tr><tr><td>Casual 便裝</td><td>1~2 次</td><td>3~4 次</td><td>4~7 次</td></tr></table>
Duty Free Port	免稅港，又稱 Free Port。
DWT	載重噸位(Deadweight Tonnage)。指一艘船舶所能承載之最高客貨重量噸位。

E

EBD	提早訂位優惠價(Early Bird or Booking Discount)；早鳥優惠價。誠如有所謂的「早起的鳥兒有蟲吃」，通常提早訂位則另有折扣優惠。
Echo Sounder	回聲測深儀。
E/D Card	入出境登記卡(Embarkation/Disembarkation Card)。指通過各國港口機場移民局證照查驗時，旅客須填之入出境登記表格。
Elbowroom Factor	旅客可用空間比（手肘空間因素），又稱 Space Ratio。指旅客平均可用之郵輪空間，以郵輪「總噸位」除以「載客容量」所得數值。 ＊備註：評判標準以 50 以上代表最高等級、30~50 代表空間寬敞、20~30 空間中等、10~20 空間擁擠、10 以下代表擁擠不堪。
Embark	旅客登輪(Embarkation)。相對字為 Disembark（下船）。
Embarkation Agent	協辦旅客登輪手續。郵輪公司本身員工或代理行人員，於郵輪航站協助旅客辦理登輪手續。
Embarkation Lunch	旅客登輪簡餐供應。郵輪公司如遇用餐時段開船航次，於旅客辦理登輪手續同時，提供旅客簡餐食用。
Empty Leg	空船航次。郵輪進塢維修、轉賣、換季或出租交船時，偶有出現未載客空船航行狀況時稱之。
Engine Department	輪機部門。郵輪三大部門（甲板部、輪機部、旅館部）之一，主管為輪機長。輪機部門工作人員，又有 Black Gang 或 Black Hands（黑手）等航業界專用暱稱。

Engine Room	船舶機艙。
Engineer	輪機員。隸屬於輪機部門高階輪機工程人員，主管為輪機長，以下設大管輪、二管輪、三管輪等。華人航業界喜以「老鬼、二鬼、三鬼、四鬼」等特殊名號順序暱稱前述輪機員。
En Route	航行途中。
Encounter	船舶會遇。
Enrichment	精進人生講座。多數郵輪提供收費或免費的精進人生講座，包括藝術、烹飪、攝影、電腦或其他學科的短期課程，通常由藝術家、廚師和其他專家學者擔任客座講師。
Ensign	船籍旗。船籍旗是船舶國籍的標誌，按國際法規定，船舶無論在公海或他國海域航行，均需懸掛船籍國國旗並有義務遵守該國法規。
Entertainment Department	娛樂部門。隸屬於旅館部門，主管為娛樂總監，負責郵輪每日娛樂節目、娛樂活動等之表演與帶動。
ETA	預計到港時間(Estimated Time of Arrival)。
ETD	預定離港時間(Estimated Time of Departure)。
Exclusive Terminal	專用碼頭。指郵輪船隊或海運公司於其主要營運港口，自建或租用之專屬碼頭。
Expedition Cruise	探險型郵輪，又稱 Adventure Cruise。專指行駛於相對落後或偏遠地區之郵輪航線，例如行駛南極、北極、中美洲亞馬遜河叢林、太平洋加拉巴哥斯群島(Galapagos)等。
Express Liner	快速渡輪，又稱 Fast Ferry。新近的快速渡輪，船行時速往往高於 25 節（約 46 公里時速），而其設備亦足以媲美現代郵輪。
Extra Cost	額外費用，又稱 Add-On。指不包含於船票基本費用之額外收費，如旅遊保險、航空機票、岸上接送、遊程或住宿及港口稅捐等。

F

F & B Manager	餐飲部經理(Food and Beverage Manager)，又稱 Food and Bar Manager。負責郵輪餐飲外場服務之總調度。
Facility	郵輪整體休憩設施，又稱 Amenity。

Fair Wind	順風。部分加裝風帆船舶，需要「一帆風順」以增其動力。
Fall Foliage Cruises	賞楓郵輪航次。常見於每年秋季的美東新英格蘭及加拿大東部一帶，航次以賞楓為主要訴求。
Fam Trip	考察或熟悉之旅(Familiarization Trip)。郵輪公司推出新產品時，低價或招待旅行社經理人參加考察之旅，以廣招徠宣傳。
Family Cabin	家族客艙。傳統客艙至多容納 4 位旅客同宿，近期部分郵輪公司（如 Disney Cruises）配置足以容納 5~6 人之家族客艙。其特徵除有兩套衛浴外，還有可拉動隔簾以讓個人保有隱私。
Fantail	扇形船艉。
Fast Ferry	快速渡輪，又稱 Express Liner。新近的快速渡輪，船行時速往往高於 25 節（約 46 公里時速），而其設備亦足以媲美現代郵輪。
Fathom	噚，船舶吃水刻度單位。1 噚＝6 英呎＝約 183 公分高度。
Fender	碰墊。指船舶停靠碼頭時，保護船舷的塑膠材質碰墊。
Ferry	渡輪、汽車渡輪、客滾輪或滾裝船，又稱 Ro-Ro Ship。指兼營客運暨車輛直接「駛上駛下 Roll-On Roll-Off」之客貨兩用船舶。現代汽車渡輪已有朝向大型化、快速化及郵輪化發展之趨勢。
Finger Pier	突堤碼頭。
Fire Doors	防火門。依海上人命安全公約(SOLAS)規定，郵輪必須分區配備抗高溫鋼材防火門，以備萬一發生火災時有效阻絕火勢蔓延。
Fire Patrol	消防巡邏員。SOLAS 消防條款規定，任何載運 36 名以上旅客的郵輪，必須組訓配備熟練的消防巡邏員隨時巡邏待命。
Fire Sale	降價急售，或稱 Last Moment Sale。郵輪臨開航前如遇極淡季(Off Season)業績不佳或團體取消大量船位時，通常會以特殊議價、買二送一(Two for One Pricing)或極低價位緊急求售。
First Seating	第一批旅客輪用晚餐時間，通常訂於 06:30PM。詳見 Seating。
First Time Cruisers	初次搭乘郵輪旅客。郵輪市場目前仍占高達 45%旅客屬初次搭乘者。但 CLIA 研究發現回頭客(Repeater)亦近八成，可見市場後勢可期。
Fitness Center	健身房，又稱 Gymnasium。

Flag of Convenience	權宜國籍旗，又稱方便旗，簡稱 FOC。船舶為權宜取得避稅、報關或進出港等方便，傾向選擇到外國註冊並改掛該國國旗。 ＊備註：1. 商船船舶多註冊「巴拿馬」或「賴比瑞亞」為權宜國籍。 2. 郵輪船舶多註冊「巴哈馬」或「馬爾它」為權宜國籍。
Flagship	旗艦。屬於整體船隊中最大型、最高等級之代表性船隻。
Flagstaff	船舶旗杆。依照國際慣例，船艏旗杆懸掛郵輪公司旗幟(House Flag)；船舯懸掛靠泊國國旗；船艉旗杆則懸掛船籍國國旗。
Flat Commission	固定佣金。郵輪依固定比例或數目，給付旅行社銷售退佣。相對字為 Volume Incentive（激勵佣金）。
Fleet	船隊。某輪船公司擁有兩艘以上船舶時，即得組成一個船隊。 ＊備註：當今世界兩大郵輪集團及其船隊品牌如下： 1. 嘉年華集團(Carnival)：嘉年華(Carnival)、公主(Princess)、皇后(Cunard)、P&O、歌詩達(Costa)、荷美(Holland America)、璽寶(Seabourn)、愛伊達(AIDA)等 8 大船隊。 2. 皇家加勒比集團(RCCL)：皇家加勒比國際(RCI)、途易(TUI)、精緻(Celebrity)、普爾曼(Pullmantur)、精鑽(Azamara)等 5 大船隊。
Fly/Cruise	結合機票與船票之海空套裝。通常亦包含 Pre-Curise & Post-Cruise 行程、機場與港口間來回接送，又稱 Air/Sea/Land Mix。
Floating Hotel	水上飯店；海上渡假村。
Floating Resort	海上渡假村，又稱 Floating Hotel。郵輪除提供旅客交通、食宿服務之外，同時配備各式休憩娛樂活動設施，儼如漂浮海上的渡假村。
Floating Wharf	浮動式碼頭。某些在潮差(Tidal Difference)起伏較大的港灣，建造可隨潮汐起落之浮動式碼頭，以利船舶泊靠作業之進行。
FOC	1. 船舶權宜國籍簡稱。詳見 Flag of Convenience。 2. 免費優待簡稱。詳見 Free of Charge。
Fog Bell	霧鐘。船舶航行中遇大霧視線不良時，鳴霧鐘或汽笛相互示警。
Following Sea	順風航行，指比較舒適的海象。相對字為 Head Sea（逆風航行）。
Force Majeure	不可抗力。船舶運送契約無法履行之條款用詞，意謂如遭逢天災(Act of God)、地變或戰亂等不可抗力事由屬之。
Forced Overnight	旅客提早到港過夜。亦指搭乘越洋班機去趕搭郵輪的旅客，最好提早一日到港住宿旅館過夜，以調整時差並免因匆忙趕路而出錯。

Fore	船艏，又稱 Forward。船舶前方部位區塊。
Formal Dress	正式穿著。詳見 Dress Code。
Free of Charge	免費優待，又稱 Complementary。郵輪公司為激勵業績並優惠領隊，設有一次訂購 8 間艙房½間免費、16 間艙房 1 間免費之成規。此等優惠作法，即等同於航空票務 15+1FOC 之成規。
Free Port	免稅港，又稱 Duty Free Port。
Free Seating	不分批次自由用餐，又稱 Open Seating 或 Anytime Dinning。詳見 Seating。
Freighter Cruises	客貨兩用船舶，又稱 COMBI。國際海事法規規定，兼營搭載 12 位以上旅客之客貨兩用船舶稱之。
Frequent Cruiser Program	常客優惠方案，又稱 Membership Clubs。所有主要郵輪船隊均設有常客優惠方案，通常針對「回頭客 Repeater」提供優待。
French Balcony	法式陽台艙，指客艙設有可開闔舷窗的小陽台。但陽台空間狹窄並不適人員進出，許多河輪都用它來給旅客一種船艙設有陽台的感覺。
Friends of Bill W	船上團體活動專用詞彙，屬於「酒徒飲酒聚會」匿名活動的代名詞。
Friends of Dorothy	船上團體活動專用詞彙，屬於「同性戀者 GLBT (Gay, Lesbian, Bisexual and Transgendered)」匿名聚會活動的代名詞。
Full Away	全速前進。
Full Payment	全額付費，又稱 Final Payment。郵輪產品付費方式與一般旅遊產品有很大差異，通常於出團三個月前必須付清全額費用。
Full-ship Charter	整船租用，又稱 Wet Charter。租賃船舶同時由船東負責雇用船員、補養及保險等。相對字為 Bareboat Charter（空船租用）。
Funnel	煙囪，用以排除船舶機艙之廢氣，又稱 Stack。
Funnel Mark	煙囪標誌。現代郵輪船隊或貨輪均於煙囪塗漆船隊標誌(Logo)，作為公司品牌識別之用。

G

Galley	船舶廚房，又稱 Kitchen。
Galley Tour	廚房參觀活動，又稱 Kitchen Tour。此為郵輪頗受歡迎的活動之一。
Gang	碼頭工人，又稱 Longshoreman。
Gangway	舷梯。船舶於船側裝設可收放式樓梯，供人員上下之用。
Gangway Bridge	跨載式舷梯、空橋。現代郵輪航站多裝設跨載式舷梯，方便人員上下及搬運行李之用。
Gateway	國家門戶。指一國對外之主要國際機場或國際港埠。
Gay Cruises	同性戀者 LGBTQ (Lesbian, Gay, Bisexual, Transgender and Queer)包租郵輪總稱。
GCS	大圈航法(Great Circle Sailing)。依據地球表面任兩點最短距離為大圈弧線原理，船舶、航空器常採用大圈航法以節省燃油消耗。
Gift Shop	禮品或精品店。
GMDSS	全球海上安全救助系統(Global Marine Defense Safe System)。該系統主要由衛星通信系統 INMARSAT、衛星搜救系統 SARSAT、海岸電台等系統所構成。系統所使用的警示標主要為「緊急指位無線電示標(EPIRB：Emergency Position Indicating Radio Beacon)」；其作用類似航空器使用之「緊急位置發射機(ELT：Emergency Locator Transmitter)」。
Global Operator	全球營運。目前從事全球營運的郵輪，大致有嘉年華(Carnival)、皇家加勒比(RCI)、公主(Princess)、荷美(Holland America)等。
Global Voyage	環球航線，又稱 World Cruise。郵輪環球航線約介於 80 天至 110 天之間，目前從事環球航線的郵輪船隊，大致有荷美(Holland America)、冠達皇后(Cunard)、璽寶(Seabourn)、日本郵船(NYK)等。
GMT	格林威治標準時間(Greenwich Mean Time)，又稱格林威治平均時間。1982 年起，國際電訊聯盟(UIT)決定以 UTC（世界協調時間 Coordinated Universal Time）取代 GMT。詳見 Longitude; UTC。
Godmother	教母，主持新造船舶擲瓶命名的女士名流。詳見 Naming Ceremony。
GPS	全球衛星定位系統(Global Positioning Satellite System)。屬衛星自動導航系統裝置之一，提供船舶航線定位、海象狀況等重要資訊。

Gratuity	小費，又稱 Tipping。各家郵輪收取小費政策大同小異，幾乎都以每人每晚約$10~15 為準，直接列入船上的日常消費帳單。
Great Circle	大圈航法。詳見 GCS。
Green Ship	綠色船舶。舉世重視生態保育的此時此刻，郵輪業者亦群起響應，嚴格要求船上不得排放或投擲汙染源入海。
Gross Pax. Per Diem	每客收益。郵輪業者粗算每日每一旅客之收益，其中尚未扣除佣金、折讓、岸上接送等費用。詳見 Per Diem。
GRT	船舶總註冊噸位(Gross Register Tonnage)，為船體容積或重量單位。通常以船舶排水量(Displacement)計算，每 1 噸等於 100 立方英呎容積或 1,000 公斤（2,240 英磅）重量。
Grounding	船舶擱淺。
GSA	總代理商(General Sales Agent)。目前郵輪旅遊產品銷售，八成以上委由旅行社代理銷售。再依其銷售業績能力，分別賦予總代理商、主力代理商(Key Agent)或一般代理商等代理權。
Guest	貴賓。郵輪業者通常以 Guest 取代 Passenger 或 Cruiser 稱呼旅客，以示尊崇待客。
Guarantee	訂房保證方案，簡稱 GUAR。旅客一經確認接受訂房保證方案，如遇旺季致原預訂等級艙房不足時，得予免費升等優待。 ＊備註：郵輪訂房保證方案，共分如下四大類： 1. ST Category / ST：Suite Cabin Guarantee。 2. X Category / BL：Balcony Cabin Guarantee。 3. Y Category / OS / R2：Outside Cabin Guarantee。 4. Z Category / IS / R1：Inside Cabin Guarantee。
Guarantee Share Fare	單人訂房保證。郵輪業者得以「兩位共用一房」價位接受旅客之單人訂房，惟旅客亦須自願與同一性別旅客共宿一間艙房。
Gymnasium	健身房，又稱 Fitness Center。
Gyro Pilot	電羅經自動導航系統(Auto Pilot)。類似飛機自動飛行航儀，現代船舶運用電羅經自動導航系統，事先設定航向自動航行。

H

H	Helicopter 直升機停機坪標示。郵輪如遇重大傷病意外時，需尋求外援以直升機送醫，各型郵輪幾乎均有直升機緊急停機坪設置。
Hand Rail	船舶甲板欄杆或扶手。
Harbor	港口，又稱 Port、Seaport。
Harbor Master	港務長，負責港口船席調度與交通管制等業務。
Hatch	船艙或貨艙之頂蓋。
Head Sea	逆風航行（頂浪），比較不適航行的海象。相對字為 Following Sea（順風航行）。
Head Tax	人頭稅。港口當局收取港口稅捐(Port Charges)項目之一，通常並不包括船員，僅以旅客人頭計價。
Headwaiter	侍應長，負責監督餐廳前場侍應服務與旅客座次安排等工作。
Heavy Sea	怒海，又稱 Heavy Weather。意謂海象惡劣不適航行。
Helm	舵輪；舵具。為控制船舶轉向之機具。
High Seas	公海，又稱 International Waters。國際慣例以一國領土向海洋延伸 12 海浬之外海域，即屬公海範圍。
Hold	船舶貨艙。郵輪貨艙則用於裝載食材備品等補給物料。
Home Port	母港，又稱 Turnaround Port、Terminal Port、Base Port。船舶每航次出發、返航之基地港，亦即起點港或終點港。
Host	郵輪男公關，負責接待未結伴女賓。男公關基本條件，必須儀表端莊、彬彬有禮、舞藝高強，且能嚴守君子風度與男女分際。
Hostess	郵輪女公關。郵輪女公關主管，負責協助船長接待貴賓。
Hotel Department	旅館部門，郵輪三大部門（甲板部、輪機部、旅館部）之一，主管為旅館經理 Hotel Manager。
Hotel Manager	旅館經理，屬於郵輪旅館部門主管，又稱 Chief Puser。負責旅館經營管理、財務採購、旅客諮詢及港口通關統籌指揮工作。
Hotel Officers	旅館高階人員。負責旅館經營管理、財務採購、旅客諮詢及港口通關等監督工作。旅館高階人員計有 Hotel Manager、Chief Steward、F & B Manager、Maitre D'Hotel 等。

House Flag	船公司旗幟。
House Keeper	客艙房務人員。
HP	馬力(Horsepower)，為船舶機械之動力單位。
Hull	船體，為船舶之外殼主體結構。
Hydrofoil Craft	水翼船；飛翼船。船艇前後底部裝設水翼板，隨著航速增加水翼板產生升力，將船艇托出水面以高速航行。

I

Iceberg	冰山。
IDL	國際換日線(International Date Line)。詳見 Longitude。
IMO	國際海事組織(International Maritime Organization)。成立於 1958 年，為聯合國附屬機構，負責國際海事安全及相關立法與規範。
Inaugural Sailing	處女航，又稱 Maiden Voyage。指新造船舶下水首一營運航次。
In-Cabin Safe	艙房保險箱。
In-Cabin TV	艙房電視。
Informal Dress	非正式穿著。詳見 Dress Code。
Inside Cabin; Interior Cabin	內艙。郵輪不靠海內側之「無窗艙房」，價位較其餘艙等低廉。船方為彌補內艙予人封閉感缺憾，通常會以虛擬鏡面海景方式補救。
International Waters	公海，又稱 High Seas。指非屬任何一國領海的海域，國際慣例以一國領土向海洋延伸 12 海浬之外海域，即屬公海範圍。
Internet Access	網路連線服務，又稱網咖(Internet Café)。郵輪網路連線服務收費標準，每分鐘約需$0.5~$0.75 之譜。
In-transit Port	彎靠港，又稱為 Port of Call（過境港）。意指船舶航程途中的任一停靠港，非屬船舶母港之意。
ISM Code	國際安全管理規範(International Safety Management Code)。IMO 強制規定，船舶須取得船級社發給安全管理證書(SMC)，始得營運。
IS Category	保證住宿內艙方案，又稱 Z Category。詳見 Guarantee。

J

Jacob's Ladder	繩梯。船舶行駛中臨時吊掛於船舷，用以接駁領港引水人(Pilot)或查船人員上下船之用。
Jacuzzi	噴射按摩浴池，又稱 Whirlpool。

K

Keel	龍骨。貫穿船舶頭尾之主體結構。
Keel Laying Blessing	新造船舶安放龍骨祈福儀式。龍骨鋪設儀式中，在龍骨下方安放象徵平安吉祥的錢幣，預祝該船的建造過程順利平穩、平平安安。
Kitchen Tour	廚房參觀活動，又稱 Galley Tour。為郵輪頗受歡迎的活動之一。
Knot	節，船舶時速單位。亦即海浬時速（Nautical Mile 海浬／Hour）。 ＊備註：1 節＝1 海浬＝1.15 英哩＝1.852 公里，多數船舶行駛速度約為 20 節(20 knot)，即指該船每小時約可行駛 20 海浬(20 nm/hour)或 37 公里(37 km/hour)。

L

Laminex	船員服務證。
Land Arrangements	陸上旅程安排服務。詳見 Shore Excursion。
Latitude	地球緯度，共 180 度。以赤道線為基準，以南緯、北緯方向分別於南北極地各達到 90 度。 ＊備註：地球之南緯、北緯各 23.5 度，分別代表南迴歸線、北迴歸線；而南緯、北緯各 66.5 度，分別代表南極圈、北極圈之起始線。
Launch Service	交通接駁船服務，又稱 Tender Servide。當郵輪無法直接靠泊港口碼頭，而於外港錨地停泊時(Anchorage)，通常會另雇小船或以船舶本身配備之救生艇，接駁船員、旅客上岸來回。
Laundry	洗衣服務。
Launderette	自助洗衣間。設有投幣式自助洗衣機、烘乾機及熨燙設備等。

Leeward	船舶背風面，相對字 Windward（迎風面）。
Let Go	拋錨；解纜。屬船舶操作指令之一，一作停泊時拋錨之指令；另一則作為啟航時解纜之指令。
Library	圖書館。
Lido Deck	麗都甲板。麗都甲板及運動甲板(Sun or Sports Deck)通常設於郵輪最上兩層，設施有游泳池、池畔酒吧、健身房、美容院、SPA 三溫暖、運動步道、網球場、小型高爾夫球場、自助餐廳等。
Life Buoy	救生圈。
Life Floats	救生浮具。
Life Jacket	救生衣。
Lifeboat	救生艇。依 SOLAS 規定，船舶應於船體兩側，各裝備若干足以容納全體船員暨旅客總數 110%容量之救生船艇或浮具，以策安全。此外，郵輪救生艇通常也用作接駁人員上岸來回的「交通船」(Tender)。
Lifeboat Drill	救生艇演習。郵輪於每航次啟航時，依規定必須進行救生演習。全體船員及旅客一律穿著救生衣，親至指定救生艇集合點集結。船方會以「7 短_ _ _ _ _ _ _ 1 長________」汽笛通知全員參加。
Liferaft	自動膨脹式救生筏(Inflatable Liferaft)。SOLAS 規定，郵輪除須配備定額的 Lifeboat 之外，亦須配備「自動膨脹式救生筏」，以防萬一。
Light House	燈塔。
LMT	當地平均時間(Local Mean Time)，又稱 Local time。
LOA	船舶全長(Length Overall)。指由船艏最前端量至船艉最末端間之水平距離。
Lock	河道船閘。為在有水平落差之內河河道或運河水道，升降船隻之閘門操作裝置。
Lockage	船閘通行費。
Log Book	航海日誌，甲板部稱為 Bell Book、機艙部稱為 Engine Room Log Book。船舶航行運轉期間，甲板部及輪機部門人員，依規定均應鉅細靡遺的將每一操作過程記載於航海日誌中備查。
Logistics	儲運；物流。

Longitude	地球經度，共 360 度。以英國格林威治子午線為基準，分東經、西經各 180 度環繞地球，最終於太平洋國際換日線(IDL)交會。 ＊備註：以格林威治為基準，每 15 度經度代表一個時區（向東累加 12 時區、向西遞減 12 時區），環繞地球一周共 24 個時區。
Longshoreman	碼頭工人，又稱 Gang。
Lost and Found	失物招領服務，又稱 Lost Property。
Loyalty Program	常客獎勵方案，又稱 Frequent Cruiser Program。許多郵輪公司提供常客獎勵方案以獎勵回頭客，優惠可能包括 OBC 船上信用額度、免費洗衣、餐宴聚會等。
Luggage Tag	行李吊牌。詳見 Baggage Tag。

M

Maiden Voyage	處女航，又稱 Inaugural Sailing。意謂新造船舶下水後，首一正式載客航次。雖然處女航有其特殊紀念意義，但因新船軟硬體通常並未完全就緒，建議盡可能不要輕易嘗試。
Main Deck	主甲板，又稱 Promenade Deck。主甲板結合上下兩層副甲板（Upper and Lower Deck）構成郵輪主要軟硬體設施服務之中樞地帶。
Main Seating	第一批輪用晚餐時間，又稱 First Seating。詳見 Seating
Maitre D'	餐飲侍應總管（法文 Maitre D'Hotel）簡稱，又稱 Restaurant Manager。為餐廳前場侍應服務與旅客座次安排之負責人。
Maneuvering	船舶運轉操作。
Manifest	艙單。指記載旅客、船員及貨物之名單或清單。船舶運送人貨須明確記載艙單，以備相關當局查驗。
Marina	小艇碼頭、海濱。
Marine	海洋；海事。
Marine Tourism	海洋觀光。海洋休閒觀光包含在海洋及其周邊水陸區域，從事游泳、潛水、垂釣、船艇駕駛及郵輪旅遊等遊憩活動。
Marine Traffic Safety	海上交通安全。根據 SOLAS 規定，海上應建立導航標誌、設立分道航行、船舶報告制度、船舶交通規則等，以提升航行安全。
Maritime	海事；海運。

Maritime Law	海商法。
Massage	按摩服務。
Mast	船舶桅杆。
Masthead Light	船舶桅杆頂燈。
Master	船長，又稱 Captain。船長為船舶營運暨運轉事務總指揮官，兼負海上公安事件仲裁司法官之重責大任。
Mayday	船舶求救信號，源於法語 M'Aidez。船舶如遇難時，除以無線電三短、三長信號、VHF 呼喊 Mayday、Mayday、Mayday 三次示警外，並通報船名、代號、位置、遇險性質、需要援助等求救。
Medical Service	醫療服務。為保障海上旅行之安全無虞，每艘郵輪均須設置醫療設施，隨船配備醫生、護士等醫護人員，提供最起碼的醫療服務。惟如遇重大傷病意外時，仍需尋求外援以直升機送醫。詳見 H。
Mega-liner	巨型郵輪，又稱 Mega-ship。詳見 Cruise。
Merchant Ship	商船。
Meridian	子午線；經線。
Midship	船舯。又稱 Amidships 船舶中段部位，屬整艘船最為寬闊的一段。
Moor	拋錨、繫纜。船舶停定時下錨或繫纜稱之。相對字 Weigh（起錨）、Let Go（解纜）。
Morse Code	摩斯密碼。是一種傳統船舶通用之古老通訊方法。
MS; Motor Ship	MS 泛指所有機動船舶總稱(Motor Ship)。傳統上船舶名稱前冠以「MS」之女性化稱謂，或稱輪船處女航、姐妹船等，即由此而來。
Movies	電影放映。通常郵輪均以放映首輪院線影片為主。
MSC	海事安全委員會(Maritime Safety Committee)簡稱。屬國際海事組織(IMO)委員會之一，主管國際海事安全業務。
MSC	地中海郵輪公司(Mediterranean Shipping Cruises)。
Murphy Bed	上鋪，又稱 Pullman Bed 或 Upper Berth。郵輪艙房除有兩張下鋪基本配備外，另設一至二張上鋪，以備接待親友家族同遊旅客之用。
Muster Station	緊急逃生集合點，又稱 Boat Stations。郵輪旅客搭船時，均應切記救生艇編號、緊急集合點，以策安全。

N

Name of Ship	船名。多數以英文標示船頭兩側（左舷由船頭往船尾方向書寫，右舷則由船尾往船頭方向書寫）及船艉正中部位。
Naming Ceremony	船舶命名典禮，又稱 Christening。新造船舶慣例亦由各國皇室女性成員、第一夫人、船東夫人等「教母」，主持擲瓶命名典禮。
Nautical Mile	海浬，海事專用長度單位。時速 1 海浬＝1 節；詳見 Knot。
Navigation Officer	高階航海員，屬甲板部門航海專業人員。郵輪有船長、副船長、大副、二副、三副等高階航海員稱謂。
Navigation Speed	巡航速度。指船舶俥鐘(Telegraph)巡航速度指令，如下。 ＊備註：Full Ahead（全速進俥）、Half Ahead（半速進俥）、Slow Ahead（慢速進俥）、Dead Slow Ahead（極慢速進俥）、Stop（停俥）、Dead Slow Astern（極慢速倒俥）、Slow Astern（慢速倒俥）、Half Astern（半速倒俥）、Full Astern（全速倒俥）等。
NCL	諾維真（挪威）郵輪公司 (Norwegian Cruise Line)。
Nurse	護士；護理師。

O

OBC	船上信用額度(On Board Credit)。通常是指郵輪公司為獎勵常客，將優惠費用轉到旅客的郵輪船卡上，可以用來在船上消費。
OEA	海外急難救助服務 (Overseas Emergency Assistance)。屬保險公司所提供之服務，通常旅客於購買旅遊保險同時，即可申請提供「24 小時急難救援專線」服務，以備不時之需。
Off Limits	青少年活動特區，又稱 Teen Club。Off Limits 原意「禁止進入」，郵輪通常保留給青少年旅客，作為活動特區。
On Board	在船上。
Onboard Revenue	船上營業額。郵輪旅客在船上所有的消費，包括酒吧、賭場、水療中心、商店、岸上遊程、特殊餐飲等費用。
Open Jaw (OJ) Sailing	單程航線、單向巡航，又稱 Single Voyage 或開口航線，起點、終點具有雙母港的性質。詳見 Voyage。

Open Seating	不分批次自由用餐，又稱 Free Seating 或 Anytime Dinning。詳見 Seating。
OS Category	保證住宿外艙方案，又稱 Y Category。詳見 Guarantee。
Outside Cabin	海景外艙，又稱 Ocean- / SeaView Cabin。外艙均有靠海窗戶得以觀賞海景。其面積坪數與內艙無異，但因靠海故價位略高於內艙。
Overboard	人員掉海。SOLAS 海上人命安全國際公約規定，船舶如遇人員意外掉海時，發現者應主動高呼「Man Overboard」示警。
Overland	陸路旅行。意指旅客得於郵輪停靠某國 A 港口時上岸，進行陸路旅行，再於同國或下一國 B 港登輪繼續未完之航程。
Overnight	過夜停靠。意指郵輪停靠某些規模較大的城市港口時，為了讓旅客盡興遊樂，特加長過夜停靠時間為兩天一夜之謂。

P

Pampers	呵護。屬郵輪旅遊產業堅持以客為尊、無微不至之服務真意所在。
Passage Ticket	郵輪船票，又稱 Passenger Ticket。詳見 Cruise Only。
Passage Contract	郵輪船票條款，又稱 Passenger Ticket Contract。指詳細記載業者與旅客雙方權利義務之運送客票條款。
Passenger	旅客，簡稱 Pax。郵輪業界又稱 Cruiser、Guest。
Passenger Capacity	郵輪載客容量。(1) Lower Berth Capacity：僅以低鋪位、「兩人共用一室」為基準之「低鋪位容量」；(2) Maximum Capacity：以全數客艙鋪位數總額為基準之「最大鋪位容量」。
Passenger-Crew Ratio	旅客與郵輪乘務員人數比率，指可為每位乘客提供服務的乘務員數。郵輪業旅客與乘務員的平均比 2.5，意味著每位船員服務 2.5 名乘客。
Passenger-Space Ratio	旅客可用空間比率，又稱 Elbowroom Factor（手肘空間因素）。指旅客平均可用之郵輪空間，以「總噸位」除以「載客容量」所得數值。 ＊備註：評判標準以 50 以上代表最高等級、30~50 代表空間寬敞、20~30 空間中等、10~20 空間擁擠、10 以下代表擁擠不堪。
Patch	預防或減緩暈船貼布，又稱 Sea Bands。

Per Diem	郵輪旅客每人每日平均費用。依不同郵輪級別檔次區分，高檔郵輪每人每日平均約$200 以上費用；中等每人每日平均約$150 左右費用；平價等級則每人每日平均約$100 左右費用。
Photo Gallery	照相館，又稱 Photo Shop；旅客上下郵輪、正式晚宴或與船長合照等活動時，船方會拍照或錄影並將之陳列於照相館供旅客自由選購。
Pier	碼頭，又稱 Berth、Dock、Quay、Wharf。
PIF	旅客基本資料表(Passenger Information Form)，旅客登輪前必須填妥個人護照號碼、緊急聯絡人、信用卡等資訊表格。
Pilot	領港，又稱引水人。
Ping Pong	乒乓球，又稱 Table Tennis。
Pitching	縱搖，船舶行駛中循前後方向之規律擺動。相對字橫搖 Rolling。
POD	360 度自動轉向推進器 (Podded Azimuthing Propulsors)。新型船舶推進器同時兼具舵機功能，亦即推進器與舵機合而為一之創新機具。
Pool	游泳池。
Port	港口，又稱 Harbor、Seaport。
Port Authority	港務局。
TIPC	臺灣港務股份有限公司(Taiwan International Ports Corporation)，統轄基隆、臺中、高雄及花蓮四個港務分公司，專營港埠經營業務。
Port Agent	港口代理。
Port Briefing	港口講座，又稱 Port Lecture 或 Port Talks。郵輪靠港前多會舉辦港口講座，簡介下一港口、城市及主要景點，推銷岸上遊程產品。
Port Captain	駐埠船長。長駐公司辦公室的駐埠船長，負責提供郵輪船長相關各停泊港口法規、設施、海圖或其他雜項事務之協助。
Port Charges	港口稅捐，又名 Port Tax。類似航空站收取之機場稅，港口則以旅客人頭稅(Head Tax)、靠泊費等計價，並不包含於船票費用中。
Port Day	郵輪靠泊港埠日。亦即船靠岸的天數，相對字 Sea Day。
Port Engineer	駐埠輪機長。工作性質等同 Port Captain。
Port of Call	彎靠港。又稱為 In-transit Port（過境港），意指船舶航程途中的任一停靠港之一，亦即非屬船舶母港之意。

Port of Registry	船籍港。指船舶註冊證書記載之船籍港所在地。
Port Side	左舷，船舶左側專用稱謂。傳統上船舶以其左側泊靠碼頭，故稱左側為 Port Side。相對字 Starboard Side（右舷）。 ＊記憶秘訣：左邊短(Port; Left)，右邊長(Starboard; Right)。
Port Tax	港口稅捐，又稱 Port Charge。
Port Talks	港口講座，又稱 Port Briefing。郵輪靠港前多會舉辦港口講座，簡介下一港口、城市及主要景點，順便推銷岸上遊程產品。
Porter	行李員。又稱 Bellboy; Bellman。
Porthole	船舶外艙的圓形舷窗。
POSH	去程住左舷艙房、回程住右舷艙房(Port Out, Starboard Home)簡稱。專用於橫越大洋航線郵輪，刻意安排客人住宿不會受到陽光直射一側的艙房，屬郵輪針對重要貴賓之貼心呵護作法之一。
Positioning	郵輪換季航線，又稱 Repo Cruise。詳見 Repositioning。
Postal Service	郵政服務。
Post-cruise Tour	後郵輪行程。指航程結束，代旅客安排離船後之岸上旅遊、交通接送、旅館住宿等服務。相對字 Pre-cruise Tour。
Potable Water	可飲用生水。依據美國疾病管制局(CDC)規定，郵輪飲用、洗滌、烹飪等用水之水質，均必須達到該局設定之衛生標準。
Pre-cruise Docs	預約郵輪行程所需文件。此類文件通常涉及出入境通關、上岸旅遊、旅遊保險等文件。日程通常訂於開航兩個月前。
Pre-cruise Tour	前郵輪行程。指旅客尚未登輪前，代旅客安排其岸上旅遊、交通接送、旅館住宿等服務。相對字 Post-cruise Tour。
Premium Segment	頂級郵輪，又稱 Deluxe Category。指提供精美奢華食宿、服務與體驗之最豪華頂級郵輪，其收費也相對極之昂貴。例如以全套房艙為號召的銀海(Silversea)、星風(Windstar)、璽寶(Seabourn)系列船隊。
Private Islands	私有島嶼，又稱 Out Island。各主要郵輪業者多於加勒比海區擁有私有島嶼，作為其郵輪航線停留點之一。私有島嶼得視為郵輪航程之延伸，其活動內涵與收費方式幾與船上無異。
Production Show	精心製作歌舞秀。歌舞秀屬郵輪最主要夜間娛樂節目之一，通常由郵輪公司娛樂部門自製，或以外包方式委外製作呈現。

Promenade	全景環繞式步道。位於主甲板，為郵輪特色設施，通常為一 360 度全景環繞式柚木散步道。如該甲板加裝有包覆裝置時，又稱為包覆式 360 度全景環繞散步甲板(Wrap-Around Promenade)。
Promenade Deck	主甲板，又稱 Main Deck。
Propeller	螺旋槳；推進器，又稱 Screw。
Pullman Bed	上鋪，又稱 Murphy Bed 或 Upper Berth。郵輪艙房除有兩張下鋪基本配備外，另設一至二張上鋪，以備接待家族同行旅客之用。
Purser's Office	旅館事務部門，負責 24 小時旅館櫃台服務，提供客艙房務、公關事務、財務會計、各國通關等服務工作。

Q

Quay	碼頭，又稱 Berth、Dock、Pier、Wharf。
Quarantine	檢疫。詳見 CIQ / CIQS Formality。
Queue	排隊。現代巨型郵輪盛行，旅客上下船舶、參加活動、進出夜總會或餐廳時，大都需要排隊等候，為郵輪旅遊最美中不足之罩門。

R

Radar	雷達。
Radio Officer	報務長或報務主任，指船舶無線電報務通信工作負責人員。目前多數郵輪均提供衛星通訊系統服務，即由報務長負經營管理之責。
RCCL	皇家加勒比郵輪公司(Royal Caribbean Cruise Line)。
RCI	皇家加勒比國際郵輪集團(Royal Caribbean International)。
Registry	船籍註冊。
Religious Service	宗教服務。某些郵輪附設小型教堂，提供旅客作禮拜、結婚典禮等宗教儀式服務。
Repositioning	郵輪換季航線，又稱 Repo Cruise、Positioning 或 Seasonality。郵輪緊隨各海域季節遞變而更動航線，例如阿拉斯加與加勒比海航線。

Return Trip	來回航線，郵輪啟程港口與終點港口相同，又稱 Turnaround 或 Round Trip。詳見 Voyage。
Review Dates	審閱期。指消費者與船方簽約前，有權將契約先帶回家了解條款後，再決定雙方是否簽約。
River Cruise	內河航行郵輪。目前主要有美洲亞馬遜河、密西西比河；歐洲萊茵河、多瑙河；埃及尼羅河；中國長江等內河航行郵輪。
RMS	皇家郵件船(Royal Mail Ship)。1837 年期間，英國 P&O 航運公司創辦海上客運初期，載客同時兼營遞送皇家郵件業務，也因此成為後世有所謂「郵輪」這個中文名稱的由來。
Rolling	橫搖，船舶行駛中循左右方向之規律擺動。相對字縱搖 Pitching。
Room Service	艙房送餐服務，又稱 Cabin Service。
Round Trip	來回航線，郵輪啟程港口與終點港口相同，又稱 Return Trip。詳見 Voyage。
Rudder	船舵，為控制船舶轉向之機具。
Running Lights	船頭航行燈，又稱海上交通燈。依據 SOLAS 規則，船舶必須在船頭兩側裝設「左紅、右綠」船頭指示燈，以作為海上航行交通號誌。

S

Safe	保險箱。郵輪多於艙房裝設保險箱(In-Cabin Safe)，免費供旅客存放貴重財物之用。
Sailaway	郵輪啟航或啟航酒會。
Sailing Time	啟航時間。指船舶離開碼頭開航出海時間。
Satellite Navigator	衛星導航系統。船舶多利用全球定位系統導航，以確保海上航行安全。詳見 GPS。
Screw	螺旋槳；推進器，又稱 Propeller。
Sea Bands	預防或減緩暈船之貼布，又稱 Patch。
Sea Day	郵輪海上航行日。亦即完全不靠岸的日子，相對字 Port Day。
Sea Trial	海上試俥。指新造船舶正式命名下水前，必須先出海進行機械性能之測試。相對字 Yard Trial（船塢試俥）。

Seaman	海員；水手；船員，又稱 Crew。詳見 Crew。
Seaport	港口，又稱 Harbor、Port。
Seasickness	暈船。
Season	季節性時段。旅遊業一年中市場需求與銷售業績之不同季節時段。 ＊備註：1. Peak Season：尖峰旺季。 2. High Season：旺季，又稱 On Season。 3. Shoulder Season：平季，介於旺季與淡季間的時段。 4. Low Season：淡季。 5. Off Season：極淡季。
Seasonality	季節特性，又稱 Repositioning 或 Positioning。郵輪緊隨各海域氣候季節之遞變而更動航線，最典型者為阿拉斯加與加勒比海航線。
Seating	用餐批次時間。郵輪業者配合劇場夜總會表演場次，分批輪流享用晚餐或看秀。晚餐用餐批次時間大致分為如下三類： 1. 第一批(First Seating or Main Seating)：通常訂於 06:30 PM。 2. 第二批(Second Seating)：通常訂於 08:30 PM。 3. 不分批(Free or Open Seating)：又稱 Anytime Dinning。
Second Seating	第二批輪用晚餐，時間約訂於 08:30 PM。詳見 Seating。
Security	安全維護。郵輪為防範劫船或恐怖攻擊，特別講究安全維護措施。例如旅客進出需通過儀器檢查之外，有些公司更以人臉辨識方式管制。旅客個人貴重財物，亦被要求隨時鎖入保險箱。
Set Sail	船舶啟航，又稱 Cast Off。指船舶解纜、起錨(Let Go)、啟航。
Ship	船舶總稱；動詞則有利用船舶運輸之意涵。詳見 Vessel。
Ship Chandler	船舶補給代理商，香港稱士多或交辦店，又稱 Stores。指提供船舶人員補給、備品運補等採買服務代理商。
Shipboard Account	船上帳單。指旅客日常消費帳單明細，包含岸上遊程、禮品、照片、飲料、網路等開銷。建議以直接入帳信用卡抵扣，以避免排隊結帳。
Shipboard Etiquette	郵輪禮儀。本書另有章節討論。
Ship-to-Shore Telephone	衛星電話。郵輪多提供收費衛星線路傳輸電話，供旅客在船上對外通訊之用。
Shipyard	造船廠；修船廠；船塢。

Shore Excursions	岸上遊程，費用並不包含於船票中，屬郵輪重要的附加收入來源。因此業者多精心設計遊程，並利用各式船上聚會活動場合強力推銷。
Show Lounge	夜總會；劇場，又稱 Theater。郵輪於航程中演出百老匯式歌舞秀、脫口秀、雜耍特技、催眠魔術等以娛嘉賓，節目內容幾乎每晚更換。
Shoulder Season	平季。詳見 Season。
Shuffleboard	推圓盤遊戲，屬郵輪甲板專有之遊戲項目。規則是參賽者輪流以推桿將 4 個圓盤往前推，至約 13 公尺外的分數格子裡以得分高低競勝，或以先推得+50、+75 或+100 分者獲勝。
Signal Station	港口信號臺。類似航空站塔台功能，負責船舶進出港交通管制。
Sight Lines	視角。用於郵輪駕駛台或夜總會秀場用語，意指設計前述場域硬體時，應盡量以減低阻礙視線為主要之考量。
Single Occupancy	單人住宿艙房。郵輪旅客要求個人單獨住宿艙房時，應補繳單人房價位差額，通常加收至 150~200%。詳見 Twin Basis。
Single Supplement	單人住宿艙房價差。郵輪旅客要求個人單獨住宿艙房時，應補繳單人房價位差額，通常加收至 150~200%。詳見 Twin Basis。
Single Trip	單程航線，或稱雙母港航線。郵輪啟程港口與終點港口不同，又稱 Open Jaw。詳見 Voyage。
Sister Ship	姐妹船。
Slop Chest	船員福利社。船員專屬平價日用品供應站。
Slot Machine	吃角子老虎，又稱老虎機或拉霸。
Sneeze Guard	自助餐檯噴嚏隔板，又稱 Sneeze Shield。
SOLAS	海上人命安全國際公約(The International Convention for Safety of Life at Sea, 1974)，為一海上急難救生法規公約。最重大之規定為：船舶兩側均應裝備緊急救生船艇，且均須能一次裝載船上所有全額乘組員與旅客總數 110%以上之容量。
SOS	傳統船舶遇難求救信號，原文為「Save Our Ship」。現代船舶遇難則以 Mayday 信號求救。
SPA	水療服務。郵輪 SPA 療程，大致分健身中心(Fitness Center)、蒸氣浴水療(Hydrotherapy)、芳香精油療程(Aromatherapy)及按摩療程(Massage)等，旅客多數須額外付費享受。

Space Ratio	旅客可用空間比，又稱 Elbowroom Factor（手肘空間因素）。指旅客平均可用之郵輪空間，以郵輪「總噸位」除以「載客容量」所得數值為準。評鑑標準則以 50 以上代表最高等級、30~50 代表空間寬敞、20~30 空間中等、10~20 空間擁擠、10 以下代表擁擠不堪。
Sports Facility	運動器材。屬郵輪健身中心(Fitness Center)運動設施。
S.S	蒸汽動力船舶(Steam Ship)。
ST Category	保證住宿套房艙方案。詳見 Guarantee。
Stabilizer Fin	船舶平衡翼。為裝設於船體兩側底部之自動平衡裝置，具有避免或減緩郵輪搖晃以致旅客暈船之作用。
Stack	船舶煙囪。詳見 Funnel。
Staff Captain	副船長。屬郵輪甲板部門高階航海員，輔佐船長擔任船舶營運暨運轉及日常事務之指揮管理工作。
Staffing Agent	派遣公司，又稱 Manning Agent，郵輪公司通常由代理機構來為其招聘人員。此類派遣公司可能由郵輪公司直轄，也可能是獨立機構。
Stand By	待命；候補。一指船舶啟航或泊靠時，全體機組人員待命之謂。一指旅客訂位如遇客滿狀況，自願排於候補名單之謂。
Starboard Side	右舷，船舶右側專用稱謂，相對字 Port Side（左舷）。
Stateroom	郵輪客艙。詳見 Cabin。
Steering	舵輪操作。為操作船舶轉向之機具。
Stern	船艉部位。
Stern Thrusters	船艉側螺旋槳。裝於船艉兩側較小型螺旋槳，用為船舶靠岸、離岸或轉彎時之輔助機具。相對字 Bow Thrusters（船艏側螺旋槳）。
Steward	男性服務生。
Stewardess	女性服務生。
Stores	船舶補給代理商，香港稱士多或交辦店，又稱 Ship Chandler。指提供船舶人員補給、備品運補等採買服務代理商。
Stowaways	偷渡犯。指非法登輪意圖偷渡之嫌犯。
Suite	套房。詳見 Suite Cabin。

Suite Cabin	套房艙。艙房中附設有會客廳設施之套房艙，大致有行政套房(Executive Suite)、蜜月套房(Honeymoon Suite)、船東套房(Owner Suite)、頂樓套房(Penthouse Suite)或總統套房(President Suite)等。
Sun Deck	露天甲板，又稱 Weather Deck。
Superfast Ferry	超快渡輪。最高時速可達 40 Knot（約 75Km 時速）之超快渡輪。
Super-liner	大型郵輪。
Surveyor	驗船師。

T

TBA	作業中(To Be Advised or To Be Assigned)，意指「尚未定案」之意。
Teen Club	青少年活動中心，又稱 Off Limits。
Teak Decks	柚木甲板。尤其指 360 度環繞式柚木散步道(Promenade)。
Telegraph	俥鐘，又稱 Bell。為駕駛台指揮機艙操作船舶運轉工具。傳統船舶以手搖式船鐘運轉，現代船舶均採電腦化系統操作。
Television	電視。郵輪除播放衛星及船內電視節目外，最特別的是隨時轉播船外景色，提供尤其是住宿內艙旅客最新海面狀況。
Tender Service	交通接駁船服務，又稱 Launch Service。當郵輪無法直接靠泊碼頭，而於外港錨地(Anchorage)停泊時，通常會另雇小船或以船舶本身配備之救生艇，接駁船員、旅客上岸來回。
Terminal Port	母港，又稱 Home Port、Turn-Around Port。船舶每航次出發港或終點港。
Territorial Waters	領海。國際慣例以領土向海洋延伸 12 海浬之內海域，即屬領海範圍。
Theater	夜總會；劇場，又稱 Show Lounge。郵輪航程中演出百老匯式大型歌舞秀、脫口秀、雜耍特技、催眠魔術等以娛樂嘉賓。
Theme Cruises	主題式郵輪，又稱主題式巡航。例如皇家加勒比船隊以運動設施；迪士尼船隊以遊樂設施；精鑽俱樂部郵輪偶有同性戀專屬航次等為主題訴求，即為此類主題郵輪吸引不同客群之範例。

Tidal Difference	潮差。海水面上升現象稱為漲潮(Flood)，下降稱為退潮或落潮(Ebb)。漲潮與退潮轉換海水位達到最高滿潮或高潮(High Water)，達到相對最低乾潮或低潮(Low Water)；兩潮位變動差即稱為潮差。
Tiered Commission	激勵佣金，又稱 Volume Incentive。郵輪業者視旅行社銷售業績高低，依約定比例分級給付銷售代理退佣以示激勵。相對字為 Flat Commission（固定佣金）。
Tipping	小費，又稱 Gratuity。各家郵輪收取小費政策大同小異，幾乎都以每人每晚約$10~15 為準，直接列入船上日常的帳單。
Tonnage	船舶噸位，為船體容積或重量單位，通常以船舶排水量計算，每 1 噸等於 100 立方英呎容積或 1,000 公斤（2,240 英磅）重量。
Tow Boat	拖船，又稱 Tug。
Tradewinds	信風；貿易風。指從亞熱帶高氣壓帶吹向赤道低氣壓帶的信風，受地轉偏向力影響致北半球吹東北信風，南半球吹東南信風。古代商人利用信風規律性進行海上貿易，故信風又稱「貿易風」。
Training Pay	受訓補助。郵輪公司 Off Season 發給補助金，以鼓勵員工深造進修。
Transatlantic Cruise	橫越大西洋郵輪航線，又稱 Crossing Voyage。
Trans Canal Cruise	穿越運河的郵輪航線。
Transfer	接送服務。指業者提供旅客往返機場、飯店與港口間接送服務。
Transit Passenger	過境旅客。指已搭乘剛結束航次，續搭下一航次之旅客。
Travel Documents	旅行文件。郵輪旅遊所需旅行文件，大致以護照、簽證、機票、船票、訂房訂位確認書等為主。
Tug	拖船。為一動力強大之小型船舶，主要用於推動或牽引大型船舶進出碼頭，或作為牽引海上鑽油平台及貨運駁船等用途。
Turn-around Port	母港，又稱 Home Port、Terminal Port。船舶每航次出發、返航之基地港，亦即起點港或終點港。
Twenty-Four Hour Clock	24 小時制。例如，早上 10 點 10:00(Ten Hundred Hours)，晚上 10 點 22:00(Twenty-Two Hundred Hours)。

Twin Basis	以「兩位共用一房」為住宿艙房計費標準，又稱 Twin Share 或 Double Occupancy。旅客如要求單獨住宿，應另行支付單人價位差額，郵輪業者通常收取船票之 150~200%費用。

U

Under Way	船舶航行中。
Upgrade	艙房升等優待。相對字 Downgrade。
Upper Berth	上鋪，又稱 Pullman Bed 或 Murphy Bed。郵輪艙房除設兩張下鋪外，另設一至二張上鋪，以備接待舉家出遊或親友同行旅客之用。
USCG	美國海岸防衛隊(US Coast Guard)。詳見 Coast Guard。
UTC	協調世界時間(Coordinated Universal Time)。1982 年，國際電訊聯盟(UIT)決定以 UTC 取代 GMT。詳見 GMT。

V

Vacuum Toilet	真空抽吸馬桶，又稱 Vacuum Flush。
VDR	航海記錄器(Voyage Data Recorder)。其功能與航空飛行記錄器（黑盒子）無異，惟 VDR 以長繫繩及浮標作為海上定位之用。
Veranda Cabin	陽台艙，又稱 Balcony Cabin。郵輪外艙以落地門連通一附設有海灘桌椅之觀景陽台，其面積坪數及價位略高於內艙及外艙。
Vertical Integration	垂直整合行銷。指企業體同時擁有產品供應鍊上下游產業之謂。以郵輪業為例，荷美(Holland America)、公主(Princess)系列郵輪即同時在阿拉斯加自營旅館及其他旅遊服務產業。
Virtual Porthole	虛擬舷窗。2012 年，迪士尼郵輪首創於內側艙房加設虛擬舷窗，24 小時直播船外景觀，造成內艙熱賣，各郵輪公司相繼跟進。
Vessel	船舶之總稱，又稱 Ship。船舶名稱前通常加上「MV(Motor Vessel)」、「MS(Motor Ship)」或「SS(Steam Ship)」等稱號。
Video Arcade	影視中心。

Volume Incentive	激勵佣金，又稱 Tiered Commission。郵輪業者視旅行社銷售業績高低，依約定比例分級(Tier)給付銷售代理商退佣以示激勵。相對字為 Flat Commission（固定佣金）。
Voyage	郵輪航線，又稱 Itinerary 或 Trip。郵輪行程航線大致有三大類： 1. Single Trip：單程航線、單向巡航，郵輪啟程港與終點港不同（雙母港），又稱為 Open-Jaw Sailing。 2. Round Trip：來回航線，郵輪啟程港口與終點港口相同（單母港），又稱 Closed-Loop Sailing、Turn-Around、Return Trip。 3. World Cruise：環球航線，約介於 80~110 天之間環繞地球航行，又稱 Global Voyage 或 Round the World Cruise。

W

Wake	浪花水痕。船舶航行過後，所激起暫留於船尾浪花水痕。
Wardroom	高階船員專用交誼廳。
Watch; Watchkeeping	當值，船員分三班值勤，如以帶班高階船員分，12~04：二副、二管帶班；04~08：三副、三管帶班；08~12：大副、大管帶班。
Waterline	船舶吃水之水線刻度。詳見 Draft。
Water Sports	水上運動。
Wave Season	促銷旺季，類似早鳥優惠方案，又稱 Black Fridy 或 Early Bird。每年一月初到三月底的三個月期間，郵輪提供特別優惠價格供旅行社提早預訂大量的艙位。
Weather Deck	露天甲板，又稱 Sun Deck。
Weigh	起錨。船舶啟航前起錨稱之，相對字 Moor（拋錨）。
Wet Charter	整船租用，又稱濕租或 Full Ship Charter。租賃船舶由船東負責雇用船員、補養及保險等。相對字 Bareboat Charter（空船租用）。
Wharf	碼頭，又稱 Berth、Dock、Pier、Quay。
Wheel	船舶舵輪。設置於駕駛台，為操作傳統船舶轉向之機具。
Wheelhouse	船舶駕駛台，又稱 Bridge。設置於船艏或船艉較高處之船橋駕駛台，為船舶航行運轉總操作指揮中心。

Whirlpool	噴射按摩浴池，又稱 Jacuzzi。
Windward	船舶迎風面，相對字 Leeward （背風面）。
Wine & Liquor	酒類。郵輪上酒精性飲品通常未包含於船費中，旅客須額外付費。
World Cruise	環球航線，又稱 Global Voyage。
Wrap-Around Promenade	包覆式 360 度全景環繞散步甲板。詳見 Promenade。

Y

Yard Trial	船塢試俥。指新造船舶正式命名下水前，必須先在船塢進行機械性能測試。相對字 Sea Trial（海上試俥）。
Yacht	遊艇。屬於休閒取向之中小型船艇，多數用於私人遊憩、娛樂或運動等用途，通常兼有風帆與推進器等動力類型。
Yield Management	收益管理，又稱營收管理。觀光旅遊產業界利用淡旺季差異之定價概念，隨機調整旅遊產品價位與存量，以達成利潤最大化之管理過程。因此，航空、郵輪、餐廳、旅館及交通等行業，最常用技巧乃超賣策略(Overbooking or Oversold)，主要避免因旅客臨時取消而損失。

Z

Zodiac	橡皮艇，又稱 Rubber Inflatable Boat。專用於探險型郵輪航線，當郵輪到達未有碼頭設施之地，則改乘橡皮艇或涉水登陸。

郵輪旅遊概論

Cruise Tour Introduction

01

CHAPTER

You haven't lived until you've cruised!

一 郵輪旅遊定義

郵輪旅遊產業，是一種很有特色的時尚旅遊趨勢產業。自從二十世紀末期以來，它一直都能維持每年平均 7.8%的高成長率，如今更已成為世界旅遊市場發展最為穩定的品項。2003 年，全球旅遊產業受 SARS 疫情蔓延影響，導致旅遊產業一片哀鴻遍野的慘況時，搭乘郵輪旅遊的旅客總數，卻首次突破 1,000 萬人次的高點。2008 年，爆發國際金融風暴危機的同時，在一片不景氣百業蕭條氛圍中，唯獨郵輪旅遊產業營收反而逆勢上揚；儘管北美郵輪產業受到金融風暴危機影響，導致客源市場比較前一年度縮減 1.5%，但全球郵輪旅客，卻仍逆勢增長 4%，直至 2011 年全球郵輪旅客再次突破 2,000 萬人次。2019 年全球郵輪旅客人次，終於衝高至將近 3,000 萬人次的史上新高規模。茲略述郵輪旅遊基本定義及其特性如下。

（一）郵輪旅遊定義

1. **郵輪(Cruise, Cruise Ship)**：「Cruise」一詞，早期是指一種船型介於「航空母艦」與「驅逐艦」之間的海軍艦艇，名為「巡洋艦」的中型護航戰艦而言；而「Cruise Ship」的原意，則是指定期、定線航行於海洋上的大型客運輪船；早期中文「郵輪」、「遊輪」兩個詞彙往往並用，近代則幾乎一律通稱之為「郵輪」。「郵」字則是因過去歐美越洋郵件，多由這種客輪兼營運載郵件之故，因而得名。

2. **郵輪旅遊(Cruise Tour)**：指以郵輪作為交通載具、旅館住宿、餐飲供應及休閒場所之多功能工具，進行相關觀光、旅遊及觀賞風景文物等活動，故謂之「郵輪旅遊」。傳統郵輪主要定位於越洋運送旅客與皇家郵件(RMS_Royal Mail Ship)，其基本生活設施配備，單純是給旅客提供一段舒適的航程。現代郵輪本身兼具有旅遊目的地的內涵，其生活娛樂設施也成為海上旅遊的一個重要的組成，反而是郵輪靠岸，則只是為了進行岸上觀光旅遊，或完成其海上的航遊行程。

3. **郵輪旅遊產業(Cruise Industry)**：指以海上輪船作為運載旅客的工具，規劃縱橫交錯的越洋跨國航行路線，以多樣化的食衣住行育樂暨岸上遊程服務滿足旅客之需求；同時亦結合船舶修造、交通運輸、港口設施、物料補給、休閒旅遊、餐飲旅館、購物百貨、銀行保險，以及服務管理等相關行業，多元組合而成的一種複合型產業。

（二）郵輪旅遊特性

1. 多目的地型渡假(Multi-Centered Destination)：搭乘郵輪旅遊就形同旅客得以隨身攜帶住宿之艙房—「帶著 HOTEL 去旅行」一般。郵輪巡航停靠各地港灣甚或環航地球一周，旅客亦得悠遊列國而不須為住宿不同旅店而搬進搬出，因此又名之為「多目的地型渡假」。

2. 一價全包概念(All Inclusive Concept)：郵輪非常類似甚至超越陸向型一價全包式的「地中海俱樂部 Club Med」渡假村集團營運模式，兩者同樣都具有一價全包式旅遊的特性，全面涵蓋一切休閒渡假旅遊所需之食、衣、住、行、育、樂（吃、住、行、遊、購、娛）等元素。舉凡交通住宿、餐飲佳餚、購物設備、活動設施等一應俱全。同時，不需像一般陸地旅遊模式，每日搬運行李、預訂餐旅並趕路。

3. 自主性高遊憩方式(What you want; Where you want; When you want !)：郵輪旅遊屬於遠離塵囂的旅遊方式之一，完全不必面對交通擁擠、連番趕路更換目的地的問題，而且得以遠離一切日常生活環境區域。旅客可以整天都在同一個充滿各式活動設施服務的場域，自行決定是否參與多樣動靜皆宜的設施活動，甚或單獨選擇郵輪甲板一隅安坐、靜思、看書或小憩，自主性非常的高。

4. 浮動式渡假酒店(Floating Hotel, Floating Resort)：郵輪又具有「浮動式渡假酒店」之特性與稱號，主要在於其「多目的地型渡假」且匯集「吃、住、行、遊、購、娛」等元素於一體的海上遊憩特性之外，其餘相關休閒遊憩活動之硬體設施、軟體服務、休閒氣氛等等，它其實與各式海島、海濱甚或內陸型之定點休閒式渡假酒店，諸如地中海俱樂部(Club Med)、太平洋海島俱樂部(PIC)等之海島渡假型酒店之屬性，並無太大差異。

5. 易達特性(Accessibility)：郵輪因屬水路交通一環，因此又具有其他陸空交通所無法企及之「易達特性」。例如，美國阿拉斯加州沿太平洋岸地區，或是北歐挪威冰河峽灣區之冰河、峽灣、森林、群山、城鎮與自然景觀，在陸空交通不易甚或無法到達時，利用郵輪產品進行旅遊參訪最屬適宜。又如，南太平洋島群、地中海愛琴海諸島及加勒比海等海域中兀自孤絕於化外之地的大洋島群，陸空交通之便利性幾無可能時，得以仰賴郵輪旅遊產品之「易達特性」取而代之。

（三）郵輪基本功能

郵輪基本既具有水上運輸的功能，同時又兼具有旅遊酒店、旅遊休閒相關食宿、餐飲、交通、旅遊、娛樂、購物等基本的服務功能。條列簡介如下。

1. 交通運輸功能：郵輪負擔著把旅客從一個地點運送到另一個地點，或在航程目的地之間穿梭往返，以完成觀光旅遊和休閒度假過程的交通運輸功能，而該功能主要即由郵輪的甲板部、輪機部、甲板部乘組員負責完成。

2. 休旅度假功能：郵輪為遊客提供包括旅遊活動組織、產品線路設計、景點導覽解說，遊客休閒娛樂的場所和育樂健身設施，包括陽光甲板、育樂中心、舞廳、理容中心、娛樂場所等的功能。

3. 前台服務功能：郵輪必須為遊客提供集散出入和作為郵輪資訊中心的前廳，包括酒店總台、行李服務、商務中心等，提供旅客登輪上岸、客艙住宿、餐飲娛樂以及活動設施等之服務項目。

4. 後勤服務功能：為了保障郵輪安全正常運行，遊客休閒度假及旅行生活之舒適，郵輪後勤服務部門提供包括動力、供電、供水及冷暖氣等之正常機電運作，而機電則包括配電房、司爐房、冷暖機房、漿洗房、泵水房等。

（四）郵輪多元屬性

郵輪產業既然具有包含一切休閒旅遊時所需要之食、衣、住、行、育、樂（吃、住、行、遊、購、娛）等多元屬性，比諸一般休閒渡假村、主題遊樂園等休閒遊憩產業並無明顯差異。因此，郵輪旅遊本身即具有與諸多休閒觀光產業互為影響甚或相互融合之整體屬性，本書作者遂以 RCT Trend 命名（Resort 渡假村／Cruise 郵輪／Theme Park 主題遊樂園）以彰顯其互為融合影響之特殊屬性，嘗試提出 RCT Trend「渡假村郵輪化／郵輪遊樂園化／遊樂園渡假村化」趨勢理論，並條列案例分析予以詮釋如下（圖 1-1）。

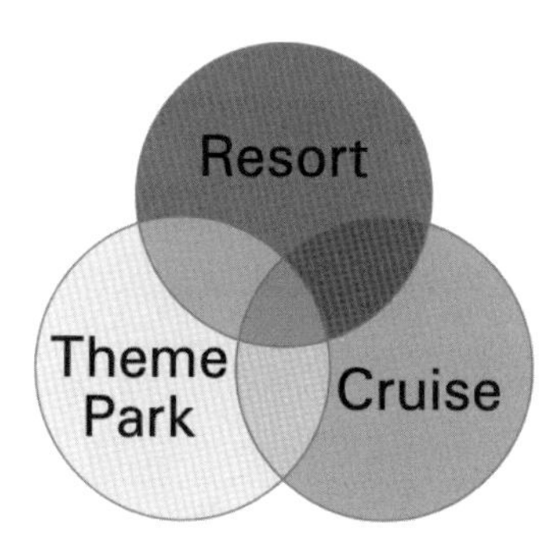

圖 1-1　RCT Trend 趨勢理論（呂江泉，2016）

1. 渡假村郵輪化（Club Med Resort 渡假村／Cruise 郵輪）案例探討：

Club Med(Club Mediterrannee)地中海俱樂部渡假村創立於 1950 年，最初只在地中海岸設立渡假村據點，而後逐步擴展至全球各地。今日，Club Med 在全球設立超過 100 個渡假村，每一個據點園區都由 G.O.(Gentle Organizer-友善的組織者)熱情款待、創造歡樂、呵護貴客 G.M.(Gentle Member-友善的會員)。Club Med 提供客戶舒適的住宿，多樣的戶外活動以及豐盛的美食，採取「一價全包概念」(All Inclusive Concept)，不只包含機票和食宿，還包括每日遊樂活動、驚喜歡樂，恰好體現【渡假村郵輪化】的屬性所在（圖 1-2）。

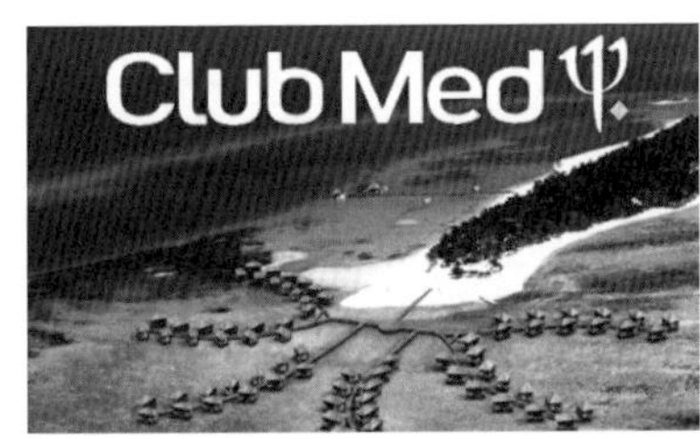

圖 1-2　Club Med 地中海俱樂部渡假村「一價全包」概念

2. 郵輪遊樂園化（Cruise 郵輪／Theme Park 主題遊樂園）案例探討：

2018 年下水營運、隸屬皇家加勒比郵輪公司(RCI)的海洋交響號郵輪(Symphony of the Seas)，總重 228,000 噸，長 360 米、寬 60 米、高 72 米、16 層客艙，最多可容 6,300 名乘客及 2,200 名船員，是目前全球最大、造價最高的郵輪。船上設有種植花草樹木的挑高中庭，獨特的豪華露天劇院，且配備全日食宿餐飲供應，豐富多樣的活動主題與活動設施，恰好體現【郵輪遊樂園化】的屬性所在（圖 1-3）。

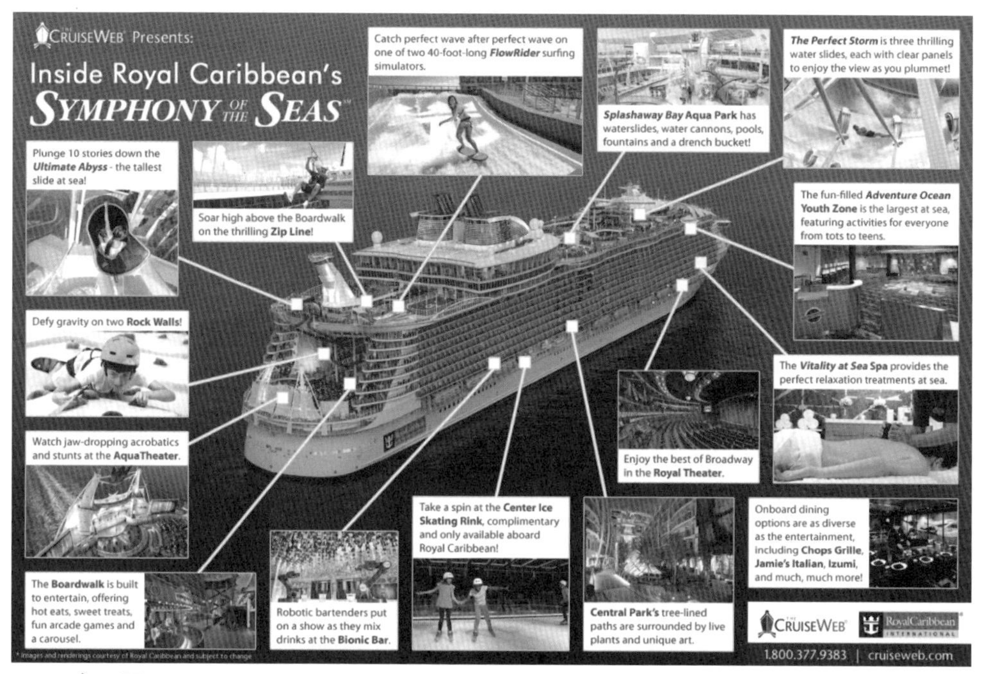

圖 1-3　Symphony of the Seas 海洋交響號郵輪遊樂主題示意圖

3. 遊樂園渡假村化（Theme Park 遊樂園／Resort 渡假村）案例探討：

遊樂園渡假村化／Disneyland 迪士尼樂園：每年約有超過 1 億人次前往迪士尼樂園參觀，但迪士尼樂園卻不只靠門票賺錢。根據福布斯財務報告，迪士尼樂園門票其實剛好夠支撐運營成本而已，真正獲利的是周邊商品，尤其是酒店客房、衍生品、食品及餐飲等的收益。以巴黎迪士尼樂園為例，該樂園 2014 年的酒店收入約為 4.9 億歐元，即占全部收入接近四成，恰好體現【遊樂園渡假村化】的屬性所在（圖 1-4）。

圖 1-4　Disneyland Paris Hotel 巴黎迪士尼樂園渡假酒店

二 郵輪旅遊魅力

如前所述，郵輪旅遊是指以郵輪作為交通載具、旅館住宿、餐飲供應以及休閒場所之多功能工具，進行相關觀光、旅遊以及觀賞風景文物等活動之謂。因此，郵輪業界普遍認定，郵輪其實就是一座會移動的海上渡假村(Floating Resort)，專門提供各種休閒渡假酒店的質感與服務，郵輪代理商賣的則是一種結合船舶修造、交通運輸、港口設施、休閒娛樂、餐飲旅館，以及旅遊服務等要素，多元組合而成的一種甚具魅力的複合型產業（圖 1-5）。茲略述郵輪旅遊魅力及其內涵如下。

（一）郵輪旅遊魅力

1. 不搭郵輪、虛度此生！(You haven't lived until you have cruised!)：國際郵輪協會(CLIA)專用郵輪行銷宣言，直接了當的道出郵輪旅遊的無比魅力。郵輪旅遊是種相當奇妙的遊憩體驗，未曾搭乘過或不了解的人會覺得無聊，但是玩上癮的人卻又樂此不疲。因此，國外郵輪旅遊玩家常會因郵輪旅遊之超凡吸引力，而好言相勸同好說：搭乘郵輪小心上癮！Cruising is Addictive!。

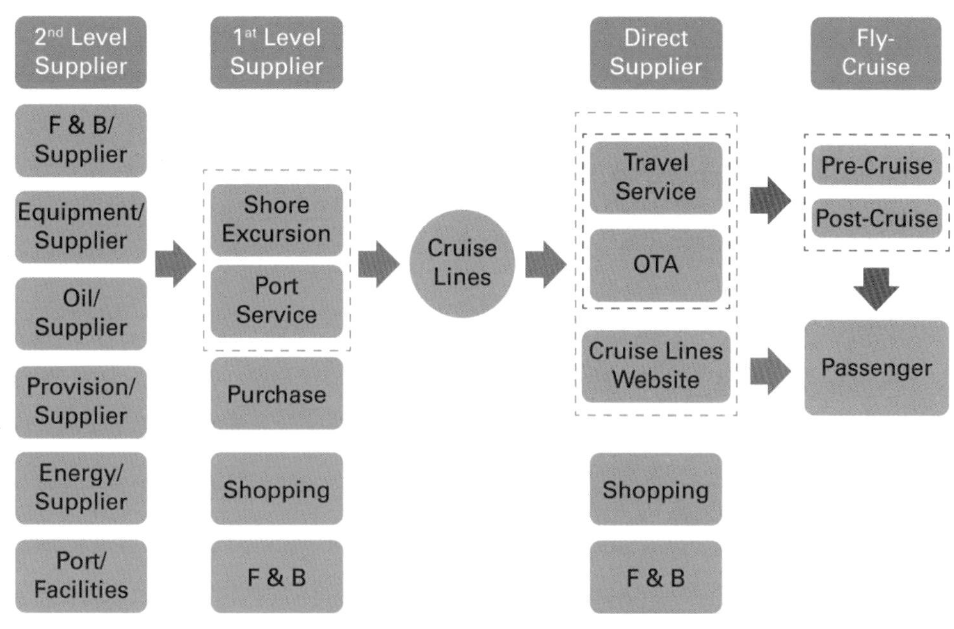

圖 1-5　郵輪產業供應鍊

2. 閒散悠遊、備受呵護！(Indulgent Pampering)：郵輪旅遊另一最具魅力之處，即在於郵輪提供消費者一種閒散輕鬆的旅遊體驗。旅客從上船到下船，全部行程中只要在登船時掛一次行李，郵輪於夜間航行、日間靠泊，旅客得以在船上各式主題餐廳盡情享用美食，或至 Spa 水療享受備受呵護的療程，或輕裝簡從的上岸觀光，享受宛如「帶著 Hotel 去旅行」般的悠哉旅程，誠人間一樂矣！

3. 一價全包、豐盛多元！(Plentiful Diversity)：依據當下郵輪產業界慣例，船票採「一價全包概念」(All Inclusive Concept)進行銷售。除港口稅捐、小費、岸上遊程之外，郵輪船票包含下述各項費用。
   (1) 住宿費用(Accommodation)：兩位共用一間客艙(Twin-share Basis)，除非要求單人住宿一間艙房者，需補繳單人房差價。

(2) 餐飲費用(F&B)：包含郵輪主餐廳、主題餐廳及 24 小時自助餐廳提供之所有餐飲費用，但不包含付費餐廳及酒精類飲料。

(3) 娛樂設施(Entertainment)：郵輪所有公共場合設施活動，例如歌舞表演、團體活動、知識講座、電影欣賞、健身房、游泳池、各類球場、青少年活動中心等設施活動之免費使用與參與。

（二）郵輪產品內涵

1. 郵輪品牌形象：目前常年運轉於世界各海域之各式郵輪，共計約有 350 艘以上，而全球最為知名郵輪船隊公司(Cruise Lines)，總共約有 45 個品牌。由於競爭激烈，各家公司無不使出渾身解數，紛紛以獨特的船隊品牌、客製化服務、主題式航程，作為船隊產品之行銷利器，以期於此競爭白熱化的郵輪市場占有一席之地。

2. 郵輪航線海域：郵輪旅遊產品之研發、規劃與製作，首要必須考量航線沿線各主要景點目的地之區位性、易達性、吸引力、周邊服務配套，以及永續發展性等課題。其次，當然仍應兼顧郵輪航行季節及不同水域之安全適航性。目前，全球郵輪航線幾乎涵蓋五大洋、七大洲海域超過 2,000 個停靠口岸，全球有美洲加勒比海、阿拉斯加、歐洲、地中海、亞太地區、南太平洋等主要航線海域。

3. 郵輪硬體配備：當今郵輪產業界造船最新趨勢，多數新造更加大型化、多元化、友善化且更具平穩安全特色之巨型客輪。迄 2010 年代為止，在號稱猶如海上小城市規模一般的郵輪，通常擁有數十種休閒娛樂設施，例如歌舞劇場、電影院、酒吧、賭場、咖啡廳、美容院、三溫暖、健身房、圖書館、兒童遊樂場、免稅店、商店街、攀岩場、溜冰場、滑水道、會議中心、迷你高爾夫球場，甚至緊急救生醫療器材等不同的硬體配備與軟體服務。

4. 郵輪活動設計：1980 年代之後，郵輪提供越來越多的娛樂活動及設施服務。郵輪專設娛樂部門，由娛樂總監(Cruise Director)專責設計、督導、帶領郵輪娛樂部門人員(Cruise Staff)，負責安排旅客在船上的每日娛樂節目活動。娛樂總監會視郵輪航程、天候及旅客屬性等因素考量，在航行海上日(Sea Day)精心設計每日日程、活動、節目及特殊注意事項，以確保充分滿足每位郵輪旅客的海上休憩需求。

三 郵輪市場現況

（一）主要郵輪公司(Cruise Lines, 2018)

全球的郵輪輪市場，目前還是由嘉年華、皇家加勒比兩大集團獨霸，而嘉年華集團更以「全球最大船隊」、「最高總容量」的優勢市占率就高達 48%，旗下擁有嘉年華、公主、阿依達、歌詩達、荷美、P&O、皇后、璽寶等 8 大郵輪品牌。其次，皇家加勒集團市占率則約 23%，旗下主要有皇家加勒比國際、精緻、途易、普爾曼、精鑽等 5 大郵輪品牌。除了兩大集團外，再加上諾維真集團（諾維真、大洋、麗晶七海）、地中海航運集團、雲頂香港集團（麗星、星夢、水晶）等共五大集團。此外，尚有馬雷拉、迪士尼、銀海、海達路德、北歐、赫伯羅特郵輪等等知名船隊，每個船隊都各具風格特色，郵輪產業世界規模之浩大，比較航空產業市場絕不遜色。截至 2020 年底，世界最主要的郵輪公司大致共約有 45 個品牌、350 艘郵輪，總容量 543,600（表 1-1）。

表 1-1 世界主要郵輪公司總表（2020）

Cruise Lines 郵輪公司名稱	Brand Name 郵輪公司品牌	Nationality 國籍	Ships 船隊 Berth 容量
Carnival Cruise Line 嘉年華郵輪（船隊容量#2）	Carnival	USA UK	24 艘 68,358
Princess Cruises 公主郵輪（船隊容量#5）	PRINCESS CRUISES come back new	USA	14 艘 38,044
AIDA Cruises 阿依達郵輪	AIDA	Germany	14 艘 30,548
Costa Cruises 歌詩達郵輪	Costa	Italy	13 艘 27,086
Holland America Line 荷美郵輪	Holland America Line	USA	10 艘 19,250
P&O Cruises P&O 郵輪（英國）	P&O CRUISES	UK	6 艘 18,971
P&O Cruises Australia P&O 郵輪（澳洲）	P&O CRUISES This is how to holiday	Australia	3 艘 7,198
Cunard Line 冠達郵輪	CUNARD	UK	3 艘 6,700

表 1-1 世界主要郵輪公司總表（2020）（續）

Cruise Lines 郵輪公司名稱	Brand Name 郵輪公司品牌	Nationality 國籍	Ships 船隊 Berth 容量
Seabourn Cruise Line 世邦 / 璽寶郵輪	THE YACHTS OF SEABOURN INTIMATE. LUXURY.	USA	5 艘 2,500
Carnival Corporation & plc 嘉年華集團（集團容量#1）	合 計		92 艘 218,655
Royal Caribbean International 皇家加勒比郵輪 （船隊容量#1）	RoyalCaribbean INTERNATIONAL	USA	25 艘 84,273
Celebrity Cruises 精緻郵輪	Celebrity X Cruises	USA	14 艘 28,905
TUI Cruises 途易郵輪	TUI Cruises	Germany	7 艘 16,900
Pullmantur Cruises 普爾曼 / 伯曼郵輪 *2020 年底宣告重組財務	pullmantur	Spain	3 艘 7,312
Azamara Club Cruises 精鑽郵輪	AZAMARA CLUB CRUISES	USA	3 艘 2,100
Royal Caribbean Cruises Ltd. 皇家加勒比集團 （集團容量#2）	合 計		52 艘 139,490
Norwegian Cruise Line 諾維真郵輪（船隊容量#3）	NCL NORWEGIAN CRUISE LINE	USA	17 艘 50,600

表 1-1 世界主要郵輪公司總表（2020）（續）

Cruise Lines 郵輪公司名稱	Brand Name 郵輪公司品牌	Nationality 國籍	Ships 船隊 Berth 容量
Oceania Cruises 大洋郵輪	OCEANIA CRUISES	USA	4 艘 2,754
Regent Seven Seas Cruises 麗晶七海郵輪	Regent SEVEN SEAS CRUISES	USA	5 艘 3,350
Norwegian Cruise Line 諾維真郵輪集團 （集團容量#3）	合 計		26 艘 55,704
MSC Cruises 地中海郵輪（船隊容量#4）	MSC CRUISES	Italy	18 艘 58,784
Mediterranean Shipping Company MSC 地中海郵輪 （集團容量#4）	合 計		18 艘 58,784
Star Cruises 麗星郵輪	STAR CRUISES The Leading Cruise Line In Asia-Pacific	Hong Kong	3 艘 5,400
Dream Cruises 星夢郵輪	DREAM CRUISES 星夢郵輪	Hong Kong	3 艘 8,670
Crystal Cruises 水晶郵輪	CRYSTAL CRUISES	Japan	3 艘 2,100
Genting Hong Kong 雲頂香港集團（集團容量#5）	合 計		9 艘 16,170

表 1-1 世界主要郵輪公司總表（2020）（續）

Cruise Lines 郵輪公司名稱	Brand Name 郵輪公司品牌	Nationality 國籍	Ships 船隊 Berth 容量
Marella Cruises 馬雷拉郵輪	MARELLA CRUISES	UK	6 艘 9,500
Disney Cruise Line 迪士尼郵輪	Disney CRUISE LINE	USA	4 艘 8,500
Hurtigruten 海達路德郵輪 (Norwegian Coastal Express)	HURTIGRUTEN	Norway	16 艘 6,700
CMV Cruises CMV 北歐郵輪	CMV	UK	5 艘 5,000
Viking Cruises 維京郵輪	VIKING	USA	5 艘 4,700
Celestyal Cruises 賽洛斯郵輪	Celestyal Cruises	Cyprus	4 艘 4,400
Silversea Cruises 銀海郵輪	SILVERSEA	Monaco	9 艘 3,000
Phoenix Reisen 鳳凰郵輪	PHOENIX	Germany	4 艘 3,000
Hapag-Lloyd Cruises 赫伯羅特郵輪 （Europa 星級#1）	Hapag-Lloyd Kreuzfahrten	Germany	4 艘 2,100

表 1-1 世界主要郵輪公司總表（2020）（續）

Cruise Lines 郵輪公司名稱	Brand Name 郵輪公司品牌	Nationality 國籍	Ships 船隊 Berth 容量
Ponant 龐洛郵輪	PONANT	France	7 艘 1,500
Windstar Cruises 風星郵輪	WINDSTAR CRUISES	USA	6 艘 1,200
Saga Cruises 撒加郵輪	SAGA	UK	2 艘 1,200
Lindblad Expeditions 林布拉德探險郵輪	Lindblad Expeditions NATIONAL GEOGRAPHIC	USA	10 艘 900
Quark Expeditions 夸克探險郵輪	Quark Expeditions	USA	7 艘 1,000
American Cruise Lines 美國郵輪	AMERICAN CRUISE LINES	USA	5 艘 700
Star Clippers 星飛快帆郵輪	STAR CLIPPERS	Malta	3 艘 600
Voyages to Antiquity 古蹟之旅郵輪	VOYAGES TO ANTIQUITY	Panama	1 艘 400
Paul Gauguin Cruise 保羅高更郵輪	Paul Gauguin CRUISES TO THE SOUL OF THE SOUTH SEAS	USA	1 艘 300

表 1-1 世界主要郵輪公司總表（2020）（續）

Cruise Lines 郵輪公司名稱	Brand Name 郵輪公司品牌	Nationality 國籍	Ships 船隊 Berth 容量
Blount Small Ship Adventures Blount 美國河輪		USA	2 艘 200
SeaDream Yacht Club 海夢遊艇俱樂部郵輪	SEADREAM YACHT CLUB®	Norway	2 艘 200
Travel Dynamics Travel Dynamics 郵輪	Travel Dynamics International *Excellence in Small-Ship Cruising Since 1969*	USA	2 艘 200
Orion Expeditions Cruises 獵戶座探險郵輪	ØRION™ EXPEDITION CRUISES	USA	1 艘 200
Grand Circle Cruise Line Grand Circle 郵輪	GCCL	USA	2 艘 100
Hebridean Island Cruises Hebridean Island 郵輪	HEBRIDEAN ISLAND CRUISES	UK	1 艘 100
Cruise Lines（Grand Total） 世界主要郵輪公司（總計）	45 個主要郵輪公司品牌		325 艘郵輪

備註：

1. 全球共約 45 個主要品牌、350 艘郵輪，總容量 543,600。
2. 本表係依據郵輪集團公司／郵輪船隊容量排序。
3. 全球郵輪產業受到 COVID-19 嚴重衝擊，本表所有數據保留隨時變動之彈性。

（二）郵輪客源分布(Cruise Source Market, 2018)

郵輪客源市場，傳統上概以美洲尤其是美國市場獨占鰲頭，其次是歐洲市場。至於東亞地區客源市場發展趨勢，由於中國大陸市場近年來之快速崛起，如今儼然已成為促進亞太郵輪產業市場成長的強勁驅力。然而，2019 年間，雖然整體亞太地區仍然有高達 7 國進入世界客源市場前 20 名排行榜，但卻也出現比較 2018 年相當高比率的衰退現象。全球將近 3,000 萬年度搭乘人次中，亞太地區全年總數有將近 400 萬搭船航遊人口，中國大陸客源總數約 190 萬（比較 2018 年衰退-18.6%；*從前兩年的全球第二名排序掉到第四名），其次是澳大利亞客源約為 124 萬（-7.7%），其他亞太主要客源市場則依序有台灣 38.9 萬（-0.4%）、新加坡 32.5 萬（-12.7%）、印度 31.3 萬（+41.5%；*唯一逆勢高幅成長市場）、日本 29.6 萬（+11.4%）、香港 19.1 萬（-23.4%）等榮枯不一的數據。整體言之，2019 年全球郵輪客源市場前三名占比份額，大致是美洲 1,420 萬客源占比 47%、歐洲客源 614 萬占比 20%、亞太客源 505 萬占比 16.8%之態勢，茲將名列全球前 20 名郵輪客源市場國家，表列如下（表 1-2）。

表 1-2 全球前 20 名郵輪客源市場國家（2019）

#	國家地區	人次	#	國家地區	人次
1	美國	14,199,000	11	台灣	389,000
2	德國	2,587,000	12	新加坡	325,000
3	英國	1,992,000	13	印度	313,000
4	中國	1,919,000	14	日本	296,000
5	澳大利亞	1,241,000	15	香港	191,000
6	加拿大	1,037,000	16	墨西哥	167,000
7	義大利	950,000	17	南非	158,000
8	巴西	567,000	18	阿根廷	151,000
9	西班牙	553,000	19	瑞士	140,000
10	法國	545,000	20	奧地利	136,000

資料來源：CLIA (2020)

（三）產業現況探討(Cruise Industry Review, 2018)

郵輪產業界人士指出，郵輪本身其實就是傳說中的海上璇宮，也是一座會移動的海上渡假村(Floating Resort)，提供各種休閒渡假酒店的便利服務，以滿足旅客各式食衣住行育樂（吃、住、行、遊、購、娛）之所需。郵輪旅遊提供旅客度假所需多樣體驗—浪漫、興奮、放鬆、探險、逃避、發現和奢華。隨著現代經濟的發展，越來越多愛好不同生活方式、興趣的人加入郵輪航遊的行列。目前世界各地的郵輪公司所經營的船隊船隻航遍五大洋、七大洲，帶領旅客造訪全球超過 2,000 多個港埠。在過去的 20 多年時間裡，平均每年都有數以千萬計的人體驗過安全舒適、令人興奮的郵輪航遊。茲就郵輪餐旅服務變革、旅客滿意度、永續發展、全球布局等相關郵輪產業現況，略予探討如下。

1. 餐旅服務變革：

(1) 餐飲服務變革：

A.傳統式餐廳(Traditional Dining)：郵輪固定安排旅客每日用餐時間、地點、座次。

B.自由式(Personal Choice Dining / Freestyle Dining)：旅客得自由選擇每日用餐時間、地點、座次，但有時需事先預訂。

C.付費餐廳(Alternative / Specialty Restaurants)：當代郵輪除主餐廳外，另設小型特色餐廳，並酌收「訂位費 Booking Charge」。

(2) 住宿服務變革：

A.艙等(Cabin Category)：郵輪艙房等級通常依其位置、面積大小、有無窗戶、客廳或陽台，以決定艙房等級或價位高低。

B.計價(Cabin Quotation)：郵輪船票計價取決於「艙等」，且多數沒有單人房報價，故習慣計價均以 $ ／每人／每晚（非每房）為基準。

C.艙房(Cabin)：當代郵輪設置越來越多陽台艙(Balcony Cabin)，部分公司於無窗內艙加設「虛擬海景舷窗 Virtual Porthole」。

2. 高滿意度：國際郵輪協會最新研究顯示(CLIA, 2018)，美國人口中有高達 12%以上的人曾經乘搭過郵輪，每年還有數以百萬的人加入這個行列；超過 6,800 萬的美國人希望搭乘郵輪；首次搭乘過郵輪的人之中超過 70%的人表示，郵輪旅遊體驗遠遠超過他們的期望；6,900 萬人願意在未來五年中搭乘郵輪，數逾 4,300 萬的人確定成行。而在所有形式的度假旅遊品類當中，搭乘郵輪度假的顧客滿意率最高，重遊率也最高。研究顯示乘坐郵輪的人當中有超過 80%的人表示「非常滿意」或「很滿意」，也有高達 90%的人表示日後有機會，還會再次搭乘郵輪。

3. 永續發展：根據國際郵輪協會最新統計(CLIA, 2019)，2018 年郵輪旅次平均成長 20.5%，2018 年郵輪旅客成長到 2 千 7 百萬人次，2019 年突破 3,000 萬人次大關。研究並指出郵輪未來發展九大趨勢，包括客群廣度加大、河輪旅遊夯、特殊多元體驗與南北極地旅遊需求增加、重視綠色環保以及永續發展、健康飲食與智慧化旅遊技術發展等。研究顯示未來從母港出發的郵輪航程，旅客可以先搭飛機到國外進行的郵輪／河輪之旅(fly cruises)，或再延伸規劃 Pre-cruise Tour / Post-cruise Tour，各類郵輪行程規劃不斷推陳出新。

4. 全球布局：國際郵輪協會觀察全球各區郵輪船位供給狀況，2019 年以加勒比海 40%為最，其他依序為歐洲地中海 20%、亞洲 12.8%、紐澳／太平洋 4%。而如相較 2016~2018 年全球各區郵輪船位成長狀況，則以美洲地區成長為最多 8.2%，其次為西歐洲 7.4%；其他地區則為個位數成長或為負成長，例如紐澳／太平洋-7.5%、亞洲地區-11.8%，顯示亞洲郵輪市場明顯出現大幅衰退的趨勢，足為而後規劃郵輪市場全球布局重要之參酌與警訊。

郵輪產業演進

Cruise Industry Chronology

02

CHAPTER

Prinzessin Victoria Luise / Titanic / QE2 /
Symphony of the Seas

一 郵輪產業沿革

1765 年，英國蘇格蘭發明家詹姆士瓦特(James Watt)研發改良蒸汽機，至 19 世紀初始被應用作為水路運輸動力，開啟海上機械運輸的時代。1807 年，美國人羅伯特富爾敦(Robert Fulton)利用蒸氣機為動力設計「克萊蒙特號」輪船，於紐約哈德遜河上成功完成試航，證明使用蒸汽機的汽船可以在海上及河上航行。1833 年，一艘名為「皇家威廉」號的加拿大汽船首次完成橫渡大西洋。其後的 50 年間，汽船的發展一日千里，輪船船身由木製而變成鐵造，然後進而變成鋼製。早期的船舶邊輪推進器，於 19 世紀中葉漸為螺旋槳推進器所取代，1854、1897 兩年間複合反覆式蒸汽機以及蒸汽渦輪，先後由英國人成功地應用於輪船動力。進入 20 世紀後，隨著柴油引擎的試用成功，蒸汽渦輪機取代傳統蒸汽機，先由客輪開始廣泛使用，然後才及於一般貨輪。

19 世紀末至 20 世紀前期，人類遠在飛行航空器發明之前，橫越大洋的旅行大多以船舶運輸為主力，此一時期乃海上定期運輸客輪之鼎盛時期。直至 20 世紀 50 年代噴射客機問世並商業運轉，越洋客輪隨即失去其原始運輸功能。郵輪業者遂利用改變船舶噸位空間、船艙空間及加裝各式休閒娛樂設施，配合南歐愛琴海周邊希臘、西亞以及埃及等三大古文明遺跡景點，著手推動地中海郵輪旅遊航線之開拓，以吸引來自世界各角落有錢有閒的富商巨賈客群，進行海上郵輪巡航旅遊活動。

自 20 世紀 90 年代迄今，郵輪產業發展概以歐美業者為市場主力，平均每年約 7.8%的速度增長。迄今，嘉年華郵輪、皇家加勒比國際郵輪及諾維真郵輪船隊，目前依序名列全世界主要之三大郵輪集團。如就郵輪產業歷史沿革的進程觀之，郵輪產業的發展大致約可分為下列四個主要階段，即產業萌芽期、轉型過渡期、成長拓展期與成熟繁榮期，茲分別條列簡述如下。

（一）產業萌芽期（19 世紀～20 世紀初）

人類早在飛行航空器發明之前，橫過大海越洋旅行都是利用船舶運輸旅客。1837 年，P&O 半島東方郵輪海運創辦橫越大西洋的海上客運。1850 年代，越洋客輪於載客同時，也兼營運送國際郵件業務，亦即後來「郵輪」中文名稱的由來。19 世紀末期，德國商人亞伯特巴林(Albert Ballin)於 1899 年著手設計建造的 Prinzessin Victoria Luise 越洋客輪，定期航行於德國漢堡與北美洲各港口間的航線，成為世界第一艘專以航遊為目的的郵輪，亞伯特巴林因此而被尊稱為「現代郵輪之父」。

從此，其他的客輪公司也起而紛紛效仿，設計建造專門用來航遊的客船，在夏季與冬季變換之間航行。而後，客輪航行的方式逐漸跨越了只在大西洋航行的傳統，且在市場競爭漸趨激烈而爭搶旅客的環境背景下，遠洋航線的郵輪設備遂也越來越趨豪華舒適。1912 年，甫於處女航即不幸遇難沉沒而舉世聞名的「鐵達尼號(Titanic)」，即率先裝設室內游泳池、舞廳等遊樂設施，同時提供高級的餐飲美食加上設備齊全的特等艙房等，實屬郵輪產業萌芽期最為典型的例證。

（二）轉型過渡期（1950 年代～1980 年代）

1950 年代初期，每年橫跨大西洋航行於歐美大陸之間的客運輪船，旅客運輸量依然維持在 100 萬人次上下之運量。但由於二次戰後噴射客機之問世，並進行越洋運輸商業運轉之後，使得 1960 年代初期之越洋客運輪船客運量，一度下降到每年不足 25 萬人次之運量。歐美越洋客運業者在不堪賠累的情況下，只得被迫逐步利用改變船舶噸位空間、增闢多樣航線及強化附設各式各樣休閒設施等手段，進行另類的海上郵輪旅遊產品之經營。客觀言之，越洋客輪運量之下降，反而催生出近代郵輪旅遊型態之過渡性質的轉變，故此一時期稱為「郵輪產業轉型過渡期」。

郵輪產業轉型過渡期階段，整體旅遊市場對郵輪產品知之甚少，人們對郵輪的有限認知通常亦侷限於其華麗的外觀、奢華的內裝及高昂的旅費等。這一時期，郵輪產業發展進入萌芽期階段，相繼創立各自船隊品牌而問世的郵輪船隊公司，最具代表性的計有 1965 年的歌詩達郵輪和公主郵輪、1966 年的諾維真（挪威）郵輪、1969 年的皇家加勒比國際郵輪，以及 1972 年的嘉年華郵輪等船隊公司。

（三）成長拓展期（1980 年代～2000 年代）

隨著人們對郵輪產業的逐漸認識，郵輪旅遊市場出現日益豐富的遊程產品，產業發展進入成長拓展期，市場因而得以逐步推展。世界郵輪旅遊市場在 1990 年代期間，每年平均約有 10%的成長，主要郵輪地理區位均集中於歐美海域－地中海、加勒比海及阿拉斯加等航線，旅客來源亦以歐美人士為大宗。直到 1990 年代末期，整個郵輪產業年度載客量均維持於八、九百萬人次。

在此期間，郵輪產業發展邁入成長期階段，郵輪船隊公司如雨後春筍般紛紛設立，當時先後成立的計有 1984 年的璽寶（世邦）郵輪、1986 年的精緻郵輪與星風（風之頌）郵輪、1990 年的水晶郵輪、1991 年的日本郵船株式會社郵輪、1993 年的麗星郵輪、1994 年的銀海郵輪、1995 年的瑞迪生七海郵輪，以及 1998 年的迪士尼郵輪公司等，剎時出現百家爭鳴的熱鬧景況。其中最值得一提的是，於 1993 年由馬來西亞雲頂高原娛樂集團（香港雲頂集團）投資成立的麗星郵輪，後來再通過購併挪威郵輪船隊，同時在北美、歐洲和亞洲全球三大區域市場開展業務，除成為一家全球性的郵輪公司之外，如今儼然已成為亞太郵輪市場之主力船隊。

（四）成熟繁榮期（2000年代～迄今）

21 世紀初，郵輪航遊已成為觀光產業中重要的一環，郵輪之年度載客量終於 2003 年突破單一年度 1,000 萬人次之營運佳績，至 2010 年代初期更達成突破 2,000 萬人次之年度載運量，而郵輪航線亦遍及包括歐美亞非地區之全球各大海域。自 2001 年以來，郵輪產業呈現快速增長的樣態，各郵輪船隊新造加入營運之郵輪船隻，每年也以大約每一個月下水一艘新船之驚人數字成長，以迎合北美及歐洲日益新增的旅客之需求。

最早進入郵輪發展繁榮成熟期的區域，應是北美加勒比海、阿拉斯加及歐洲地中海等地區海域，而後拓展到亞太海域市場。此時期，全球性郵輪公司不斷投入新船之建造，郵輪服務種類增多，市場分割加劇，競爭趨於激烈。郵輪航線的平均航程達到 6~8 天，停靠目的港不斷增多，航線安排靈活多樣，遊客消費價格逐年下降，行業集中程度增高，行業經營的規模效益明顯，進而使郵輪旅遊趨向價格大眾化和旅客年輕化的方向，越來越多中等收入旅客逐漸成為郵輪產品主要消費客群。

（五）超級巨輪期（2000年代～迄今）

溯自 20 世紀末期起，全球各大主力郵輪船隊公司新造加入營運之郵輪船隻，率以大約每一個月下水一艘新船之驚人數字成長。尤有甚者，各家郵輪船隊公司並以競相訂造所謂「史上最大超級巨輪」而相互爭奇鬥豔，而且幾乎每隔幾年都會有一艘破紀錄最高噸位的郵輪面世。因此，郵輪產業之繁榮成熟期，同時又可稱為「超級巨輪期(Mega-liner Era)」。茲以近年來為例，舉其大者共有四家郵輪船隊公司輪番建造之超級巨輪如下。

1996 年：「嘉年華命運之神號(Carnival Destiny)」系列郵輪：嘉年華郵輪船隊公司(Carnival)率先建造突破 100,000 噸級「嘉年華命運之神號」系列郵輪，於 1996 年下水營運，號稱史上最大噸位郵輪，開啟各家郵輪船隊競相訂造全球最大超級巨輪的戰端。

1999 年：「海洋航行者(Voyager of the Seas)」系列郵輪：皇家加勒比郵輪船隊公司(RCI)旗下 140,000 噸級「海洋航海家」系列郵輪，於 1999 年下水營運，也號稱史上最大噸位郵輪，加以船上都配備有高達 70 公尺的刺激攀岩設備，而造成一時轟動。

2004 年：「瑪麗皇后二世號(Queen Mary 2: QM2)」郵輪：冠達（皇后）海運郵輪船隊公司(Cunard)於 2004 年初建造完成下水營運的「瑪麗皇后二世號」，船舶噸位高達 148,000 噸，成為當時郵輪史上最大噸位的一艘郵輪。同時，該輪也是當今全世界少數採用區隔艙房等級—五星、四星及三星等級之分級包裝式服務，同時存在於一艘船上的傳統型郵輪。

2006 年：「海洋自由號(Freedom of the Seas)」系列郵輪：皇家加勒比海船隊公司不讓冠達（皇后）海運「QM2」專美於前，2006 年 158,000 噸級的「海洋自由號」系列郵輪，在芬蘭的造船廠建造完成下水。全長 339 公尺，比「QM2」略短 6 公尺，寬度則比「QM2」多 15 公尺。可搭載 4,000 旅客，載客量超過「QM2」1.5 倍。

2009~2017 年：「海洋綠洲號(Oasis of the Seas)」系列郵輪：皇家加勒比國際郵輪船隊公司為了確保在郵輪業界保持「前無古人、後無來者」的領先地位，遂於近年再度規劃執行史無前例的「創世紀計畫(Genesis Project)」，專案打造出兩艘載客量高達

6,500~6,600 旅客、總噸位達 225,000~228,000 噸級「海洋綠洲號(Oasis of the Seas)」、「海洋魅麗號(Allure of the Seas)」、「海洋和悅號(Harmorny of the Seas)」、「海洋交響號(Symphony of the Seas)」系列郵輪，分別自 2009 年底至 2018 年相繼問世，前述四艘郵輪截至目前（2020 年底）仍然暫居全世界「史上最大噸位郵輪」前四位之列。

2018 年：2018 年春季，公主郵輪全新引進一艘 15 萬噸級並以亞洲為母港的旗艦郵輪「盛世公主號」(Majestic Princess)，標榜首艘專為亞洲旅客量身定制、融合國際元素和中國文化的設計。盛世公主號以全新客艙、拉斯維加斯風格娛樂，以及米其林等級世界道地美食和其他旗艦級的設施，引領亞洲郵輪進入嶄新的另類世代。2018 年 4 月，盛世公主號進駐台灣基隆港進行母港營運，創下台灣郵輪史上單船載客超過 4,300 位之最高佳績。

二 郵輪產業演進

世界郵輪業自始至今仍以歐美業者為市場主力，且都是以嘉年華郵輪船隊及皇家加勒比國際郵輪船隊公司，名列全世界最主要之兩大郵輪集團。根據郵輪產業界新造船隻訂單之統計，兩大郵輪集團公司在 21 世紀初期的前五年之間，仍不斷透過訂購新船以增加船隊之客艙容量，甚或透過併購其他郵輪公司船隊等手段，以繼續保持彼等在整個業界之領先地位。時序進入二十世紀末期，郵輪業者更將航線延伸至北到阿拉斯加、波羅的海，南達非洲大陸、南太平洋，甚或進行環遊世界一周航線等壯舉，其價位也因競爭激烈而日趨平民化。1996 年，嘉年華郵輪船隊率先建造突破 100,000 噸級、號稱史上最大噸位郵輪「嘉年華命運之神號」系列郵輪下水營運，開啟各家郵輪船隊競相訂造全球最大超級巨輪的戰端，造成郵輪產業進一步邁入「超級巨輪(Mega-liner)」之新境界。直到二十一世紀初期的 2002 年，挪威籍富商小克羅斯特集資興建全球首創的海上豪宅式郵輪「世界號」，從此投入巨資坐擁「頂級中之頂級」海上豪宅的各國富豪，終得一償悠遊四海又得享家居樂趣之美夢宿願。本篇章節特選取近代郵輪產業市場之演進及最常見船隊之創立，依近三世紀年代順序，以大事紀方式予以條列如下。

（一）19 世紀大事紀

1819 年：「沙瓦納號(Savannah)」。1819 年，以蒸氣為動力的客運輪船「沙瓦納號」，率先完成橫渡北大西洋的壯舉，成為第一艘越洋航行客運輪船。

1837 年：P&O 半島東方郵輪(Peninsula & Oriental)。始創於 1837 年的英國 P&O 半島東方輪船公司，船隊以純粹英倫風格提供中低價位水準收費為品牌訴求，是一航線遍及世界各海域的豪華型老牌船隊，也是現存全世界歷史最悠久的郵輪公司。
（※「郵輪」名稱的由來：1837 年，P&O 半島東方郵輪海運創辦海上客運初期，載客同時也兼營運送國際郵件業務，亦即後來「郵輪」中文名稱的由來。）

1839 年：皇后（冠達）郵輪(Cunard)。創立於 1839 年的英國冠達郵輪船隊，目前隸屬於嘉年華郵輪船隊集團，也以純粹英倫風格提供高水準服務作為品牌訴求，與 P&O 半島東方郵輪同屬歷史最悠久的船隊之一。

1872 年：荷美郵輪(Holland America)。創立於 1872 年的荷美郵輪船隊，郵輪內部裝潢講究古典豪華，屬於融合傳統與現代風格的老牌船隊。目前荷美郵輪已改隸於嘉年華郵輪船隊集團，船隊具有法式風味的餐飲品質、全柚木質甲板座椅及不強迫徵收服務小費等特色。

1899 年：亞伯特巴林(Albert Ballin)—現代郵輪之父。德國商人亞伯特巴林於 1899 年設計建造的 Prinzessin Victoria Luise，定期航行於德國漢堡與北美洲港口間的航線，是世界第一艘專門以航遊為目的的郵輪，亞伯特巴林也因此被尊為「現代郵輪之父」。

（二）20 世紀大事紀

1912 年：鐵達尼號郵輪(Titanic)。1912 年 4 月 14 日深夜，英國白星海運公司號稱「永不沉沒」的鐵達尼號郵輪，於其首航第四天深夜即因誤撞海面冰山而沉沒，由於該輪船配備救生設備不足，造成超過 1,500 條人命喪生的史上最大海難慘劇。

（※海上安全：後人記取鐵達尼號教訓，為了確保海上航行之安全，郵輪在精確導航、海上避碰、海上救生及減免暈船等硬體設施之要求上，均須遵照聯合國「海上人命安全公約(SOLAS)」規定，配備一套嚴格規範之海上航行安全系統，主要配備及規範有如下數則。）

(1) 全球自動定位系統(GPS)：全球衛星自動定位系統，除具有衛星自動導航功能外，又兼具海上航行自動避碰之安全作用。

(2) 平衡翼(Stabilizer Fin)：郵輪加裝預防船舶顛簸的平衡翼，以避免船舶在遭遇強風巨浪時，引起乘客或本身乘組員暈船之不適。

(3) 救生船艇(Lifeboat & Liferaft)：聯合國「海上人命安全公約(SOLAS)」規定，船舶必須裝備足額之緊急救生船艇，以確保安全無虞。

(4) 救生演習(Lifeboat Drill)：郵輪於每航次啟航同時須進行海上救生演習，旅客應依規定一律親自參加，以熟習逃生程序。

1922 年：拉可尼亞號(Laconia)—第一艘環遊世界郵輪。1922 年，冠達海運公司「拉可尼亞號」客貨兩用郵輪，率先完成環遊世界一周之壯舉。

1965 年：歌詩達郵輪(Costa)。創立於 1965 年的義大利歌詩達郵輪船隊，1997 年起改隸屬於嘉年華郵輪公司旗下，以義大利式歐洲風格為品牌訴求，為極具歐式浪漫風格之船隊。

1965 年：公主郵輪(Princess)。創立於 1965 年的公主郵輪船隊，目前隸屬於嘉年華郵輪船隊集團。1970 年代，公主郵輪船隊草創時期，即結合電視公司以該公司「太平洋公主號(Pacific Princess)」郵輪做為場景製作「愛之船(Love Boat)」影集進行行銷，隨後並將之作為企業品牌訴求而享譽全球。

1966 年：諾維真郵輪(Norwegian)。創立於 1966 年的挪威郵輪船隊，原先隸屬於雲頂香港麗星郵輪船隊集團，於 2015 年 5 月脫離雲頂香港集團，並改中文名為諾維真郵輪。以「自由自在的風格(Free Style)」為品牌訴求，為一配備健身運動項目最多、充滿健康活力、強調不受拘束並深受年輕族群旅客歡迎之船隊。

1968 年：伊麗莎白二世皇后號(Queen Elizabeth II; QE2) —首採區隔等級服務郵輪。於 1968 年下水營運的冠達皇后海運七萬噸「伊麗莎白二世皇后號」，是當時全世界唯一採用五星級、四星級及三星級區隔等級服務的傳統型郵輪。

1969 年：皇家加勒比郵輪(RCCL)。創立於 1969 年的皇家加勒比國際郵輪船隊，以新型船舶、較大噸位、平實價位、設施多樣作為品牌訴求，為極具現代化風格的船隊。此外，皇家加勒比船隊旗下 20 萬噸級巨無霸型超級郵輪「海洋綠洲號(Oasis of the Seas)」、「海洋魅麗號(Allure of the Seas)」(2009)、「海洋和悅號(Harmony of the Seas)」(2016)、「海洋交響號(Symphony of the Seas)」(2018)下水營運，成為世界上現有最大噸位郵輪。

1972 年：嘉年華郵輪(Carnival; CCL)—世界最龐大的郵輪集團。1972 年，邁阿密企業家泰德亞里遜(Ted Arison)籌組成立嘉年華郵輪海運公司，開始經營遠洋郵輪業務。而往後三十年間，嘉年華郵輪船隊再透過收購合併其他郵輪船隊等手段，逐步成為全世界最為龐大、最擅長團隊經營的郵輪船隊集團。

1984 年：璽寶（世邦）郵輪(Seabourn)。創立於 1984 年的璽寶（世邦）郵輪船隊，隸屬於嘉年華郵輪船隊集團，以北歐風格提供極為優越的「全套房艙(All Suite)」服務質量聞名，亦屬於極高水準的豪華型郵輪船隊。

1986 年：精緻郵輪(Celebrity)。創立於 1986 年的精緻郵輪船隊，1999 年改隸屬於皇家加勒比郵輪船隊旗下，以中高價位提供高水準服務為訴求，船艙設計深具歐式風格，其餐飲素質之高位居 1999 年八大船隊之首。

1986 年：星風（風之頌）郵輪(Windstar)。創立於 1986 年的星風（風之頌）郵輪船隊，隸屬於嘉年華郵輪公司集團旗下，以與眾不同的「遊艇式郵輪(Yacht Cruise)」為品牌訴求，為一少見的大型風帆遊艇配備郵輪。強調全數海景的豪華陽台客艙、活動不受拘束、充滿健康活力而又兼顧羅曼蒂克氣氛之船隊。

1990 年：水晶郵輪(Crystal)。創立於 1990 年的水晶郵輪船隊，屬於高水準的豪華型中型郵輪船隊。其母公司為擁有上百年航運歷史的世界著名航運企業日本郵船株式會社(NYK Line)，因此其總部雖然設於美國洛杉磯，但企業風格卻也充滿日本背景。水晶郵輪以無懈可擊的日式服務品質，混搭美西加州豪邁風格為品牌訴求而聞名。

1991 年：日本郵船株式會社(NYK/Asuka)。創立於 1991 年的日本郵船株式會社郵輪船隊，目前係以「飛鳥號(Asuka)」系列郵輪，航行於日本列島海域及環航世界航線為主。日本郵船船隊以搭載日本國籍旅客為主，航程中使用日本語文，隨船舉辦專家講座是其船隊特色。

1992 年：麗晶七海郵輪(Regent Seven Seas Cruises)。創立於 1992 年的瑞迪生七海郵輪船隊，原名瑞迪生郵輪(Radisson Seven Seas)，屬於高水準的中小型豪華型郵輪，並以「小型的豪華郵輪、大型的活動設施」之高度個人化的高檔服務作為品牌訴求而聞名。

1993 年：麗星郵輪(Star)。創立於 1993 年的麗星郵輪船隊，隸屬於馬來西亞雲頂娛樂集團旗下，以「最適初次搭乘」、「公海航線(Going No-where Voyage)」為品牌訴求，並以亞太海域為主力營運海域市場。同時，麗星郵輪也是 20 世紀末期迄今，以台灣基隆港作為駐在母港之一的國際郵輪船隊。2009 年 10 月，麗星郵輪有限公司更名為雲頂香港有限公司(Genting Hong Kong Limited)，重要記事如下。

(1) 收購水晶郵輪：2015 年 3 月，雲頂香港宣布收購日本郵船 NYK(Nippon Yusen Kaisha)郵輪分支水晶郵輪船隊(Crystal Cruises)，代價為 5.5 億美元。

(2) 經營星夢郵輪：2015 年 11 月，雲頂香港宣布推出全新遊輪品牌星夢郵輪(Dream Cruises)，宣示亞洲本土高端品牌問世，旗下第一艘「雲頂夢號」郵輪於 2016 年 11 月首航。目前擁有「雲頂夢號」、「世界夢號」、「探索夢號」（原麗星郵輪處女星號全新翻修加入）三艘郵輪。

1994 年：銀海郵輪(Silversea)。創立於 1994 年的銀海郵輪船隊，以超高級豪華型郵輪為品牌訴求，提供無懈可擊的高檔服務，屢屢榮獲評選為「最佳小型郵輪船隊」。

1998 年：迪士尼遊樂集團加入郵輪市場。創立於 1998 年的迪士尼郵輪船隊(Disney)，隸屬於迪士尼主題遊樂集團，以「Magic Kingdom（夢幻王國）」遊樂設施服務為品牌訴求，為一老少咸宜舉家歡樂之主題遊樂式風格郵輪船隊。

（三）21 世紀大事紀

2002 年：海上豪宅郵輪「世界號(The World)」。創立於 2002 年的海上居豪宅郵輪公司(ResidenSea)，首創世界號海上居豪宅郵輪概念，其特徵是硬體設備極端豪奢，客艙與公共設施非常寬敞高級。海上居郵輪公司豪宅式全陽台套房艙，並不採取傳統銷售旅遊體驗方式販賣，每間套房訂價美金 200 萬至 750 萬不等，以擁有五十年使用權方式販售給各國富商巨賈。

2003 年：郵輪旅遊旅客首次突破千萬人次。在 SARS 非典疫情蔓延、全球旅遊產業呈現一片蕭條景況的 2003 年，全世界搭乘郵輪進行旅遊的旅客人次總數，首次突破一千萬人次的史上新高點。隨後的 2011 年，全球郵輪旅客總數進而突破二千萬人次。2017 年，全球郵輪旅客已達到 2,670 萬人次。根據世界海運貿易媒體集團(SCR)預測，2020 年的全球搭乘郵輪旅客人次，將有可能達到 3,000 萬人次的歷史新高規模。

2003 年：世界最龐大的郵輪集團霸業。嘉年華郵輪於 2003 年間，完成收購 P&O 郵輪暨其所屬的公主郵輪及阿依達郵輪之後，加上集團旗下原有的荷美郵輪、義大利歌詩達郵輪、冠達郵輪、璽寶郵輪、星風郵輪，以及伊比羅郵輪等系列船隊，而成為全世界最為龐大的郵輪集團。至 2018 年，嘉年華郵輪集團旗下共有八個子品牌，合計共有 106 艘郵輪船隻，各子品牌在集團總部控股經營方式下，亦得各自發揮並進行良性競爭。

2009 年：超級巨輪(Mega-liner)時期來臨。1996 年，嘉年華郵輪船隊公司率先建造突破 100,000 噸級、號稱史上最大噸位郵輪「嘉年華命運之神號」系列郵輪下水營運，開啟各家郵輪船隊競相訂造巨型郵輪的戰端。十年之間，皇后郵輪、皇家加勒比國際郵輪等陸續加入訂造所謂「全球最大超級巨輪」的戰團，造成郵輪產業進一步邁入「超級巨輪(Mega-liner)」時期爭相比大之新境界。

2013 年：郵輪旅客市場板塊推移現象。根據國際郵輪協會(CLIA, 2014)研究資料顯示，整體觀察自 21 世紀初以來的全球郵輪市場，發現北美市場之占有率仍為全球各區域之首。但非常值得關注的是，北美市場除了增長的速度已呈現逐年趨緩的跡象之外，北美旅客在整體市場的占有率也同步呈現逐步下滑狀況，證諸亞太市場近年來的穩步成長，恰好得以印證全球郵輪市場確已逐步出現「北美消、歐洲穩、亞太長」的彼消我長、板塊推移現象。

2018 年：「海洋交響號 Symphony of the Seas」系列郵輪問世。皇家加勒比再創新猷，於 2017 年再次打造「海洋綠洲」級的超級郵輪「海洋交響號 Symphony of the Seas」，全長 362 米，總噸位 228,081 英噸，擁有 18 層甲板，可以容納 5,518 名乘客（雙人入住），最多可容納 6,680 名乘客，一舉躍居「史上最大噸位郵輪」首位。

郵輪市場遠景

早期搭郵輪旅遊者大多是歐美市場有錢有閒的人，因為郵輪行程動輒要十天以上，且費用也非一般人負擔得起。尤其年輕人受限於必須上班工作，加上受到可支配休假天數暨經濟能力的限制，通常會選擇搭乘郵輪旅遊者相對較少，所以會出現船上遊客年齡層偏高之現象。此外，除價格負擔及休閒時間的因素外，語言溝通也是一個比較難以克服的問題，因為絕大多數船上語言均以英文為主。如今，隨著郵輪旅客年輕化、郵輪團費廉價化的到來，郵輪航行天數已出現輕薄短小的精緻化趨勢，這幾年來最受歡迎的航程，居然是三天兩夜左右的近洋航線；同時，各郵輪公司也紛紛提供越來越多的中文化服務，以因應購買力越來越強勁的中國大陸廣大華人遊客市場。或許會有那麼一天，華人族群也能步上歐美日先進國家中上家庭消費大眾腳步，搭乘郵輪悠閒渡假並享受遨遊四海的生活型態。

（一）郵輪市場發展

近年來郵輪產業板塊已有非常明顯的「東移現象」，即指在 2010 年代之後，緊隨著歐美市場呈現略有萎縮狀況之下，新興的亞太郵輪市場隨之崛起，同時適時的產生「彼消我長」之互補現象。亞太市場從 2010 年之前僅有全世界郵輪市場不到 3%的市占率，到 2012 年市占率迅速達到將近 10%。世界各大郵輪船隊紛紛將此一休閒度假生活型態產品，搶灘引進包括中國大陸及台灣在內的亞太市場。2016 年，中國一舉躍居世界第二大郵輪客源國寶座。但是，對於此類「海上浮動酒店／渡假村 (Floating Hotel/Floating Resort)」型式的旅遊概念，或許因文化差異或傳統觀念之隔閡，截至現下似乎尚未能完全為華人世界旅客所全盤接受。再加上兩岸郵輪銷售業多傾向於「切票」、「包船」模式經營，以致於在短短不到十年內中國市場即由零點到高峰，卻又出現急轉直下的反常盤整現象。

近年來，在中國大陸從事國際郵輪業務運營的公司，主要有義大利歌詩達郵輪公司、皇家加勒比國際郵輪公司、地中海郵輪公司、公主郵輪公司、麗星郵輪公司等。其中，歌詩達郵輪公司於 2011 年 8 月在上海成立了中國大陸第一家外商獨資郵輪船務公司，皇家加勒比郵輪和其他許多郵輪公司，也著手在中國大陸開設有代表處機構，同時派駐 CEO 位階之經理人進駐，負責組織管理及各自產品行銷推廣工作。20 世紀 90 年代以來，世界郵輪在其船隻數量迅速發展的同時，郵輪產業市場也正逐步邁向更加大型化、大眾化、舒適化的方向邁進，同時世界郵輪經濟也呈現出快速發展的態勢。本章節將根據國際郵輪協會針對郵輪產業發展暨旅客消費型態趨勢調查結果，試行探討亞太地區郵輪旅遊市場發展之整體趨勢如下。

1. **產業板塊推移趨勢（亞太化、大型化、經濟化）**：2010 年代之後，傳統歐美郵輪產業市場呈現略為萎縮的狀況，新興的亞太郵輪市場之崛起適時產生郵輪產業板塊推移、彼消我長之互補現象。亞太市場於 2017 年突破 20%市場占有率，直追世界第二大的歐洲海域市場。同時，郵輪船舶也從 20 世紀末期走向大型化趨勢，巨型郵輪陸續取代諸多郵輪興盛區域的主力大型郵輪。如今，該等巨型郵輪也都漸漸移往亞洲航線營運，其規模市場效應自然也引致郵輪市場產品價格趨向經濟化。

2. **船隊公司發展趨勢（全球化、在地化、短程化）**：多元擴張全球化的郵輪航遊目的地航程規劃，將導致規模較小的郵輪船隊漸漸成為主流。郵輪旅客消費型態，亦將漸趨向全球化，而更為短程的郵輪航程產品，仍將屬郵輪旅客的最愛。此外，郵輪航遊目的地航程規劃時，先行區隔大型郵輪船隻與小型船舶之利基市場。將全球化、在地化、綠能化概念科技，引入郵輪旅遊市場產品，同時規劃更為短程的郵輪航遊產品，以全方位符合消費市場之需求。

3. **旅客消費動機趨勢（品牌形象、產品價格、新奇嘗試）**：旅客選擇搭乘郵輪的需求動機排名，最主要為郵輪品牌形象，其次依序是郵輪度假航線行程、產品價格與使用友善性等。而旅客之所以會轉換購買不同郵輪品牌的動機排名，則依序為代理商推薦、產品價格、想嘗試新的船隻或新的航程等傾向。

4. **產業市場行銷展望（經濟效益、協同行銷、競合關係）**：郵輪市場係屬金字塔頂端之觀光旅遊消費市場，也是少數歷經全球金融風暴衝擊，卻能仍持續正成長之市場。根據國際郵輪組織統計資料顯示，全球郵輪市場經濟效益超過 500 億美元，接待一名郵輪旅客平均約可獲利 1,340 美元，較一般觀光客平均獲利之 740 美元，高出將近一倍之多。全球各郵輪船隊公司如能捐棄己見，協同行銷並加強船隊間之競合關係，以共創世界郵輪產業之光明前景。

（二）郵輪市場遠景

國際郵輪協會(CLIA)發佈的《2021 年郵輪業發展前景報告》指出，儘管 2020 年受到新冠疫情衝擊而充滿挑戰，但在未來幾年內預計仍將有 74%的郵輪恢復航行。針對郵輪旅客消費行為調查顯示，多達 2/3 的旅客願意在接下來的一年內參與郵輪旅遊，58%的無郵輪旅遊經歷旅客願意在未來幾年內嘗試郵輪旅遊。自 2020 年 3 月中旬全球郵輪暫停營運後，在歐洲、亞洲和南太平洋的部分地區，郵輪已於 2020 年 7 月陸續開始恢復營運。7 月上旬至 12 月中旬全球郵輪航行次數已超過 200 航次（台灣復航 58 航次名列前茅）。報告預測 2021 年將有 19 艘新船首次亮相，總共將有 270 艘 CLIA 成員公司郵輪陸續投入營運。

郵輪業界人士指出，上述郵輪產業發展趨勢及旅遊方式型態，對華人旅客而言，基本上或許會有所知不多甚或會出現偏誤之認知，具體反映出華人旅客在海上郵輪休閒旅遊的觀念方面，還需進一步的宣傳與導正。此外，華人旅客對於郵輪旅遊的生活型態，或許也還需要經過一個緩步接受的過程，當人們針對郵輪旅遊、休閒遊憩觀念逐步確立之後，此一獨特的旅遊市場也才有望迅速的發展起來。

郵輪旅遊產業，過去被認定為花費相對昂貴的旅遊產品，如今也已普遍為歐美先進國家中上家庭消費者所接受，並往往視之為全家出國團聚共遊之首選。傳統上，加勒比海郵輪市場是一個最為龐大、不斷成長也最受歡迎的海域市場。目前在加勒比海經營的郵輪船隊，計有皇家加勒比郵輪、公主郵輪、嘉年華郵輪、精緻郵輪、迪士尼郵輪、荷美郵輪、P&O 郵輪、冠達皇后郵輪、水晶郵輪，以及諾維真郵輪等船隊。歸納而言，如今全球各大郵輪產業集團船隊之得以成功經營，大抵均需具備如下數則條件要素，以期達成市場永續發展之行銷遠景。

1. 以獨特友善的企業文化、傳說故事，進行關鍵字行銷及事件行銷。
2. 以專業完善的軟硬體設備、設施、活動等，建立良好的品牌形象。
3. 以大型的船隊優勢屬性、專業分工，塑造產業以及船隊競爭優勢。
4. 以配合航行季節更迭，審慎規劃郵輪航線、地理區位與產業環境。
5. 以優質的組織協調、重點產品與配套，建立鉅細靡遺的行銷網絡。

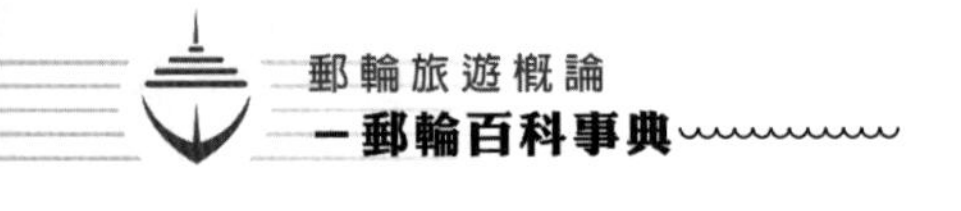

郵輪航線市場

Cruise Market

03
CHAPTER

Cruise Market

一 郵輪航行海域

航線的定義，指的是利用飛行器或輪船作為交通工具，進行一段相對較為漫長的旅程，謂之航線。如前所述，郵輪旅遊產業即指以豪華海上輪船為運載工具，規劃縱橫交錯的越洋跨國航行路線，以多樣化的食衣住行育樂暨岸上遊程服務滿足旅客需求，同時亦結合船舶修造、交通運輸、港口設施、物料補給、休閒旅遊、餐飲旅館、購物百貨、銀行保險以及服務管理等相關行業。因此，郵輪航線規劃，相應亦具有結合「市場需求強度、航行安全、成本效益與獲利率、政府政策、顧客與企業滿意度」等多元要素。

目前，世界郵輪市場航線，最為熱門的三大郵輪航線，依序以美洲加勒比海、歐洲地中海及亞洲太平洋為主。其中，加勒比海航線郵輪，由於最接近高達 54%占有率的北美洲郵輪客源市場，長期以來獨占世界郵輪旅遊市場領導地位。加勒比海的主要賣點在於各個島國之特殊風情，其航線又可細分為東加勒比海、西加勒比海及南加勒比海等三個路線。至於地中海航線郵輪，主要的賣點則以融合歐亞非三大洲之古文明觀光資源於一爐而成，其路線又可分為東、西地中海及地中海全覽等航線。至於亞太航線郵輪，則完全以郵輪新興市場之姿，呈現相當多元之樣貌；北自日韓、南達紐澳，中間串連東南北亞的中、港、台、菲、越、泰、馬、新、印尼等港埠城市，內容豐富、精彩可期。

同時，所謂海洋觀光的定義，則指以任何受到海洋潮汐影響之水域環境為中心，所從事任何涉及休憩旅遊的一系列活動，都屬於海洋觀光活動的範疇。其中，尤以日益蓬勃發展之郵輪旅遊，最為引人矚目。茲此將郵輪航行水域、郵輪航行區域、郵輪航行季節、郵輪航行海域等，條列簡述如下。

（一）郵輪航行水域(Cruise Waters)

1. **平靜水域郵輪**(Smooth Water Cruise)：專指位處內陸之河川、湖泊、內海、港灣之平靜水域，例如美國密西西比河、中國大陸長江三峽、南美洲亞馬遜河、埃及尼羅河、日本東京灣、泰國暹邏灣、美國舊金山灣等平靜水域郵輪等而言。

2. **沿海海域郵輪**(Coastal Cruise)：通常以距離海岸線外 20 海浬（約等於 37 公里）以內的沿岸水域而言，例如日本瀨戶內海、南歐地中海、北歐波羅的海、東歐黑海等各個國家、地區沿海海域郵輪等。

3. **近海海域郵輪**(Greater Coastal Cruise)：顧名思義，近海指的是離開陸地較近的海域。東亞學者以東北亞各國為例，指航行不出於西自東經 94 度至東經 175 度，以及南自南緯 11 度至北緯 63 度所包圍之海域內郵輪，即為所謂的近海海域郵輪。

4. **遠洋海域郵輪**(Ocean Going Cruise)：相對於前述的近洋海域，廣義而言，當今航行於全球五大洋、七大洲各廣大洋面的郵輪航線，多數均應屬於遠洋海域郵輪航線之範疇（森岡邦彥，1999）。

（二）郵輪航行區域(Cruise Regions)

1. **遠洋郵輪**：指航行於各大洋或國際航線上的郵輪。

2. **近海郵輪**：指航行於近海沿岸各港口之間的郵輪。

3. **內海郵輪**：指航行於地中海、波羅的海、瀨戶內海的郵輪。

4. **港灣郵輪**：指航行於港灣內的郵輪，通常又稱之為港勤式郵輪。

5. **極地郵輪**：指航行於北冰洋或南極圈內海區域，同時兼具有探險性質的郵輪。

6. **內河郵輪**：指航行於各大江河、山川、湖泊區，如非洲尼羅河、中國長江三峽、美國密西西比河、南美亞馬遜河等之內河郵輪。

（三）郵輪航行海域(Cruise Seas)

郵輪旅遊路線產品研發、規劃與製作，首要考慮郵輪旅遊航線沿線各景點目的地之區位性、可及性及發展性等行銷課題。其次，仍應兼顧下述不同航行季節水域之適航性及安全性。廣義而言，當今郵輪航行至全球五大洋、七大洲之各洋面海域超過 2,000 個停靠港埠口岸，均宜屬於郵輪旅遊路線之範疇。如再細分，則有美洲加勒比海、阿拉斯加、歐洲地中海、亞太地區、南太平洋等海域航線。如就單一航行海域而言，由於北美洲消費者尤其美國籍旅客為最大宗郵輪客源，動輒均高達 50% 以上的郵輪市場占有率，因此緊鄰美國的加勒比海，遂藉著地利與交通之便，再加以中美洲得天獨厚之亞熱帶島嶼風情，特別獲得居住於溫寒帶歐美地區旅客之青睞。

因此，加勒比海海域，即吸納將近全世界二分之一左右的旅客，而名列世界郵輪旅遊航線海域之首位，而緊鄰市 場的美國佛羅里達州邁阿密港，儼然已成為全球最大的郵輪集散中心。其次，傳統上已被定位為郵輪旅遊發源地的中西歐洲及地中海海域，則至今仍站穩世界郵輪旅遊線路海域之次席。新興起包含中國在內的亞太地區郵輪旅遊線路海域，也因其迅猛的發展勢頭，已於近年躍居全球第三席次。茲此，特將 2019 年世界各大主要郵輪航行海域，條列簡述如下（圖 3-1，表 3-1）。

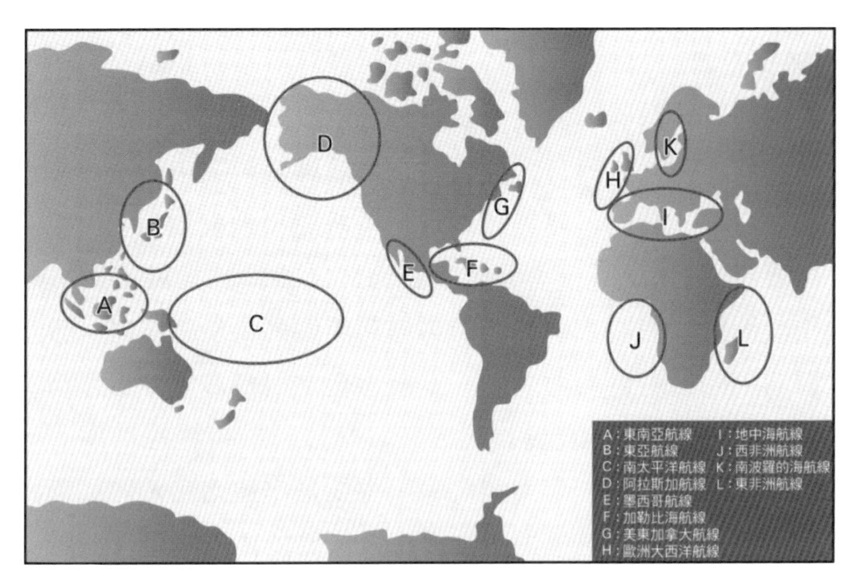

圖 3-1　世界主要郵輪航行海域圖

資料來源：呂江泉(2008)，台灣發展郵輪停靠港之區位評選研究

表 3-1　世界郵輪航線海域表

海域航線	主要停靠國家地區	市占%
美洲加勒比海航線	東加勒比海：維京群島、波多黎各、多明尼加 西加勒比海：牙買加、墨西哥、Grand Cayman 南加勒比海：委內瑞拉、哥倫比亞、ABC Islands 北加勒比海：巴哈馬、百慕達	40%
美洲其他航線	美西、墨西哥、阿拉斯加、南美洲、夏威夷	10%
歐洲地中海航線	東地中海：希臘、義大利、土耳其、埃及 西地中海：義大利、法國（蔚藍海岸）、西班牙	20%
歐洲其他航線	西北歐洲諸國、加納利群島	8%
亞太海域航線	澳洲、紐西蘭、太平洋、中國、東亞含台灣、香港、日本、韓國、泰國、新加坡、馬來西亞等	17%
世界其他水域航線	印度洋非洲、越大西洋及各大洲內河航行等水域	5%
合計		100%

資料來源：CLIA (2020)

1. 美洲航線海域

(1) 北美洲航線海域：北美洲航線細分主要為東加勒比海、西加勒比海及南加勒比海等三大海域，為目前郵輪產業市場占有率第一的航線海域。其次，北美洲尚有阿拉斯加、美東加拿大、橫渡巴拿馬運河及墨西哥太平洋岸等航線海域。

(2) 中美洲航線海域：中美洲亞馬遜河流域郵輪航線，是世界上最主要的生態旅遊目的地之一。本航線經常與橫渡巴拿馬運河或西加勒比海航線海域相結合推出。

(3) 南美洲航線海域：南美洲航線，主要是串連南美洲諸國而形成之海域航線。岸上遊程則有諸多引人入勝的內陸地區，包括氣勢宏大的伊瓜蘇瀑布、祕魯的馬丘比丘、復活節島及加拉帕格斯群島等世界級觀光資源配套。

2. 歐洲航線海域：主要有地中海、歐洲大西洋、波羅的海，以及愛爾蘭、大不列顛和北海等海域。

3. 亞太航線海域：包含東南北亞、亞洲印度洋、大中華區兩岸三地，以及南太平洋紐西蘭、澳大利亞等海域航線。

4. 非洲航線海域：包含非洲印度洋、非洲大西洋等海域航線。

5. 內河水域航線：目前全球內河水域郵輪航線中，最為知名大致有歐洲的窩瓦河、萊茵河和多瑙河、美國的密西西比河、南美洲亞馬遜河，北非尼羅河，以及中國長江三峽等流域航線。

（四）郵輪航行季節(Cruise Season)

傳統上，全球郵輪市場大致都分布於北美、歐洲、亞太等位於北回歸線附近，氣候相對較為溫和的帶狀區塊。北美市場是郵輪旅遊發展最為繁盛的主要海域，長期以來一直都在世界郵輪旅遊市場中獨據鰲頭。

廣義言之，如今航行於全球五大洋各大小洋面之各式郵輪，多數均應屬於遠洋海域航線郵輪之範疇。然而，古話有云「天有不測風雲！人有旦夕禍福！」，海洋氣象瞬息萬變，尤其是世界五大洋面又各有其不適輪船航行之季節風災。例如：(1)颱風(Typhoon)，多發生於西太平洋海域；(2)颶風(Hurricane)，多發生於大西洋西印度群島海域；(3)旋風(Cyclone)，多發生於印度洋海域；(4)極地風暴。因此，郵輪船隊公司通常會根據各地季節氣候的變化，分別在全球各個海域進行不同季節性之營運操作。具體而言，因地區和經緯度不同及郵輪公司船隻多寡的配置問題，最佳郵輪季節航線，大致區分如後：阿拉斯加（5~9 月）、地中海（4~11 月）、北歐波羅的海（5~9 月）、加勒比海（11~4 月）、紐澳（11~3 月）、中南美洲（10~4 月）、夏威夷與大溪地（11~4 月）、東南亞（12~4 月）、東北亞（4~10 月）等。茲將世界主要郵輪航行季節月份（★標記）暨最適航行海域，簡要表列如次（表 3-2）。

表 3-2 郵輪航行季節表

郵輪航行海域	郵輪航行季節（月份）											
	1	2	3	4	5	6	7	8	9	10	11	12
加勒比海	★	★	★	★	★	★	★	★	★	★	★	★
百慕達					★	★	★	★	★			
阿拉斯加					★	★	★	★	★			
美西	★	★	★	★	★				★	★	★	★
美東					★	★	★	★	★			
北大西洋					★	★	★	★	★			
地中海					★	★	★	★	★			
印度洋	★	★	★								★	★
南太平洋	★	★	★								★	★
東北亞				★	★	★	★	★	★	★		
東南亞	★	★	★	★					★	★	★	★

（五）郵輪航線換季(Repositioning, Relocation)

郵輪航線換季，其實與鳥類生態界諸多候鳥之遷徙習性毫無差異，專指從某一地區海域的旅遊季節末尾，開始將郵輪移到另一個旅遊季節開始的海域繼續營運，以免造成船隻設備及人員閒置之損失。每年 5 月到 10 月的夏季，是北半球郵輪旅遊的旺季。相對的，位處靠近溫寒帶的北歐挪威峽灣、波羅的海、南歐地中海、北美阿拉斯加等海域，尤其受到季節天候的限制，過了此等海域的旺季，郵輪必定移往北半球熱帶、副熱帶，以及南半球大洋洲紐西蘭和澳洲、中南美洲等海域繼續營運。因此，每年 9 月到 11 月間最常見的「換季航線」，直到翌年的 3 月到 5 月間，隨即顛倒過來進行另一季換季航行。此外，郵輪船隊往往會利用換季航次，進行船上新舊工作人員交接汰換。同時，因為換季航線之航行距離，通常會較正常航程要來得遠距且很少於中途停靠，因此郵輪公司也會以較為低廉價位進行銷售。最為常見的換季郵輪航線如下。

1. **歐洲－美洲換季航線**：從歐洲橫跨大西洋到達百慕達群島、巴哈馬群島、加勒比海、巴拿馬運河，最遠到達南美洲一帶海域換季航線。
2. **歐洲－亞洲換季航線**：從地中海經由蘇伊士運河，到達非洲東海岸及附近島嶼，或續航抵達亞洲海域換季航線。
3. **阿拉斯加－加勒比海換季航線**：從阿拉斯加沿美國西海岸順流而下到達墨西哥、巴拿馬運河直到加勒比海。有時則從阿拉斯加橫跨太平洋經由夏威夷，而後到達亞洲或南太平洋諸國換季航線。

（六）郵輪航線規劃(Crusie Itinerary Planning)

郵輪船隊之航線規劃，各郵輪公司通常均提早 1~3 年期間來預作評估，以為全球海域市場航程規劃之先機。歸納言之，航程規劃相應亦需緊密結合其「市場需求強度(Demand)、航行安全(Safelty)、成本效益與獲利率(Cost & Profitability)、顧客與企業滿意度(Satisfaction)、政府政策(CIQS, Visa & Cabotage)」等多元要素，始能完美達成綜效。茲此條列郵輪航線規劃要素並簡述如下。

1. **市場需求強度(Demand)**：郵輪產業界有種說法：「客源在那裡，港口就在那裡」，意味著郵輪航線、母港、掛靠港之區位規劃，往往取決市場需求的強度而定。例如，美國龐大的客源市場，造就邁阿密成為世界最大的郵輪集散地。又如，當今迅猛增長的中國市場，也已造就上海吳淞口成為亞太第一郵輪港埠。

2. **航行安全(Safety)**：郵輪航線規劃雖以市場需求為依歸，但首要還是要優先考量航行安全。因此，根據《SOLAS 國際海上人命安全公約》規範，郵輪必須配備足額之救生艇、救生筏、救生衣及救生圈等救生設備，且航程必須避開任何危險水域、季風季節。同時，全球各締約國所屬船舶，均需通過國際船級社驗船師(Class Surveyor)逐項檢驗，完全符合公約附則之要求，並取得合格證書始得從事國際航行。

3. **成本效益與獲利率(Cost & Profitability)**：根據國際郵輪協會統計資料顯示(CLIA, 2018)，郵輪產業全球經濟總體收益(Global Economic Impact)高達千億美元，提供世界各地總共逾 775,000 個就業機會，發出薪資高達 330 億美元。國際郵輪經濟發展的實績顯示，郵輪產業是極具經濟效益之獲利產業，航程規劃理當將之列入考量。

4. **顧客與企業滿意度(Satisfaction)**：諸多研究結果顯示，郵輪旅遊服務往往高達九成以上之顧客滿意度，郵輪產業相對亦因其獲利因素而得以賓主盡歡。因此，航程規劃必然以如何滿足前述雙贏「滿意度」之需求，作為其未來籌劃之重要依據。

5. 政府政策(CIQS, Visa & Cabotage)：郵輪產業的有序發展，與郵輪母港、掛靠港當地政府政策息息相關，舉凡 CIQS、簽證、航權及港勤服務費用等等，都足以直接或間接影響郵輪航程規劃之考量。例如，目前兩岸郵輪即因政治、簽證、航權等等因素，至今無法開通而坐失兩岸龐大郵輪商機之機遇，都亟待有司當局儘速尋求解套之道。

二 郵輪旅遊市場

（一）品牌區隔市場(Brand Segmentation)

諸多市場研究顯示，21 世紀郵輪產業市場之成長態勢，非常不同於一般傳統產業的消長過程或狀態。亦即，傳統產業通常依循產品生命週期理論(Product Life Cycle; PLC)或產品市場壽命之規律，泛指一種新產品從開始進入市場到最後被市場淘汰的整個過程，必然會經歷開發期(Development Stage)、引入期(Introduction Stage)、成長期(Growth Stage)、成熟期(Mature Stage)和衰退期(Decline Stage)等五大週期階段。而長期以來的全球傳統郵輪產業市場，一方面呈現出穩定增長的態勢，而另一方面的新興郵輪產業市場，卻不但從未呈現衰退的現象，且都呈現穩定成長之態勢。郵輪產業長期處於「成長期」狀態，顯見此產品已在市場上站穩腳步，各家競爭者看到有利可圖，必然紛紛進入市場。因此，全球各大主力郵輪船隊公司，如今已紛紛依其利基市場、主要航線、郵輪型式等之品牌區隔，採取多角化的品牌經營策略，以期在此競爭激烈的產業市場中占有一席之地（表 3-3）。

表 3-3 郵輪產業市場品牌經營概況

船隊風格	經濟級郵輪	標準級郵輪	頂尖級郵輪	探索級郵輪	奢華級郵輪
市占率(%)	5%	59%	30%	4%	2%
主要航程	不確定	3~7 天	7~14 天	7 天以上	7 天以上
主要航線	加勒比海、波羅的海、地中海	加勒比海、地中海	加勒比海、阿拉斯加、地中海	南極、亞洲、格陵蘭、全球	全球
郵輪型式	小型、中型、較老舊	新型、大型、巨型	新型、中型、大型	小型	小型、中型
主要船隊	希臘易郵輪、美國麗豪	嘉年華、公主、歌詩達、皇家加勒比、阿依達	精鑽、精緻、日本郵船、荷美、大洋、麗晶七海、風星	林布拉得LEX、極地探索、極光探索、夸克探索	水晶、銀海、璽寶、皇后、海夢、海雲、赫伯羅德
人均（天）	$50~100	$80~125	$150~300	$200~900	$300~2,000

資料來源：Gibson, Philip (2006)

（二）郵輪利基市場(Niche Cruising)

「利基 Niche」的字面意譯，原意指壁龕或神龕之意，也具有拾遺補缺或者見縫插針的意思。因此，利基市場行銷策略，往往又稱為狹縫行銷、縫隙行銷或補缺行銷。所謂的利基市場，最先是由現代行銷學之父菲利普科特勒(Philip Kotler)所創議提出，指的是企業為避免在市場上與強大競爭對手發生正面衝突，而採取的一種利用行銷者自身特有的條件，選擇某些被強大企業輕忽的小眾市場(Niche Market)，作為企業專門的服務對象，稱為利基市場或補缺基點。因此，利基市場即意謂著把市場細分再細分，然後全力針對該特定對象，盡可能滿足此類市場之需求，以鞏固該市場的行銷策略。質言之，利基市場行銷即意味著其與大眾市場(Mass Market)行銷相對的概念。如前所述，郵輪公司為了達成郵輪產品行銷之目的，首要之務必須通盤了解旅客選擇郵輪旅遊之參與動機，對症下藥以達成營收管理之目的。諸多研究發現，影響旅客搭乘郵輪的主要動機，大致有遠離壓力、放鬆身心、親友團聚、滿足好奇、口碑推薦，以及受到旅行社推廣影響等之動機。郵輪公司為盡可能滿足旅客之不同動機，遂針對消費者的不同動機變數加以區隔規劃不同的產品。此類區隔市場策略，即自然形成所謂的利基市場。根據研究，郵輪旅遊五個利基市場，分別為家庭團聚者、文化探索者、探索冒險者、浪漫主義者與高階消費者等五大類型，茲表列簡述如下（表 3-4）。

表 3-4 郵輪利基市場

郵輪利基市場	利基市場型態
家庭團聚者	家族、祖孫、表親、混合家庭、單親家庭等。 適合三人或多人同遊，減少壓力、節省時間。 量身訂做的活動適合青少年旅客，寓教於樂。
文化探索者	多為單身旅行者，對人文生態環境具敏感性。 旅遊為學習歷史、人文成長、豐富人生經歷。 郵輪教育性講座，如同漂浮的國家地理頻道。
探索冒險者	多數喜歡從事探索、冒險、刺激類型的活動。 郵輪提供多元活動選項，偏好需體能的活動。 郵輪為較小型探險船，偏好極地或異國旅程。
浪漫主義者	多數為新婚蜜月夫妻、周年紀念日銀髮夫妻。 喜愛夏威夷、大溪地等熱帶島嶼的浪漫風情。 偏好地中海周邊古埃及、古希臘等文化旅程。
高階消費者	喜愛高檔優質的服務，偏好較為昂貴的行程。 高品質的星級郵輪，精緻的郵輪內外部裝潢。 偏愛異國風特色港埠，美好有趣的旅遊環境。

資料來源：Marc Mancini (2011)

（三）郵輪全球航線

郵輪航線遍布五大洋、七大洲，多如恆河沙數，其中最短的可以當天來回，最長則屬環遊世界一周。環遊航線又稱為環遊全球航線(World Cruise)，亦即搭船環遊世界一周。環遊世界，始終是人們一生的終極想望。搭飛機，只能凌空遙望；走陸路，卻也暫時無路可將五大洲串連起來；唯有海路，才可以輕鬆自在的達成環遊世界的夢想。自 20 世紀中葉至今，長期已在歐美蔚為風潮的郵輪旅遊，隨著近年來亞洲各國經濟之崛起，郵輪產業發展出現「美洲消、歐亞長」之彼消我長趨勢，全球各大郵輪集團也將重心逐步轉往亞洲市場。因此，除了自 1993 年成立即長期深耕亞太市場的麗星郵輪之外，公主郵輪、歌詩達郵輪以及皇家加勒比國際郵輪（合稱：The Big 4 Cruises in Asia）均已陸續搶進亞洲，一時呈現百家爭鳴的繁榮景象。茲針對全球各主要郵輪航線市場加以探討如下。

1. **加勒比海航線市場(Caribbean)**：加勒比海是目前世界最風行也最繁忙的郵輪航線市場，郵輪多由美國佛羅里達州邁阿密(Miami)、羅德岱堡(Fort Lauderdale)啟航，航線大致分為東加勒比海、南加勒比海及西加勒比海等三條主要航路，如再延伸至巴哈馬群島，則共有四條主要航線。行程天數短則 4 天長則 20 天不等，惟多數仍以短天數郵輪行程作為產品主力，為一終年陽光普照、充滿熱帶風情之航線市場。

2. **阿拉斯加航線市場(Alaska)**：阿拉斯加航線串連阿拉斯加州安克拉治與加拿大溫哥華或美國本土西雅圖兩港，主要分為北上或南下與內灣等三條航線的往返航行。航行季節大約從每年五月到十月初，這段時間白晝最長，旅客得以盡情觀賞碧海、島群、高山、白雪、森林、峽灣、海陸空珍禽異獸，以及雄偉壯麗迫近海岸線的冰河灣等美景。

3. 中南美洲航線市場(Central & Southern America)：南美洲航線多由美國東西兩岸港口啟程（東岸羅德岱堡、西岸洛杉磯），途經墨西哥、巴西、亞馬遜河流域、尼加拉瓜、秘魯、智利、阿根廷等國家地區，環繞合恩角與麥哲倫海峽，沉浸於中南美洲特有的熱情景緻。中美洲是世界上最主要的生態旅遊目的地之一，本航線經常與巴拿馬運河或西加勒比海航線相結合推出。此外，部分航線甚至延伸至南極洲，由火地島改登探險式破冰郵輪，駛向一望無際的南極冰原。

4. 地中海航線市場(Mediterranean)：由於地中海地跨歐、亞、非三大洲，四處皆是豐厚無盡的歷史景物、文化遺產，典型的地中海航線，行程最少都需一個星期以上。西地中海航線途經西班牙、法國和義大利等三國，航線範圍有直布羅陀海峽、科西嘉群島、馬爾他島及位於北非的摩洛哥等國家港市。東地中海郵輪航線，從義大利水都威尼斯、希臘雅典、土耳其伊斯坦堡出發，航向荷馬、希羅多德、科孚群島、米克諾斯、克里特島、桑托林島、羅德島，以及其他具有傳奇色彩的土耳其、以色列和埃及等南歐暨西亞各古城港市。

5. 西歐暨英國列島航線市場(West Europe & British Isles)：西歐大西洋航線通常途經葡萄牙、法國、西班牙、愛爾蘭和英國等國。郵輪自西班牙南部的馬拉加出發，繞行至葡萄牙里斯本，北航經法國波爾多，最後到達英國倫敦。另一航線則自葡萄牙里斯本出發，於巴黎北部諾曼地半島的港市哈弗爾結束。至於英國列島航線和北海航線，某些航線環遊愛爾蘭，另一些則環繞大不列顛。傳統的北海航線起始於英國倫敦，北航至比利時、荷蘭阿姆斯特丹、德國漢堡、挪威西部峽灣、丹麥哥本哈根等港市。

6. **波羅的海航線市場(Baltic)**：波羅的海郵輪航線，主要以北歐、歐陸北端諸國港灣，串連俄羅斯、波羅的海三小國為主。航程通常由英國倫敦、德國漢堡或丹麥哥本哈根出發，航至瑞典斯德哥爾摩及芬蘭赫爾辛基後，於俄羅斯的聖彼得堡結束。另一偏南航行的路線，則可能途經波羅的海三小國－立陶宛、拉脫維亞和愛沙尼亞等國港灣。

7. **澳洲暨紐西蘭航線市場(ANZ)**：澳洲暨紐西蘭航線，主要串連澳洲雪梨與紐西蘭奧克蘭之間。郵輪自雪梨南下，航經墨爾本、塔斯曼尼亞荷巴特後，橫越塔斯曼海前往紐西蘭，遍行於米佛峽灣、但尼丁、威靈頓等大小港灣後，最終抵達南太平洋奧克蘭。

8. **東北亞航線市場(Northeastern Asia)**：日本屬於亞太地區發展郵輪旅遊最為成熟的國家之一，東北亞航線自然以日本北海道、東京橫濱、大阪、神戶、福岡、鹿兒島、沖繩那霸等各主要港灣為主，部分航線串連鄰近的韓國釜山、濟州島、中國天津、青島、上海、深圳、香港，以至台灣的基隆、高雄、台中及花蓮等主要港市航線。

9. **東南亞航線市場(Southeastern Asia)**：東南亞航線以新加坡作為母港，郵輪穿梭航行於印度尼西亞、馬來西亞、菲律賓、泰國、越南、中國海南島，以及新加坡等眾多島嶼港灣之間，形成幾條頗為熱門的航線。其次的東南亞郵輪航線模式，則以橫越亞非航程，串連泰國、緬甸、斯里蘭卡、馬爾地夫，以至阿拉伯大公國等國港市為主。

10. **環遊世界航線(World Cruise)**：某些郵輪船隊公司除了固定的系列航線業務之外，每年均會規劃推出環球郵輪航線，航行天數約介於 80 天至 110 天之間。目前定期經營環球航線的郵輪船隊，大致有日本郵船、荷美、皇后、璽寶、赫伯羅德、P&O 半島東方郵輪、海上學府等船隊。

11. **郵輪公司私人小島(Private Island)**：北美洲幾家經營巴哈馬／加勒比海航線的郵輪公司，大都設置並規劃「私人島嶼」航程供旅客選購。在 1977 年，諾維真郵輪率先購買一個前軍事哨所島嶼，導引出此一「私人島嶼」航程新趨勢。這些個受到環保安全維護的島嶼群，通常是向保有所有權的政府租用，島上大都擁有舉辦一整天海灘派對所需的一切設施。不過，私人島嶼並不盡然是一價全包的產品，例如所有浮潛裝備、強制性救生衣背心、遊艇租賃、香蕉船遊樂設施、浮動沙灘墊、私人海濱小屋、出租帆船、浮動泡沫床墊、出租吊床等等都需另外付費。郵輪集團主要私人島嶼，表列如下（表 3-5）。

表 3-5 郵輪集團私人島嶼一覽表（依創立啟用年份先後排序）

郵輪集團公司	島嶼名稱	設置地點	啟用
諾維真郵輪	Great Stirrup Cay	Bahamas	1977
皇家加勒比國際	Labadee	Haiti	1986
皇家加勒比國際	Coco Cay	Bahamas	1990
公主郵輪	Princess Cays	Eleuthera, Bahamas	1992
精緻郵輪	Catalina Island	Dominican Republic	1995
歌詩達郵輪	Serena Cay	Dominican Republic	1996
荷美郵輪	Half Moon Cay	Bahamas	1997
迪士尼郵輪	Castaway Cay	Bahamas	1998
嘉年華郵輪	Amber Cove	Dominican Republic	2015
諾維真郵輪	Harvest Caye	Belize	2015
地中海郵輪	Ocean Cay Marine Reserve	Bahamas	2017

資料來源：Douglas Ward (2018). Berlitz Cruising & Cruise Ship.

（四）郵輪船隊布署

同時，全球各大國際郵輪集團船隊布署在亞太港口的船舶艘次，亦以每年約 10%的年成長率遞增。目前，東亞地區總數約 217 萬個船席鋪位中，最早進入中國大陸市場的嘉年華集團歌詩達郵輪占有率最高(28%)，皇家加勒比國際郵輪、麗星郵輪則以各占 25%居次。2014 年，在多達 3,000 多個東亞停靠港次國家地區中，以日本居冠，馬來西亞、南韓分居二、三位，台灣排名第 10。在東亞九大郵輪停靠港口中，新加坡港拔得頭籌，上海港、濟州島分居二、三位，台灣基隆港排名第 8。2015 年間，全球共有 26 個郵輪船隊、52 艘郵輪船隻陸續進駐東亞地區部署服務。其中，尤以皇家加勒比國際郵輪史無前例的派遣集團品牌最新的旗艦船「海洋量子號」長駐亞太地區，一時傳為佳話而最為引人注目。2017 年，由於中國已然躍升至全球郵輪 10 大客源國之第二位（2019 年衰退高達-18.6%，掉到全球第四位），最早搶進中國市場的歌詩達、公主、皇家加勒比以及麗星郵輪，即於當年夏季起分別以一艘新造或全新裝潢郵輪－歌詩達幸運號、黃金公主號、盛世公主號、海洋量子號以及雲頂夢號進駐中國郵輪市場（表 3-6）。

表 3-6 世界六大郵輪集團布署市場

郵輪集團	郵輪船隊品牌	郵輪數量	主要布署市場
嘉年華 CCL	嘉年華郵輪 CCL	24 艘	北美地區
	公主郵輪 Princess	14 艘	北美、亞太地區
	阿依達郵輪 AIDA	14 艘	德國
	歌詩達郵輪 Costa	13 艘	西南歐、亞太地區
	荷美郵輪 HAL	10 艘	北美地區
	P&O 郵輪	9 艘	英國、澳洲
	璽寶郵輪 Seabourn	5 艘	北美地區
	冠達郵輪 Cunard	3 艘	英國、北美地區

表 3-6 世界六大郵輪集團布署市場（續）

郵輪集團	郵輪船隊品牌	郵輪數量	主要布署市場
皇家加勒比 RCCL	皇家加勒比 RCCL	25 艘	北美、亞太地區
	精緻郵輪 Celebrity	14 艘	北美地區
	途易郵輪 TUI	7 艘	德國
	普爾曼 Pullmantur	3 艘	西葡、拉丁美洲
	精鑽郵輪 Azamara	3 艘	北美、西歐
諾維真 NCL	諾維真郵輪 NCL	17 艘	北美、西歐地區
	麗晶七海 RSS	5 艘	北美、西歐地區
	大洋郵輪 Oceania	4 艘	北美、西歐地區
地中海 MSC	地中海 MSC	18 艘	西南歐地區
雲頂香港 Genting HK	麗星郵輪 Star	3 艘	亞太地區
	星夢郵輪 Dream	3 艘	亞太地區
	水晶郵輪 Crystal	3 艘	亞太地區、環球
迪士尼 Disney	迪士尼 Disney	4 艘	北美地區

資料來源：作者整理(2018)

（五）郵輪客源市場

郵輪客源市場，傳統上概以美洲尤其是美國市場獨占鰲頭，其次是歐洲市場。至於東亞地區客源市場發展趨勢，由於中國大陸市場近年來之快速崛起，如今儼然已成為促進亞太郵輪產業市場成長的強勁驅力。雖然全世界搭乘郵輪旅客來源，多數仍集中於美洲（54%）、歐洲（25%）兩大主力市場，但亞太（20%）近年來的迅速成長表現，亦不容忽視。溯自 2012 年以來，亞太地區尤其是中國大陸及澳洲市場，無論是在郵輪船席鋪位、旅客來源等方面，均顯著呈現兩位數字之成長跡象。2019 年，亞太地區中國（全球第 4）、澳洲（全球第 5）更雙雙擠身全球郵輪客源市場前五名之列（表 3-7）。

表 3-7 全球郵輪主要客源市場(2019)

客源地區（全球）	主要客源國家（依前 20 名排序）	人數（萬）	占比(%)
美洲地區	1. 美國：1,419.9 萬 6. 加拿大：103.7 萬 8. 巴西：56.7 萬 16. 墨西哥：16.7 萬 18. 阿根廷：15.1 萬 * 其　他：124.9 萬	美洲小計：1737 萬	57.9%
歐洲地區	2. 德國：258.7 萬 3. 英國：199.2 萬 7. 義大利：95.0 萬 9. 西班牙：55.3 萬 10. 法國：54.5 萬 19. 瑞士：14.0 萬 20. 奧地利：13.6 萬 * 其　他：20.7 萬	歐洲小計：711 萬	23.7%
亞太地區	4. 中國：191.9 萬 5. 澳洲：124.1 萬 11. 台灣：38.9 萬 12. 新加坡：32.5 萬 13. 印度：31.3 萬 14. 日本：29.6 萬 15. 香港：19.1 萬 * 其　他：54.6 萬	亞洲小計：522 萬	17.4%
其他地區	17. 南非：15.8 萬 * 其　他：14.2 萬	其他小計：30 萬	1%
合　計	---	3,000 萬	100%

資料來源：CLIA (2020)

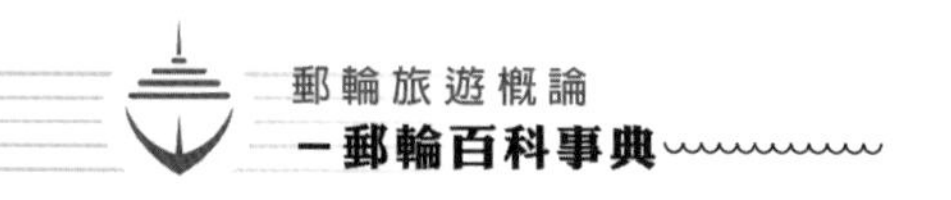

三 郵輪產業組織

值此舉世郵輪產業市場榮景正旺的時刻，世界各地紛紛成立國際郵輪協會，以持續推動郵輪產業發展。全球每一個主要的郵輪市場，都有此類區域性協會的設立，目前公認以美洲「國際郵輪協會(CLIA)」最具有代表性，而 2008 年正式成立的「亞洲郵輪協會」，則是最為新進的此類協會。國際郵輪協會成立之功能，主要在於代表郵輪航商就相關法規與政府或港口單位進行協商，同時代表郵輪航商就共同行銷事宜與旅行業者、保險業者、觀光單位等進行協調合作，以維護相關各方共同之利益。此外，郵輪協會另外的重要角色，在於培育訓練旅行業者專業知能，並攜手共同行銷郵輪旅遊產品。茲將世界最為知名之各級國際郵輪協會，彙整簡介如下。

（一）國際郵輪協會(CLIA - http://www.cruising.org)

美國國際郵輪協會，成立於 1975 年，是目前全世界最大的郵輪協會組織，現有會員包含 63 家郵輪公司成員、13,500 家旅行社團體會員、50,000 位旅行社個人會員，以及 250 位執行合夥人（港口管理部門及海事行業供應商）。總部設於華府，2006 年與國際郵輪產業委員會(International Council of Cruise Lines, ICCL)合併。國際郵輪協會，主要功能為加強郵輪產品行銷，提供通過驗證旅行社人員之專業培訓課程，執行郵輪公關和促銷活動體驗。監管機構、政策制定者和其他合作夥伴相關之法規立法，以促進郵輪產業平穩的持續增長。積極保護海洋生物和海洋環境，不受破壞汙染。

（二）佛羅里達加勒比海郵輪協會(FCCA-http://www.f-cca.com)

佛羅里達加勒比海郵輪協會，成立於 1972 年，主要任務是為旅遊開發、港口安全、安檢保險以及其他郵輪行業相關事務提供服務，是一個非營利性協會組織。該協會由 18 家主要郵輪公司組成，為佛羅里達、加勒比海和拉丁美洲水域運營的近 200 艘郵輪船隻提供咨詢服務。綜理郵輪旅遊保險事物，並通過促進與郵輪行業合作與相關公私部門建立雙邊夥伴關係。FCCA 長期與政府、港口和公共部門代表合作，期盼提高郵輪乘客、郵輪公司和郵輪員工各方之福利。

（三）郵輪評論網站(Cruise Critic - http://www.cruisecritic.com)

郵輪評論網站，以「最高檔郵輪指南 Ultimate Cruise Guide」為號召，已是全球最大的郵輪資訊類網站之一。由超過 225 位專業編輯和網站成員組成的專家群，主要提供郵輪愛好者超過 135 個郵輪港口、郵輪船隊、郵輪航線、郵輪新聞及郵輪評鑑等最新資訊。其評鑑方式係依全球受測郵輪之甲板配備、公共空間、艙房設施、餐飲服務、通關事務、岸上遊程及郵輪體驗等之整體表現良莠指標，以 5 等級分之量表給分，最高得分 5 分、最低得分 1 分進行評量，最後再將評分結果依高低排序定期刊登於該專屬網站。

（四）海貿媒體集團(Seatrade - http://www.seatrade-global.com)

海貿媒體集團成立於 1970 年，是引領郵輪及海運行業出版、會議、會展、培訓、頒獎及其他特別活動的先驅。定期活動包括跨越海事所有領域的國際貿易展覽和會議論壇、針對航運專業人士的管理培訓課程、針對旅遊代理商的培訓研討會，以及獎勵計畫，包括 Seatrade Insider Cruise Awards。海貿集團的刊物包括雜誌、副刊和年鑑，而且 SeatradeInsider 在其網站提供線上郵輪業每日新聞。

（五）貝里茲郵輪年鑑(Berlitz Cruising & Cruise Ships - http://www.berlitzpublishing.com)

《貝里茲郵輪年鑑》是郵輪產業界公推，現有歷史最為悠久、最具權威性的郵輪星級評鑑指標。貝里茲郵輪年鑑，是由現任美洲「海運評鑑集團」會長道格拉斯華德(Douglas Ward)擔任主編，定期每年更新內容版本一次。道格拉斯自 1965 年起，即分別於冠達郵輪、P&O 郵輪等船隊郵輪上服務過，實務經驗非常豐富。截至 2019 年底。道格拉斯本人搭乘超過 1,020 艘次、搭乘日數超過 5,800 天次之各式各樣大小郵輪，目前他每年利用十個月以上時間，帶領或指派所屬團隊針對全球約 300 艘郵輪之硬體設施與軟體服務，採取「郵輪星級制」規格，由最低之「1 星級(★)」至最高之「超 5 星級(★★★★★+)」進行評鑑，最後將結果登錄於貝里茲郵輪年鑑每年定期發表。

（六）《Conde Nast Traveler（郵輪評鑑）》(http://www.cntraveler.com)

《Conde Nast Traveler（郵輪評鑑）》，有別於前述貝里茲郵輪年鑑以評定郵輪之星級為評鑑指標。其評鑑方式係以讀者票選方式進行甄選，通常依據受測郵輪整體表現之良莠，將之分為最優秀(Excellent)、最佳(Very Good)、尚佳(Good)、普通(Fair)、最差(Poor)等不同等級評鑑，最高得分為 100 分，最後再將評分結果定期刊登於該評鑑之月刊以及專屬網站。

（七）中國交通運輸協會郵輪遊艇分會 (CCYIA - http://www.ccyia.com)

中國交通運輸協會郵輪遊艇分會，是中國大陸一個相對獨特的郵輪產業推廣組織。中國交通運輸協會是隸屬於中國大陸之最高經濟建設計畫單位「國家發展改革委員會」之產業協會，是一個半官方組織，可跨領域綜合協調各政府部門之政策與行政規章。該協會總部設於北京，自 2006 年成立以來，即受中國政府委託發展郵輪遊艇產業，2014 年更接受中國國家旅遊局委託起草《中國郵輪旅遊發展規劃》白皮書。

（八）台灣國際郵輪協會(ICCT - http://www.icctw.com.tw)

台灣國際郵輪協會，於 2014 年 11 月間籌備成立，計畫囊括台灣各主要旅行社、船務公司、郵輪公司等業者之參與，以募集 60 位會員為目標。該會以提供郵輪旅遊資訊服務、推廣國際郵輪旅遊活動為宗旨，成立教育訓練委員會、法規委員會，敦請政府制定有關國際郵輪旅遊定型化契約，推廣郵輪旅遊旅客保險，以保障郵輪旅遊消費者權益。同時，為使郵輪停靠台灣的國際旅客享受到優質服務，該會亦定期舉辦接待人員專業訓練及所屬從業人員講習，為培育台灣郵輪旅遊專業人才盡一份心力。

（九）台灣遊輪產業發展協會(ACDT - https://acdt.org.tw)

台灣遊輪產業發展協會成立於 2019 年 3 月，成立宗旨在於希望結合產官學資源，共同推動發展台灣國際遊輪產業鏈暨培育經營管理人才。短期目標將爭取與國際遊輪公司或遊輪管理公司合作，克服在台灣取得安全訓練證照以及體檢問題，並在必要時安排輔導培訓課程，以擴大在台灣招募遊輪上工作的從業人員。中長期目標為開發遊輪市場及相關產業鏈發展，帶動上下游產業發展及總體經濟效應，包括遊輪船上經營與管理、遊輪補給、港口服務、後勤支援、岸上遊覽觀光、餐飲、購物、銀行保險及船舶管理等等業務。

郵輪集團船隊

Cruise Brands

04

CHAPTER

Luxury / Premier / Standard / Expedition / Budget Cruises

一 郵輪集團船隊

傳統郵輪產業的發展，最初主要受到北美地區的市場需求推動，中期則轉而受到歐洲地區市場發展的促進，近年來陸續受到國際金融風暴暨中國經濟崛起的連鎖反應，郵輪產業市場出現「板塊東移」現象。隨著歐美郵輪市場板塊東移、亞太郵輪市場興起，加以郵輪旅遊產業近年採取「收益管理」彈性售價等行銷策略推波助瀾之下，全球已掀起一股搭乘郵輪旅遊的熱潮。過去，此項普遍被認定為花費相對昂貴的旅遊產品，如今已廣為歐美先進國家中上家庭消費大眾所接受，往往視之為全家出國團聚共遊之首選。

因此，除了前章所述郵輪旅遊區位特性之外，郵輪船隊公司無不以船隊規模、市場占有率以及品牌訴求，配上最先進、最豪華、最頂尖與最具特色的硬軟體設施服務，竭盡所能提供所有旅客盡情享有一趟難忘的海上郵輪假期。近年國際經濟復甦緩慢，歐美郵輪市場漸趨飽和，以致郵輪市場版圖由美洲、歐洲漸步位移至亞洲。如今，在亞洲郵輪市場快速崛起下，國際重量級郵輪業者遂紛紛派遣旗下船隊東來競逐市場。

當今全球規模最大的郵輪集團，如依其船隊船隻數量、載客容量多寡排列，依序為美洲嘉年華郵輪(Carnival Corporation & plc)、美洲皇家加勒比國際郵輪(Royal Caribbean International Cruise Lines)、歐洲諾維真郵輪(Norwegian Cruise Line)、歐洲地中海郵輪(Mediterranean Shipping Company)以及以亞太市場為其營運主力的雲頂香港郵輪(Genting Hong Kong Cruises)等五大集團為主。尤其在最近 20 年期間，世界五大郵輪集團船隊陸續透過收購合併(Merge; Acquisition)或新造船隻等整合手段，以強化各自船隊之市場占有比率。本章節特蒐集最新郵輪集團船隊相關資訊，整理出「全球五大郵輪集團」並予以表列簡介如下（表 4-1）。

表 4-1 世界五大郵輪集團一覽表(2020)

集團	嘉年華 CCL	皇家加勒比 RCCL	諾維真 Norwegian	地中海 MSC	雲頂香港 Genting HK
船隊	CCL+公主+歌詩達+P&O+荷美+AIDA+皇后+璽寶	RCCL+精緻+TUI+普爾曼+精鑽	諾維真+大洋+麗晶七海	地中海	麗星+水晶+星夢
品牌	最大船隊	最大噸位	北歐主力	南歐主力	亞太主力
船隻（215 艘）	92	52	26	18	9
總容量	218,655	139,490	55,704	58,784	16,170
市占率	42%	24%	12%	8%	4%

1. 嘉年華郵輪集團(Carnival Corporation & plc)

嘉年華郵輪船隊(CCL)，創立於 1972 年，總部設於美國佛羅里達州邁阿密。直至 21 世紀初期，該公司以高逾 45%的郵輪船隊市場占有率，穩居全世界最為龐大、最擅長團隊經營的郵輪船隊集團地位。嘉年華郵輪集團除擁有本身船隊外，旗下尚有八大船隊品牌，分別為嘉年華郵輪、公主郵輪、歌詩達郵輪、荷美郵輪、英國 P&O 郵輪、澳洲 P&O 郵輪、阿依達郵輪、璽寶（世邦）郵輪、皇后（冠達）郵輪等船隊，合計 92 艘郵輪船隻，是現今全世界最為龐大的郵輪船隊集團（表 4-2）。

表 4-2 嘉年華郵輪集團船隊品牌一覽表（2018）

嘉年華集團 Carnival	船隊品牌	創立	總部	郵輪船隻
嘉年華郵輪 Carnival Cruise Lines	Carnival	1972	美國 邁阿密	24 艘
公主郵輪 Princess Cruises	PRINCESS CRUISES escape completely	1965	美國加州 Santa Clarita	14 艘
歌詩達郵輪 Costa Cruise Line	Costa 歌詩達郵輪	1947	義大利 熱那亞	13 艘
荷美郵輪 Holland America Line	Holland America Line	1873	美國 西雅圖	10 艘
英國 P&O 郵輪 P&O Cruises UK	P&O CRUISES P&O This is how to holiday	1837	英國 南安普敦	9 艘 (含澳洲 P&O)
阿依達郵輪 AIDA	AIDA	1960	德國 Rostock	14 艘
璽寶（世邦）郵輪 Seabourn	SEABOURN	1986	美國 邁阿密	5 艘
皇后（冠達）郵輪 Cunard	CUNARD	1840	美國加州 Santa Clarita	3 艘
合計				92 艘

2. 皇家加勒比國際郵輪集團(RCI; Royal Caribbean International)

皇家加勒比郵輪(RCCL)，創立於 1969 年，向來都以超大噸位、新型船舶、平實價位、設施多樣等為其品牌訴求，屬於頗具現代化風格的郵輪船隊。皇家加勒比郵輪船隊旗下超大噸位郵輪，目前計有 14 萬噸級的「Voyager of the Sea（海洋航行者號）」系列、16 萬噸級的「Freedom of the Seas（海洋自由號）」系列、創新郵輪科技的「Quantum of the Seas（海洋量子號）」系列，以及目前全球最大 22 萬噸級的「Oasis of the Seas（海洋綠洲號）」、「Allure of the Seas（海洋魅麗號）」、「Harmony of the Seas（海洋和悅號）」以及「Symphony of the Seas（海洋交響號）」等系列巨無霸型超級郵輪。2015 年，甫新造完成下水營運的「Quantum of the Seas 海洋量子號」，更將打破歷來只有舊船才會派來亞太地區營運的成規，以全新之姿進入亞太市場。皇家加勒比國際郵輪集團，目前旗下計有皇家加勒比郵輪(RCCL)、精緻郵輪(Celebrity Cruises)、途易郵輪(TUI Cruises)、普爾曼郵輪(Pullmantur Cruises)以及精鑽俱樂部郵輪(Azamara Club Cruises)等五大品牌、合計 52 艘船隻，是全球第二大的郵輪船隊集團（表 4-3）。

表 4-3 皇家加勒比國際郵輪集團船隊品牌一覽表（2018）

皇家加勒比國際集團 RCI	船隊品牌	創立	總部	郵輪船隻
皇家加勒比郵輪 RCCL	RoyalCaribbean INTERNATIONAL	1969	美國 邁阿密	25 艘
精緻郵輪 Celebrity Cruises	Celebrity X Cruises	1989	美國 邁阿密	14 艘
途易郵輪 TUI Cruises	TUI Cruises	2007	德國 漢堡	7 艘
普爾曼郵輪 Pullmantur Cruises	pullmantur	2000	西班牙 巴塞隆納	3 艘
精鑽俱樂部郵輪 Azamara Club Cruises	AZAMARA CLUB CRUISES 精鑽遊輪	2007	美國 邁阿密	3 艘
合計				52 艘

3. 諾維真（挪威）郵輪集團(Norwegian Cruises)

諾維真（挪威）郵輪成立於 1996 年，總部設在美國佛羅里達州邁阿密。2000 年，挪威船隊被雲頂香港麗星郵輪集團收購，併為麗星郵輪船隊集團之一。2015，挪威郵輪脫離麗星集團，再與大洋郵輪、麗晶七海郵輪等三大品牌合組諾維真（挪威）郵輪集團。諾維真郵輪目前主要航線市場遍及歐洲地中海、波羅的海、英國、亞洲、夏威夷，北美、南美以及由美東出發到南加勒比海等航線。諾維真郵輪首創「Freestyle Cruising 自由閒逸式郵輪假期」，精心將郵輪旅遊各種精彩元素，與休閒渡假村的悠閒相結合。集團有諾維真郵輪、大洋郵輪、麗晶七海郵輪三個品牌合計 26 艘船隻，是全球第三大的郵輪船隊集團（表 4-4）。

表 4-4 諾維真（挪威）郵輪集團船隊品牌一覽表(2018)

諾維真（挪威）郵輪集團	船隊品牌	創立	總部	郵輪船隻
諾維真郵輪 NCL	NCL NORWEGIAN CRUISE LINE FREESTYLE CRUISING	1966	美國 邁阿密	17 艘 （含 NCL America）
大洋郵輪 Oceania Cruises	OCEANIA CRUISES	2002	美國 邁阿密	4 艘
麗晶七海郵輪 Regent Seven Sea	Regent SEVEN SEAS CRUISES	1990	美國 邁阿密	5 艘
合計				26 艘

4. 地中海郵輪集團(Mediterranean Shipping Cruises, MSC)

地中海郵輪是地中海航運公司的一個部門，創立於 1987 年，郵輪行銷部門總部設在瑞士日內瓦。地中海航運公司(MSC, Mediterranean Shipping Company S.A.)是全球運輸能力第二大航運公司。該公司以日內瓦為總部，在世界上各主要港口均有航線，並以安特衛普港作為母港。旗下的地中海郵輪則主要掌理郵輪航遊服務。地中海郵輪是 MSC 運輸集團旗下成長最快速的事業體之一，全球員工約 15,500 人，並在 45 個國家設有辦事處。MSC 郵輪共有 18 艘郵輪船隻，目前為全球第四大郵輪集團船隊（表 4-5）。

表 4-5 地中海郵輪集團船隊品牌一覽表(2018)

地中海郵輪集團	船隊品牌	創立	總部	郵輪船隻
地中海郵輪 MSC	MSC	1987	瑞士 日內瓦	18 艘
合計				18 艘

5. 雲頂香港郵輪集團(Genting Hong Kong)

雲頂香港集團麗星郵輪成立於 1993 年，原隸屬於馬來西亞雲頂高原娛樂集團，於 2009 年改隸的雲頂香港集團(Genting Hong Kong)，以亞太地區為根據地兼主力市場營運。麗星郵輪自 1997 年起，即陸續以寶瓶星、挪威星、金牛星、白羊星、雙子星、處女星等進駐台灣基隆港，作為其東北亞郵輪母港，巡航於台灣各港口與日本琉球群島之間。集團除擁有麗星郵輪船隊(Star Cruises)之外，2015 年購併水晶郵輪(Crystal Cruises)、2016 年成立星夢郵輪(Dream Cruises)，三個品牌共有 9 艘郵輪，為世界第五大的郵輪集團（表 4-6）。2016 年初，雲頂香港集團收購三家德國船廠成立 MV 郵輪造船集團，可望在未來十年間為水晶郵輪、星夢郵輪以及麗星郵輪船隊，增添更多高質素的新造郵輪船隊。

表 4-6 雲頂香港郵輪集團船隊品牌一覽表(2018)

麗星郵輪集團 Star	船隊品牌	創立	總部	郵輪船隻
麗星郵輪 Star Cruises	STAR CRUISES 麗星郵輪 The Leading Cruise Line In Asia-Pacific	1993	中國 香港	3 艘
水晶郵輪 Crystal Cruises	CRYSTAL CRUISES The difference is Crystal clear.	1988	中國 香港	3 艘
星夢郵輪 Dream Cruises	DREAM CRUISES 星夢郵輪	2016	中國 香港	3 艘
合計				9 艘

二 郵輪船隊品牌

為了針對全球郵輪集團暨個別船隊之企業形象，以及各家企業的行銷策略有更深入的認知，本章節特選取世界郵輪市場最常見、最知名的 38 家主要郵輪船隊相關資訊，諸如船隊名稱、品牌形象、創立年份、船隊風格、航線產品等等，配合各家船隊之企業形象標誌 Logo 及船舶圖像，依據各郵輪船隊公司名稱字母 ABC 順序，依序簡介如下：

◎A

1. AIDA Cruises（阿依達郵輪）

創立：1960／總部：德國 Rostock／船隊風格：頂尖級郵輪(Premium Cruises)

阿依達郵輪成立於 1960 年，總部設於德國 Rostock，是一間以專門招攬年輕好動的德國旅客為主要服務對象的郵輪公司。AIDA（阿依達）郵輪公司船隊，目前有 14 艘郵輪船隻(2020)，主要航行歐美海域及季節性航線。AIDA 郵輪以其獨特的「紅唇」作為企業形象標誌(Logo)，加上以雙眼圖樣塗飾的船身，非常的引人注目。郵輪船隊以年輕及悠閒風格為主題訴求，提供旅客一趟無拘無束的郵輪旅程體驗，AIDA（阿依達）郵輪船隊也因此贏得「海上休閒俱樂部(Seagoing Club Resorts)」的美譽。2000 年，P&O 公主郵輪公司購併阿依達郵輪，並於隨後的 2003 年兩者一併加入嘉年華國際郵輪集團。

阿依達郵輪資訊詳情請瀏覽：http://www.aida.de。

2. Asuka Cruises（日本郵船郵輪）

創立：1949／總部：日本東京／船隊風格：頂尖級郵輪(Premium Cruises)

引用來源：cruise-international.com

日本郵船郵輪(NYK Cruises; Asuka Cruise)成立於1949年，總部設於日本東京。母公司日本郵船株式會社(NYK Line)，是世界規模最大的海運集團之一。船隊向以獨具特色且細膩的日本風格體驗作為招徠，精心策劃首屈一指的郵輪假期，屢次在全球各式郵輪評鑑名列前茅。1991年，推出以具有日本輝煌歷史意義的飛鳥時代命名的「飛鳥號」下水營運，寓意希望猶如飛鳥時代一樣，造就日本郵輪時代的里程碑。2006年，將日本郵船另一品牌水晶郵輪(Crystal Cruises)營運的豪華郵船「水晶合聲號 Crystal Harmony」重新裝潢，易名為「飛鳥 II 號」(Asuka II)，提供日本諸島及環遊全球航程服務。數年來，日本郵船飛鳥系列郵輪因其高檔的服務質量，數度贏得《貝里茲郵輪年鑑》評為亞洲最優五星級郵輪，同時連續十多年榮獲日本郵輪雜誌讀者票選為日本第一郵輪品牌。

日本郵船資訊詳情請瀏覽：http://www.asukacruise.co.jp。

3. Azamara Club Cruises（精鑽郵輪）

創立：2007／總部：邁阿密／船隊風格：頂尖級郵輪(Premium Cruises)

精鑽俱樂部郵輪成立於 2007 年，總部設於美國邁阿密，母公司為皇家加勒比國際郵輪集團(RCI)。船隊以中型船隻為主，採用休閒會所式的風格，摒棄穿著禮服和入席時間的束縛，泊岸時間也比較長，更能令旅客享受海上假期及岸上觀光。精鑽郵輪旗下營運的「精鑽旅程號(Azamara Journey)」及「精鑽探索號(Azamara Quest)」以專營季節性「主題式郵輪(Theme Cruise)」而聞名，航線遍及全球各大海域。精鑽郵輪的特等套房設有貼身照顧的管家服務，還有兩間風味餐廳和精采的晚間娛樂表演。精鑽郵輪特意安排航程中有多個晚上停泊在不同港口，多元化的岸上觀光行程，更儼如一趟知性之旅。

精鑽郵輪資訊詳情請瀏覽：http://www.azamaraclubcruises.com。

◎C

1. Carnival Cruise Lines（嘉年華郵輪）

創立：1972／總部：邁阿密／船隊風格：標準級郵輪(Standard Cruises)

嘉年華郵輪成立於 1972 年，總部設美國邁阿密，以「歡樂郵輪(Fun Ship)」作為主要的品牌訴求，目前已發展成為全球第一的豪華郵輪公司，擁有 28,000 名船員和 5,000 名員工，被業界譽為「郵輪之王」。嘉年華集團旗下計有嘉年華郵輪(Carnival Cruise Lines)、公主郵輪(Princess Cruises)，荷美郵輪(Holland America Line)、歌詩達郵輪(Costa Cruise Line)、皇后（冠達）郵輪（Cunard，其前身即為擁有鐵達尼號郵輪的白星海運）、璽寶（世邦）郵輪(Seabourn)、英國 P&O 郵輪(P&O Cruises UK)、阿依達郵輪(AIDA Cruise)等八大船隊品牌共 92 艘郵輪(2020)，是現今為止全世界最為龐大的豪華郵輪船隊集團。嘉年華郵輪母公司本身船隊航線密布於巴哈馬、加勒比海、墨西哥蔚藍海岸渡假區、巴拿馬運河、阿拉斯加、夏威夷、百慕達、加拿大，以及歐洲等廣闊的海域航行營運；季節性航線則有阿拉斯加、夏威夷、巴拿馬運河、加拿大海域等航線。

嘉年華郵輪資訊詳情請瀏覽：http://www.carnival.com/。

2. Celebrity Cruises（精緻郵輪）

創立：1989／總部：邁阿密／船隊風格：頂尖級郵輪(Premium Cruises)

精緻郵輪成立於 1989 年，總部設美國邁阿密，最初由希臘 Chandris 集團在雅典創立。市場定位在較高層次的旅客。郵輪上的菜單特別由著名的米其林三星指南主廚 Michel Roux 精心設計，講究精緻的用餐環境，享受貼心服務，品嚐獲獎美食，並參與精采無比的船上活動。公司船隻屢屢榮獲美國《Condé Nast Traveler》雜誌讀者票選為年度「十大最佳大型郵輪」。精緻郵輪主要航行於阿拉斯加、澳洲、紐西蘭、百慕達、加州、加拿大、新英格蘭、加勒比海、歐洲、夏威夷、太平洋海岸、巴拿馬、南美洲，以及加拉帕哥斯群島等航線。

精緻郵輪資訊詳情請瀏覽：http://www.celebritycruises.com。

3. Costa Cruises（歌詩達郵輪）

創立：1947／總部：熱那亞／船隊風格：標準級郵輪(Standard Cruises)

歌詩達郵輪母公司歌詩達海運成立於 1854 年，原是一家專營貨櫃運輸的航運公司，總部設於義大利熱那亞，亞太總部設於香港。1947 年，集團開始提供載客的郵輪旅遊服務，如今已是義大利最大的旅遊集團，也是歐洲最具規模的郵輪公司之一。歌詩達郵輪用熱情有勁的企業文化、殷勤的服務、精美的菜餚，為遊客提供充滿義大利風情的夢幻之旅。2020 年，歌詩達旗下船隊共有 13 艘郵輪，一律均註冊義大利國籍並懸掛義大利國旗，以具體展現其血統之純正，而且每一艘郵輪都擁有各自的個性與魅力。船隊每年航行於歐洲地中海、北歐、波羅的海、加勒比海、中美洲、南美洲、阿拉伯海灣、亞洲、紅海等地，加上環繞地球一周的環球航線(Grand Cruise)，共計約有 250 個不同航程目的地。

歌詩達郵輪資訊詳情請瀏覽：http://www.costacruisesasia.com。

4. Cruise & Maritime Voyages Cruises（CMV 郵輪）

創立：2009／總部：英國 Essex／船隊風格：標準級郵輪(Standard Cruises)

引用來源：http://www.cruisecritic.com

CMV 郵輪由英國 Cruise & Maritime Services International 公司於 2009 年籌組成立，總部設於英國 Issex，亞太總部設於澳洲雪梨。船隊風格定位於「中小型經典傳統風格郵輪」，擁有約一萬多至四萬多總噸位且相對較為中古形式的 5 艘郵輪船隊（Astor, Astoria, Columbus,

Magellan, Marco Polo)，提供熟年旅客市場傳統英式海上假期，巡航遍及英倫三島、歐洲、澳洲以及亞馬遜河流域等航線。

CMV 郵輪資訊詳情請瀏覽：https://cmvaustralia.com。

5. Crystal Cruises（水晶郵輪）

創立：1988／總部：中國香港／船隊風格：奢華級郵輪(Luxury Cruises)

水晶郵輪成立於 1988 年，其母公司為上百年航運歷史的世界著名航運企業日本郵船株式會社(NYK Line)，總部雖然設於洛杉磯，企業風格卻充滿日本背景。水晶郵輪屬高水準豪華中型郵輪船隊，屢次榮獲美國 Travel+Leisure 雜誌評選為全球最佳郵輪，是世界頂級豪華郵輪的代表之一。以「Discover Your Perfect Cruise 完美郵輪體驗」作為品牌訴求，寬敞的空間、豪華的設施，服務人員細緻貼心的服務，在在體現郵輪假期的精髓，也讓旅客驚喜連連。旗下的「水晶合韻號(Crystal Symphony)」和「水晶尚寧號(Crystal Serenity)」提供水晶郵輪一貫的尊貴體驗，精心規劃五星級完善服務的全球海上之旅。2015 年，水晶郵輪被雲頂香港集團購併成為該郵輪集團之一員。

水晶郵輪資訊詳情請瀏覽：http://www.crystalcruises.com。

6. Cunard Cruises（皇后（冠達）郵輪）

創立：1840／總部：加州 Santa Clarita／船隊風格：奢華級郵輪 (Luxury Cruises)

皇后（冠達）郵輪公司成立於 1840 年，擁有超過 170 年的歷史，被譽為「全球歷史最悠久的遠洋客輪」，總部設於美國加州洛杉磯市郊的 Santa Clarita。冠達船隊前身為擁有鐵達尼號郵輪的白星海運(Titanic; White Star Line)，建立初期除運送越洋旅客之外，兼以替英國政府運送往來北美的郵件為主，同時也曾實際參與第一、二次大戰運兵補給任務。皇后（冠達）郵輪公司旗下郵輪包括「瑪麗皇后 II 號(QMII)」、「維多利亞皇后號(QV)」和「伊麗莎白皇后號(QE)」，船隊秉承高貴的純粹英國王室傳統，向以優秀的「白星服務(White Star Service)」著稱，提供旅客更為高檔的郵輪體驗，多年來榮獲之獎項無數。1998 年，冠達郵輪成為美國嘉年華郵輪集團旗下的子公司，船隊主要提供橫跨大西洋航線及自 1922 年起即已開始營運的環球航程。

皇后（冠達）郵輪資訊詳情請瀏覽：http://www.cunard.co.uk。

◎D

1. Disney Cruise Line（迪士尼郵輪）

創立：1995／總部：佛州 Celebration／船隊風格：標準級郵輪(Standard Cruises)

迪士尼郵輪公司成立於 1995 年，總部設於美國佛羅里達州 Celebration。船隊秉承其母公司迪士尼主題郵輪集團「奇幻王國」品牌訴求，儼然成為家族團聚式郵輪之典範。原有兩艘郵輪迪士尼魔法號和迪士尼奇妙號，同時也全資擁有位於巴哈馬群島內的私人島嶼(Private Island)，提供迪士尼郵輪獨家在此靠泊。2007 年，迪士尼郵輪再委託德國船廠建造兩艘更大的郵輪「迪士尼夢想號」、「迪士尼幻想號」，且均已分別於 2011 年、2012 年加入營運，兩艘新船並均在其第 14 層甲板，設有全球獨有的「AquaDuck（衝水雲霄飛車）」。同時，迪士尼郵輪船隊也是當今全球少數未在船上裝設卡西諾賭場的郵輪品牌之一。此外，特別值得一提的是，迪士尼郵輪首創於其內側艙房裝置非常貼心的數位式「虛擬舷窗(Virtual Porthole)」設備，以方便住宿內艙的旅客，得以隨時享有觀賞等同於外側海景艙房般的船外景觀。

迪士尼郵輪資訊詳情請瀏覽：http://disneycruise.disney.go.com。

2. Dream Cruises（星夢郵輪）

創立：2016／總部：中國香港／船隊風格：標準級郵輪(Standard Cruises)

引用來源：http://www.dreamcruiseline.com

星夢郵輪公司成立於 2016 年，總部設於中國香港。船隊秉承其母公司麗星郵輪集團亞洲本土品牌訴求，儼然成為集團豪華郵輪之典範。星夢郵輪旗下首艘郵輪「雲頂夢號 Genting Dream」於 2016 年 11 月啟航，「世界夢號 World Dream」於 2016 年 11 月啟航。2018 年底，原屬麗星郵輪旗艦級「處女星號」斥資 3000 萬美金重新裝潢並改名「探索夢號 Explorer Dream」，加入星夢船隊。星夢系列郵輪客房超過七成附有專屬露台，奢華的「星夢皇宮」更配備私人歐式管家服務。星夢郵輪致力提供賓客精心安排的休閒娛樂盛宴：6 條老少皆宜的水上滑梯、星空電影院，以及首個海上版《星夢傳奇—中國達人秀》；船上提供超過 35 種餐飲概念，為賓客網羅寰球美食。

星夢郵輪資訊詳情請瀏覽：http://www.dreamcruiseline.com。

◎E

EasyCruise（易郵輪）

創立：2009／總部：希臘雅典／船隊風格：經濟級郵輪(Cheap Cruises)

引用來源：www.shipspotting.com

易郵輪成立於 2009 年，總部設於希臘雅典。原先的經營者是一家成立於 2004 年，專營海上渡輪的希臘企業 Hellenic Seaways，姊妹公司為歐洲最大的廉價航空 EasyJet，海空兩大企業均擅長於營運非主流旅遊路線。易郵輪目前重點在地中海尤其希臘愛琴海航線。有別於傳統郵輪路線，易郵輪早上航行，午後停靠在地中海的小島港口，讓旅客自行上岸活動。平均一趟五天郵輪航程，大約只要約台幣 7,500 元的超低消費。易郵輪相較於標準級郵輪而言，軟硬體設施配備走的是非常陽春的路線，船上沒有賭場、大型舞廳或多種選擇的餐廳，取而代之的是多點停靠，小巧的艙房和自費的餐飲。比起傳統郵輪，易郵輪旅客的自主性更高，鎖定的客群則為 20~30 歲、旅費有限的自助旅行者。

易郵輪資訊詳情請瀏覽：http://easycruise.org。

◎F

Fred.Olson Cruise Lines（佛瑞德奧森郵輪）

創立：1996／總部：英國 Ipswich／船隊風格：標準級郵輪(Standard Cruises)

引用來源：www.beyondships.com

佛瑞德奧森郵輪母公司佛瑞德奧森海運於 1848 年創立於挪威，是歷史悠久的海運船隊之一。郵輪部門於 1996 年開始營運，總部設於英國 Ipswich。佛瑞德奧森郵輪講究時尚新穎、偌大寬廣、設施齊全、舒適雅致，親切友善的服務員待客至誠，讓每位旅客獲得賓至如歸的禮遇。不管是首次嘗試海上旅程，還是經常搭乘郵輪出遊，均得享有舒暢愜意的難忘體驗。佛瑞德奧森郵輪主要以英國各大港口為根據地，以短則 7 天、長達一個多月的航程，巡航歐美航線前往加勒比海，古巴、百慕達、加拿大及美國等海域。

佛瑞德奧森郵輪資訊詳情請瀏覽：http://www.fredolsencruises.com。

◎H

1. Hapag-Lloyd Cruises（赫伯羅德郵輪）

創立：1970／總部：德國漢堡／船隊風格：奢華級郵輪(Luxury Cruises)

赫伯羅德郵輪創立於 1970 年，總部設於德國漢堡，母公司 Hapag-Lloyd 海運是世界前 20 大貨櫃運輸船隊之一。赫伯羅德郵輪旗下共有五艘郵船：「不來梅號(Bremen)」、「哥倫布 2 號(Columbus 2)」、「歐洲號(Europa)」、「歐洲 2 號(Europa 2)」和「漢薩號(Hanseatic)」。五艘郵船都屬非常高格調的郵輪船隊，設施配備非常先進，設計意念突破傳統規格，尤其注重現代生活品味，打造閒逸輕鬆的度假氛圍。尤其「歐洲號(Europa)」、「歐洲 2 號(Europa 2)」允屬全球最高級的兩艘郵輪，長期獨占全世界唯二「六星級」郵輪的崇高地位。赫伯羅德郵輪以專營特殊規劃的「主題郵輪(Theme Cruise)」及「環遊世界航線(World Cruise)」而聞名，主題郵輪則包括家族同遊、音樂欣賞、美食饗宴、運動休閒，以及會展航遊等相當多元化的不同主題航程。

赫伯羅德郵輪資訊詳情請瀏覽：http://www.hl-cruises.com。

2. Holland America Line（荷美郵輪）

創立：1873／總部：美國西雅圖／船隊風格：頂尖級郵輪(Premium)

荷美郵輪成立於 1873 年，是一間歷史悠久的國際郵輪公司，總部設於美國華盛頓州的西雅圖，於 1989 年被併入成為嘉年華郵輪集團旗下一員。截至 2020 年底為止，荷美航運總共擁有 10 艘郵輪船隊的郵輪公司，主要營運航線遍及全球五大洋、七大洲海域，並且於近年完成突破載客一千萬的重要營運里程。荷美郵輪船隊以「A Signature of Excellence（卓越品味）」作為品牌訴求，樸實無華的船舶外觀，平實合宜的產品價位、提供高檔的殷勤服務。軟硬體設施配備則以寬敞的空間、得獎的服務、頂級的美饌、多元的節目，以及精采多元的環遊世界航程，呈現其精益求精的服務精神。

荷美郵輪資訊詳情請瀏覽：http://www.hollandamerica.com。

3. Hurtigruten（海達路德郵輪）

創立：1866／總部：挪威 Narvik／船隊風格：標準級郵輪(Standard Cruises)

海達路德郵輪成立於 1866 年，擁有將近 150 年的北歐峽灣、極地航海經驗，總部設於挪威 Narvic。船隊提供的航程超越了其他郵輪公司所能到達的海域，固定航線涵蓋偏遠地區港口，以充滿冒險體驗的航程，前往這個星球上最美麗、最遙遠和最生動的海岸線而聞名。如今，海達路德郵輪已經成為挪威沿海居民生活中的一部分，由 13 艘舒適郵輪所組成的船隊，每天都有船定期從卑爾根出發，跨越北海峽灣、北極圈，在光彩炫目的午夜太陽或北極光下航行。

海達路德郵輪資訊詳情請瀏覽：http://www.hurtigruten.com。

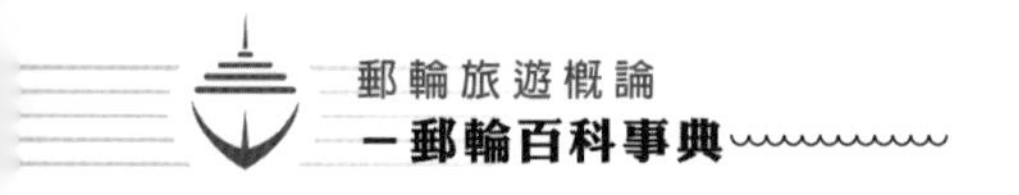

◎L

1. Lindblad Expeditions（LEX 探索郵輪）

創立：1979／總部：美國紐約／船隊風格：探索級郵輪(Expedition Cruises)

引用來源：luxurycruiseconnections.com

LEX 探索郵輪成立於 1979 年，總部設於美國紐約。母公司是林布拉德旅遊集團，同時與全球探奇旅遊最權威的「National Geographic（國家地理雜誌）」結盟，以「Inspiring people to explore and care about the planet（啟發探索，珍愛地球）」作為品牌訴求，專營小團體遠征船航程至偏僻的蠻荒雨林、冰河峽灣、南北極地等人跡罕至的港口或海島。創辦人瑞典裔美國生態學家 Lars-Eric Lindblad，也因其主導探索大自然之非凡成就，已被尊為探索郵輪界之父。其餘遠征領導人多為位高崇榮的生態博物各自領域的專家，熱衷於搜尋、導覽、解釋自然和歷史的奧秘。多年來，LEX 探索郵輪創建開闊眼界和鼓舞人心的探險航程，已經贏得良好的聲譽。2013 年，更榮獲「Cruise Critic（郵輪評論）」專屬網頁評選為世界最佳小型郵輪前三名之殊榮。

LEX 探奇郵輪資訊詳情請瀏覽：http://www.expeditions.com。

2. Louis Cruises（路易士郵輪）

創立：1987／總部：塞普勒斯 Limassol／船隊風格：標準級郵輪(Standard Cruises)

路易士郵輪母公司路易士旅遊公司成立於 1935 年，總部設在塞普勒斯 Limassol。路易士公司在 1970 年代開始經營遊覽渡船業務，1987 年自芬蘭引進第一艘郵輪「瑪利沙公主號(Princesa Marissa)」，路易士郵輪宣告誕生。1990 年代中期，是路易士快速發展和商業營運轉型時期。1996 年，路易士郵輪將旗下的數艘郵輪轉租給英國的湯姆森郵輪(Thomson Cruises)，以規避自行經營之風險，也因此公司的品牌通常均以「路易士／湯姆森郵輪(Louis Cruises/Thomson Cruises)」名號並列。路易士郵輪船隊營運特色在於輕薄短小，以中小型規模的中古郵輪為主搭配合宜的價格，專營愛琴海希臘群島、塞浦路斯等地中海短程航線，頗受一般中產經濟客層的青睞。

路易士郵輪資訊詳情請瀏覽：http://www.louiscruises.com。

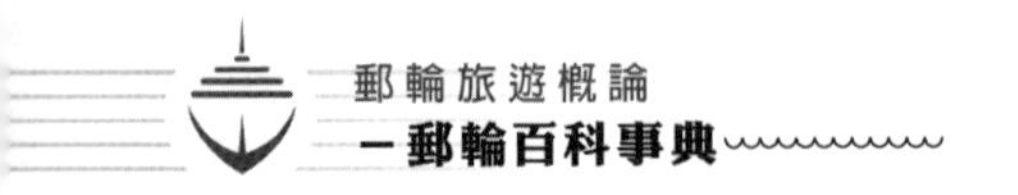

◎M

1. Mitsui OSK Passenger Lines（三井客船郵輪）

創立：1990／總部：日本東京／船隊風格：頂尖級郵輪(Premium Cruises)

MOL
Mitsui O.S.K. Lines

商船三井客船株式會社母公司商船三井株氏會社是日本三大航運品牌之一，旗下郵輪航運部門成立於 1990 年，總部設於日本東京。三井客船郵輪業務目前僅以「日本丸」郵輪進行營運，因該輪建造最初係由日本皇室親王命名下水，因此在日本國內非常知名並普遍受到敬重。商船三井客船日本丸，除航程遍布日本諸島各主要港埠之外，也經營亞洲東南北亞各海域及南太平洋一帶航線，主要服務對象為日本旅客。以樸實無華的船舶外觀，平實合宜的產品價位，提供相對高檔的殷勤服務。

三井客船資訊詳情請瀏覽：http://www.mol.co.jp。

2. Mediterranean Shipping Cruises, MSC（地中海郵輪）

創立：1987／總部：日內瓦／船隊風格：頂尖級郵輪(Premium Cruises)

地中海郵輪成立於 1987 年，總公司行政管理總部位於義大利拿波里，郵輪行銷總部則設於瑞士日內瓦。地中海郵輪目前是世界第四大的郵輪集團船隊，全年提供季節性的北歐、大西洋、加勒比海、紅海、北美、加拿大、南美、印度洋、南非與西非等航程。身為全球成長最快的郵輪隊伍之一，地中海郵輪擁有全球最年輕的船隊，合計 18 艘郵輪船隻中(2020)，每艘船都具匠心獨運的設計。地中海郵輪獨特的義大利風格：熱情接待、劇院裝飾、設計、好客、美食、氣氛等，反映出「Made in Italy（義大利製造）」的獨特理念，也是地中海郵輪的特色所在。

地中海郵輪資訊詳情請瀏覽：http://www.msccruises.com。

◎N

Norwegian Cruise Line（諾維真郵輪）

創立：1966／總部：邁阿密／船隊風格：標準級郵輪(Standard Cruises)

原名挪威郵輪的諾維真郵輪成立於 1966 年，總部設在美國佛羅里達州邁阿密。2000 年，船隊被雲頂香港麗星郵輪集團收購，併為麗星郵輪船隊集團之一員。2015 年，挪威郵輪脫離麗星集團，再與大洋郵輪、麗晶七海郵輪等三大品牌合組諾維真（挪威）郵輪集團。諾維真郵輪目前(2020)營運中的郵輪共有 17 艘，營運的主要航線市場遍及歐洲地中海、波羅的海、英國、亞洲、夏威夷，北美、南美，以及由美東出發到南加勒比海等航線。挪威郵輪首創「Freestyle Cruising（自由閒逸式郵輪假期）」，精心將郵輪旅遊各種精彩元素，與休閒渡假村的悠閒相結合。此一以 NCL 諾維真郵輪品牌營運的國際船隊，至今已成為北美郵輪業最知名品牌之一。

挪威郵輪資訊詳情請瀏覽：http://www.ncl.com。

◎O

Oceania Cruises（大洋郵輪）

創立：2002／總部：邁阿密／船隊風格：頂尖級郵輪(Premium Cruises)

大洋郵輪於 2002 年成立，總部位於美國邁阿密，以銳意創新的風格及奢華高檔的殷勤服務特色榮獲《貝里茲郵輪年鑑(Berlitz Cruising & Cruise Ships)》、《郵輪評鑑(Conde Nast Traveler)》、《郵輪評論(Cruise Critic)》等旅遊專刊雜誌及專屬網站，評鑑為名列世界前茅的中型豪華郵輪品牌。大洋郵輪致力於讓旅客用合理的價格體驗真正奢華，進入精采繽紛的旅遊世界。大洋郵輪目前航行於歐洲、中國及亞洲、澳洲、紐西蘭、中南美洲及加勒比海等逾 180 個停靠點。此外，由四家開放式餐館提供的海上饗宴，以及各亦營造溫馨時尚的鄉村俱樂部氛圍，都是大洋中型郵輪的魅力所在。2015 年，大洋郵輪加入諾維真郵輪集團船隊。

大洋郵輪資訊詳情請瀏覽：http://www.oceaniacruises.com。

◎P

1. P&O Cruises UK（英國 P&O（半島東方）郵輪）

創立：1837／總部：英國南安普敦／船隊風格：標準級郵輪(Standard Cruises)

引用來源：sussex-cruiseclub.co.uk

英國 P&O（半島東方）郵輪母公司英國鐵行海運成立於 1822 年，當年初成立時的 P&O 蒸氣航運公司(Peninsular & Oriental Steam Navigation Company)，1837 年開始經營客輪業務，是世界上最古老的郵輪公司，也是深受歡迎的老牌英國郵輪公司。P&O 郵輪總部設於英國南安普敦(Southamptom)，以傳統的高水平服務，多年來累積一群忠心耿耿的顧客，不離不棄積極參加各種行程。船上的服務人員與旅客的比例大約為 2:1，包括經驗豐富的英國船員及專業的廚師。2020 年底為止，半島東方郵輪船隊公司擁有 9 艘郵輪（含澳洲 P&O），提供歐美定期航線及最長 112 天的環球之旅航程。此外，「遊輪」之所以又稱為「郵輪」，乃因 1837 年期間，英國 P&O 航運公司創辦海上客運初期，載客同時兼營遞送皇家郵件業務(RMS；Royal Mail Ship)，因此成為郵輪中文名稱的由來。

P&O 郵輪資訊詳情請瀏覽：http://www.pocruises.com。

2. Phoenix Reisen Gmbh（鳳凰郵輪）

創立：1973／總部：德國波昂／船隊風格：標準級郵輪(Standard Cruises)

鳳凰郵輪母公司鳳凰旅遊成立於 1973 年，總部設於德國波昂，營運也以德國籍郵輪旅客為主要目標市場。1988 年，鳳凰開始以自有品牌經營郵輪業務，提供一系列別具特色的海上旅程，航線覆蓋歐洲各海域以至全球五大洋、七大洲海域各地的主要港口。豪華郵輪寬敞的甲板空間、餐廳、酒廊，並配備舒適的私人陽台套房，是鳳凰郵輪的服務特色。

鳳凰郵輪資訊詳情請瀏覽：http://www.phoenixreisen.com。

3. Ponant Cruises（龐洛郵輪）

創立：1988／總部：法國馬賽／船隊風格：頂尖級郵輪(Premium Cruises)

龐洛郵輪(Compagnie du Ponant)總部設於法國馬賽，以提供深具法式風情之舒適、時尚、精緻等頂尖級的服務而聞名，是現今最大的法國郵輪集團。近年來，該公司雖經幾度易主，但其講究高尚的品味格調並未改變。龐洛郵輪一度僅以法籍旅客為主要目標市場，近期則計畫漸次涉入北美、西歐甚至包括台灣在內的亞洲市場等國際市場之營運。三桅式帆船龐洛號(Le Ponant)於 1991 年投入營運，融合帆船的運動性和遊艇的優雅性。大型遊艇式郵輪北冕號(Le Boréal)、南冠號(L´Austral)、日麗號(Le Soléal)以及星輝號(Le Lyrial)等，則以其獨特的造型和設計著稱。指揮官夏古號(Le Commandant-Charcot)等極地探險型郵輪(Expedition Cruise)，採用新型 LNG 液化天然氣動力，低污染且最適合極區探險航行。全船豪華私人套房、高檔餐廳、酒廊以及配備精緻傢俱的沙龍休息廳，既具有郵輪的舒適與個性，又擁有遊艇般的別致，都是龐洛郵輪吸引市場目光的特色所在。

龐洛郵輪資訊詳情請瀏覽：https://en.ponant.com/。

4. Princess Cruises（公主郵輪）

創立：1965／總部：加州 Santa Clarita／船隊風格：標準級郵輪(Standard Cruises)

公主郵輪成立於 1965 年，原隸屬半島東方 P&O 郵輪旗下，目前隸屬於全球最大嘉年華郵輪集團，總部設於美國加州洛杉磯市郊的 Santa

Clarita。1970 年代，船隊以結合電視公司進行偕同行銷，而精心製作電視影集「Love Boat 愛之船」作為其品牌訴求而享譽全球。目前(2020)擁有約 14 艘世界級郵輪、超過 30,000 個床位、年度載客量逾 120 萬人次。公主郵輪提供 115 條獨特航線，造訪全球 350 多個港口的行程。公主郵輪旗下的每艘客輪都各具特色，甚至可說本身就是一處度假旅遊目的地，旅客可以按自己的方式享受海上假期。船上安排由自我充實課程、藝術品拍賣會、品酒活動到舞蹈班，可供選擇的場地設施與活動種類繁多，讓風格不同、心情各異的旅客各得其所、適其所適。

公主郵輪資訊詳情請瀏覽：http://www.princess.com。

5. Pullmantur Cruises（普爾曼郵輪）

創立：2000／總部：巴塞隆納／船隊風格：標準級郵輪(Standard Cruises)

引用來源：en.wikipedia.org

普爾曼郵輪成立於 2000 年，目前隸屬於皇家加勒比國際郵輪集團，總部設於西班牙巴塞隆納。在 1990 年代以前改海運公司均以經營遊覽渡船業務為主，而後始以租船方式兼營郵輪業務，2000 年自當時宣告破產倒閉的 Premier Cruises 引進第一艘郵輪大洋號(Oceanic)，普爾曼郵輪於焉誕生。普爾曼郵輪以「Spanish Style（西班牙式風格）」、「All Inclusive Concept（一價全包概念）」為品牌訴求，專營接待西班牙本國旅客為主，為一極具南歐式浪漫風格船隊。主要航線市場為地中海海域及季節性歐美航線。

普爾曼郵輪資訊詳情請瀏覽：http://www.pullmanturcruise.co.uk。

◎R

1. Regent Seven Seas Cruises（麗晶七海郵輪）

創立：1990／總部：邁阿密／船隊風格：頂尖級郵輪(Premium Cruises)

麗晶七海郵輪創立於 1990 年，原名瑞迪生七海郵輪公司(Radisson Seven Seas Cruises)，2008 年阿波羅投資管理公司(Apollo Management)購併麗晶七海郵輪股權，並與麗晶酒店集團結盟，總部設於美國佛羅里達州邁阿密。船隊以其出眾的豪華航行獲得實至名歸的聲譽，如今與在全球市場日益擴大的麗晶酒店集團結盟，代表船隊將會針對舒適度做持續性的升級。船隊的航線覆蓋五大洋、七大洲的 300 多個港口，海上觀光航程遍及全球，還有服務人員對賓客的高比例配置，使豪華郵輪上的旅客盡享個人化的服務。2015 年，麗晶七海郵輪加入諾維真郵輪集團船隊。

麗晶七海郵輪資訊詳情請瀏覽：http://www.rssc.com。

2. RCCL; Royal Caribbean Cruise Lines（皇家加勒比郵輪）

創立：1969／總部：邁阿密／船隊風格：標準級郵輪(Standard Cruises)

皇家加勒比郵輪創立於 1969 年，總部設於美國佛羅里達州邁阿密。目前已形成為全球單一郵輪噸位最大的郵輪集團之一，航線以美洲地區尤其是加勒比海海域為主，全球其他主要海域航線次之。皇家加勒比國際郵輪(RCI)集團旗下擁有皇家加勒比郵輪(RCCL)、精緻郵輪(Celebrity Cruises)、普爾曼郵輪(Pullmantur Cruises)、精鑽俱樂部郵輪(Azamara Club Cruises)以及德國途易郵輪(TUI Cruises)等五大郵輪品牌、合計 52 艘郵輪船隻(2020)。皇家加勒比郵輪船隊本身擁有為數 26 艘的郵輪，超大噸位郵輪計有 14 萬噸級郵輪「Voyager of the Sea（海洋航行者號）」、16 萬噸級「Freedom of the Seas（海洋自由號）」，以及目前全球最大的 22 萬噸級「Symphony of the Seas（海洋交響號）」、「Harmony of the Seas（海洋和悅號）」、「Oasis of the Seas（海洋綠洲號）」、「Allure of the Seas（海洋魅麗號）」等系列，都是屬於巨無霸型超級郵輪。船隊以活力無限、海島休閒及親子旅遊為訴求，提供具特色的休閒娛樂，包括衝浪模擬器、空中鋼索、攀岩場、迷你高爾夫球場、溜冰場、水療館及餐廳，服務質量屢次榮獲世界郵輪評審大獎。

皇家加勒比國際郵輪資訊詳情請瀏覽：http://www.royalcaribbean.com。

◎S

1. Sea Cloud Cruises（海雲郵輪）

創立：1931／總部：德國漢堡／船隊風格：奢華級郵輪(Luxury Cruises)

海雲郵輪公司成立於 1931 年，早期係採出租私人遊艇方式經營，隨後在二戰期間被美國政府徵召，臨時作為美國海軍海岸防衛隊的一艘氣象觀測船。當今公司總部設於德國漢堡，是一家非常奢華級的遊艇式郵輪船隊，以「五星級、三遊艇、寰宇一家 Five Star, Three Yacht, One World」作為獨特的品牌訴求，遊艇式的豪華郵輪，堅持 60 名工作人員服務限量 60 位貴賓之極高檔服務。專營歐洲多瑙河、萊茵河兩大流域等內河航線，兼營季節性的南歐洲地中海、中美洲加勒比海航線。該公司船隊採用休閒會所式的風格，提供精品級美食佳餚，摒棄穿著社交禮儀和入席時間的束縛，船艇泊岸時間也比較長，更能令旅客悠閒享受海上假期及岸上遊程。

海雲郵輪資訊詳情請瀏覽：http://www.seacloud.com。

2. Seabourn Cruises（璽寶郵輪）

創立：1986／總部：邁阿密／船隊風格：奢華級郵輪(Luxury Cruises)

璽寶（世邦）郵輪成立於 1986 年，目前隸屬於嘉年華郵輪集團，總部設於美國佛羅里達州邁阿密。璽寶郵輪多為豪華小型郵輪、航線遍及全球、走的是頂級消費路線，突顯標榜頂級郵輪的尊榮個人化服務。船上除標榜「全套房艙 All Suites」奢華品牌之外，餐飲服務共設有五家餐廳，特聘名廚 Charlie Palmer 精心烹調的創意料理，加上無須預約的開放式用餐空間，讓旅客盡情享受創意料理。這也是璽寶郵輪在過去 15 年間，年年獲得郵輪業界最高榮譽的五星鑽石大獎的主因，璽寶郵輪也因此成為最知名的郵輪公司之一。

璽寶（世邦）郵輪資訊詳情請瀏覽：http://www.seabourn.com。

3. SeaDream Yacht Club（海夢郵輪）

創立：2001／總部：邁阿密／船隊風格：奢華級郵輪(Luxury Cruises)

引用來源：origin.mqa.cntraveler.com

海夢遊艇俱樂部郵輪成立於 2001 年，總部設於美國佛羅里達州邁阿密。船隊以「It's yachting, not cruising!（巨型遊艇，更勝郵輪！）」作為品牌訴求。兩艘排水量只有四千三百噸豪華「巨型」遊艇海夢一號和海夢二號，強調的是旅客不僅享有郵輪常有的自在優游體驗，更有猶如置身私人遊艇般的休閒樂趣。在現今動輒上十數萬噸的巨無霸郵輪中，兩艘海夢遊艇的體積無疑僅屬羽量級，但他們卻能以小巧船身脫穎而出，專營近海短程航程巡航於世界各個角落海域，提供截然與眾不同的海上遊樂風格。

海夢遊艇俱樂部郵輪資訊詳情請瀏覽：http://www.seadream.com。

4. Semester at Sea（海上學府郵輪）

創立：1963／總部：Charlottesville／船隊風格：探索級郵輪 (Expedition Cruises)

引用來源：www.jayhawksabroad.dept.ku.edu

海上學府郵輪創立於 1963 年，總部設於美國維吉尼亞州 Charlottesville。是一項由全美最負盛名的高等教育機構之一的維吉尼亞州立大學贊助主辦的環球海上學習計畫，屬於一所非營利組織的海上教育學院(Institute for Shipboard Education)，以「探險家號(Explorer)」作為流動校舍，師生得一面努力進行學術教學活動之餘，一面又可搭船環遊世界飽覽異國風光，因此又有「海上大學(Floating University)」的別稱。海上學府郵輪，每次航程均會造訪 12~16 個海外據點，務求為學生旅客帶來開闊視野、改造心靈的獨特學習體驗。

海上學府郵輪資訊詳情請瀏覽：http://www.semesteratsea.com。

5. Silversea Cruises（銀海郵輪）

創立：1994／總部：摩納哥／船隊風格：奢華級郵輪(Luxury Cruises)

SILVERSEA

銀海郵輪於 1994 年創立，總部設於南歐摩納哥，分公司遍及美國、英國、澳大利亞及新加坡等國家地區。船隊以「Seven Ships-Seven Continents-Infinite Possibilities 七艘船－七大洲－無限可能」作為其品牌訴求。成立以來已無數次被全球權威旅遊雜誌《Conde Nast Traveler》等評為世界最佳頂級中小型豪華郵輪。銀海郵輪船上親切優雅的義大利風情，舒適空間與強調船員一對一提供旅客熱誠的服務，一價全包概念(All Inclusive Concept)讓遊客全心品味生活。銀海郵輪提供特色海上旅程前往偏遠港口，讓旅客探索異國文化。船上設有寬敞的海景套房，80%套房附有專屬陽台，提供精緻餐膳及一系列高級休閒設施。銀海郵輪船隊客輪有「銀雲號(Silver Cloud)」等七艘郵輪，行程遍及全球五大洋、七大洲各大海域，造訪超過 100 國家、450 個航遊目的地。

銀海郵輪資訊詳情請瀏覽：http://www.silversea.com。

6. Star Cruises（麗星郵輪）

創立：1993／總部：香港／船隊風格：標準級郵輪(Standard Cruises)

麗星郵輪成立於 1993 年，總部設於香港，是香港雲頂娛樂集團旗下品牌，在亞洲大華人區人氣甚高。雲頂香港主要經營水晶郵輪(Crystal Cruises)、星夢郵輪(Dream Cruises)及麗星郵輪(Star Cruises)船隊，目前擁有合計 11 艘郵輪所組成的船隊，而成為世界第五大的郵輪集團，船隊航線遍及亞太區、南北美洲、夏威夷、加勒比海、阿拉斯加、歐洲、地中海、百慕達及南極。麗星郵輪近年陸續改裝旗下郵輪，處女星號已於 2019 年上半年裝修翻新，命名為探索夢號並改隸於星夢郵輪船隊。

麗星郵輪資訊詳情請瀏覽：http://www.starcruises.com。

7. Swan Hellenic Cruises（天鵝郵輪）

創立：1954／總部：英國 Burgess Hill／船隊風格：標準級郵輪(Standard Cruises)

引用來源：www.iglucruise.com

天鵝郵輪成立於 1954 年，總部設於英國 Burgess Hill。該公司船隊鎖定頂級的消費客群，專業經營參觀具有歷史或文化價值古蹟文物之特殊航程路線，屬於非常高格調的郵輪公司。天鵝郵輪航程包含全球各主要海域的世界遺產級旅遊熱點及較冷門的觀光景點，為旅客帶來蘊含文化內涵的旅遊體驗。旅客搭乘天鵝郵輪，白天可以學習繪畫、寫作或唱歌，也可參加瑜伽或太極班，還可到圖書館翻閱豐富的藏書；晚上則可品味美酒佳餚、出席古典音樂會，還可登岸享受各種旅遊娛樂節目。

天鵝郵輪資訊詳情請瀏覽：http://www.swanhellenic.com。

◎V

1. Venus Cruise（維納斯郵輪）

創立：1989／總部：日本大阪／船隊風格：頂尖級郵輪(Premium Cruises)

引用來源：wondrouspics.com

維納斯郵輪成立於 1989 年，總部設於日本大阪，旗下的「太平洋維納斯號(Pacific Venus)」郵輪載客容量為 720 人，客群多以日本人為主，行程目的地主要停靠多個日本國內諸島各主要港埠，季節性航線也遍及亞洲東南北亞及南太平洋一帶海域。

維納斯郵輪資訊詳情請瀏覽：http://www.venus-cruise.co.jp。

2. Voyages to Antiquity（古典郵輪）

創立：1966／總部：英國牛津／船隊風格：頂尖級郵輪(Premium Cruises)

引用來源：cruisemarketupdate.com

古典郵輪前身為成立於 1966 年的東方郵輪(Orient Lines)，總部設於英國牛津。船隊主要巡航市場遍布北美、英國、歐洲、南美及亞洲，提供世界各地特定地點的郵輪旅遊，結合精緻郵輪旅遊的舒適自在和精選的深度文化行程，讓旅客探索西方文明的搖籃地中海文明的起源與光輝，同時了解東南亞和印度的神秘風俗與文化。東方郵輪費用包括大部分行程的航前及／或航後酒店住宿、岸上精華遊程、延續岸上行程、船員小費，以及船上晚餐佐膳的餐酒飲料。

東方郵輪資訊詳情請瀏覽：http://www.voyagestoantiquity.com。

◎W

Windstar Cruises（星風／風之頌郵輪）

創立：1984／總部：美國西雅圖／船隊風格：頂尖級郵輪(Premium Cruises)

引用來源：www.merchantships.info

星風（風之頌）帆船郵輪成立於 1984 年，總部設於美國西雅圖。船隊以「Yacht Cruise（遊艇式郵輪）」、「180 Degrees from Ordinary（絕對與眾不同）」作為品牌訴求，為一配備全數海景豪華客艙，強調不受拘束、充滿健康活力又兼顧羅曼蒂克氣氛之船隊。1986 年，推出第一艘電腦操控之環保概念帆船郵輪，公司船隻通常比較小型，容量約可搭載 120~300 名乘客。荷美郵輪於 1987 年購買星風帆船郵輪半數的股份，並於 1988 年聯袂成為嘉年華郵輪公司的子公司。2007 年，嘉年華集團將星風帆船郵輪股份轉賣給 Ambassadors International 集團。在夏季，星風帆船郵輪船隊航行地中海海岸，在冬季則航行在加勒比海和太平洋沿岸哥斯達黎加。星風帆船郵輪被公認屬於高格調的船隊，船隊也屢次被評為五星級殊榮。

星風（風之頌）帆船郵輪資訊詳情請瀏覽：http://windstar.cruiselines.com。

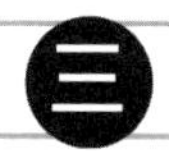

三 郵輪船隊風格

2018 年度，美國《貝里茲郵輪年鑑(Berlitz Cruising & Cruise Ships)》即以郵輪旅客消費品味最為息息相關的船隊風格屬性(Life Style)、產品優勢、營運主題、郵輪體驗及市場反應等標準進行研究，得出讀者票選各具特色郵輪分類，大致分為如下五大不同品牌風格類型船隊。

（一）奢華級郵輪船隊(Luxury Cruises)

奢華級郵輪，有時又稱之為精品級郵輪(Boutique Cruise)，其客房艙等通常標榜全船「全套房艙(All Suite)」。而其郵輪旅遊產品之銷售，則採內容豐富的套裝「一價全包概念(All Inclusive Concept)」，作為其船隊品牌訴求兼行銷之賣點。品牌特徵為船體內外設備極為豪奢、載客量相對較少（一般約僅搭載 50~250 名左右旅客），服務生與乘客人數比例接近 1:1，特別講究個人化服務(Personalized Service)，不必穿著正式服飾，極少自費額外要求。主要服務對象，以中老年有錢有閒之銀髮富商鉅賈為主要客群。茲將當代主要奢華級品牌風格郵輪船隊，條列如下：

1. Crystal Cruises（水晶郵輪）。
2. Cunard Cruises（皇后（冠達）郵輪）。
3. Hapag Lloyd Cruises（赫伯羅德郵輪）（※專指「歐羅巴號(Europa)」、「歐羅巴 2 號(Europa II)」）。
4. Sea Cloud Cruises（海雲郵輪）。
5. Seabourn Cruises（璽寶郵輪）。
6. SeaDreamYacht Club（海夢郵輪）。
7. Silversea Cruises（銀海郵輪）。

（二）頂尖級郵輪船隊(Premier Cruises)

頂尖級郵輪，指的是其軟硬體質感與服務設施品質，介於奢華級郵輪與標準級郵輪之間，強調的是提供旅客更為客製化的優質服務(Customized Service)。但是，嚴格而言此一分類方式並不算非常精確，其風格仍須視各郵輪船隊之不同屬性，是否滿足此類頂尖級旅客不同需求而定。茲將當代主要頂尖級品牌風格郵輪船隊，條列如下：

1. Asuka Cruises（日本郵船郵輪）。
2. Azamara Club Cruises（精鑽郵輪）。
3. Celebrity Cruises（精緻遊輪）。
4. Hapag Lloyd Cruises（赫伯羅德郵輪）（※不含「歐羅巴」系列郵輪）。
5. Holland America Line（荷美郵輪）。
6. Ponant Cruises（龐洛郵輪）。
7. Oceania Cruises（大洋郵輪）。
8. Regent Seven Sea Cruises（麗晶七海郵輪）。
9. Venus Cruise（維納斯郵輪）。
10. Voyages to Antiquity（古典郵輪）。
11. Windstar Cruises（星風郵輪）。

（三）標準級郵輪船隊(Standard Cruises)

標準級郵輪乃 20 世紀 70 年代之後，郵輪設計師們開始重新定義郵輪的新意涵，速度不再是首要考慮因素，船身顯得更為寬大、方正且不失郵輪魅力的產物。此一等級郵輪特徵為總重在至少五萬噸級以上，且至少搭載 1,000 位以上旅客之載客量。公共設施較寬敞多元、遊憩娛樂通俗化，岸上觀光遊程、港口稅及小費等之自行付費項目較多。其優點是旅客得以自由選擇參加或使用之活動設施，相對更為多元有趣。而其缺點則為每逢郵輪靠港期間，旅客用於驗證通關、上下船排隊等候的時間亦較為冗長難耐。茲將當代主要標準級品牌風格郵輪船隊，條列如下：

1. AIDA Cruises（阿依達郵輪）。
2. Carnival Cruise Lines（嘉年華郵輪）。
3. Costa Cruises（歌詩達郵輪）。
4. Disney Cruise Line（迪士尼郵輪）。
5. Dream Cruises（星夢郵輪）。
6. Fred.Olson Cruise Lines（佛瑞德奧森郵輪）。
7. Hurtigruten Cruises（海達路德郵輪）。
8. Louis Cruises（路易士郵輪）。
9. Mitsui OSK Passenger Lines（三井客船郵輪）。
10. MSC Cruises（地中海郵輪）。
11. Norwegian Cruise Line（諾維真郵輪）。
12. P&O Cruises（P&O 郵輪）。
13. Phoenix Reisen Gmbh（鳳凰郵輪）。
14. Princess Cruises（公主郵輪）。
15. Pullmantur Cruises（普爾曼郵輪）。
16. RCI（皇家加勒比國際郵輪）。
17. Star Cruises（麗星郵輪）。
18. Swan Hellenic Cruises（天鵝郵輪）。

（四）探索級郵輪船隊(Expedition Cruises)

探索級郵輪，顧名思義指的即是專營探險、探索、求知等航程為主的郵輪，屬於學習結合旅遊之主題型郵輪。此類郵輪航遊產品特徵為，船隊經常推出教育航遊、探險航遊、極地航遊等特殊航程。茲將當代主要探索級風格郵輪船隊，條列如下：

1. Antarctic Shipping（極地探索郵輪）（智利）。
2. Aurora Expeditions（極光探索郵輪）（澳大利亞）。
3. Hapag-Lloyd Expeditions（赫伯羅德探索郵輪）（德國）。
4. Lindblad Expeditions（林布拉得 LEX 探索郵輪）（美國）。
5. Quark Expeditions（夸克探索郵輪）（美國）。
6. Semester at Sea（海上學府郵輪）（美國）。

（五）經濟級郵輪船隊(Budget Cruises)

經濟級郵輪，相較於前述標準級郵輪而言，軟硬體設施配備走的是比較陽春的路線，有些船上或許甚至沒有賭場、大型舞廳或多種選擇的餐廳，取而代之的做法可能是多點停靠，小巧的艙房和自費的餐飲。比起傳統郵輪，經濟級郵輪旅客的自主性更高，鎖定的客群則為 20~30 歲較年輕族群，或是旅費有限的自助旅行者。茲將當代主要經濟級風格郵輪船隊，分別條列如下：

1. EasyCruise（易郵輪）（希臘）。
2. Regal Cruises（麗豪郵輪）（美國）。
3. Premier Cruise Line（1983~2012，美國）。

郵輪硬體設施

Cruise Facilities

05

CHAPTER

Cruise as a Destination / Floating Hotel / Floating Resort

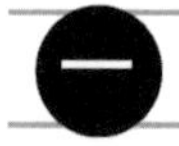

一 郵輪船舶修造

目前全世界的郵輪建造產業市場，主要是由四家歐洲船廠及一家亞洲船廠所組成，其他船廠建造郵輪產能，目前均無法與五大船廠匹敵。雖然目前全球造船業並不景氣，但郵輪公司的船隊規模卻日益擴大，每年新下水的豪華巨輪數量有增無減，顯示出郵輪產業仍有持續發展的空間。因此，主導現代郵輪建造產業市場的五個歐亞船廠，均能以其卓越的造船技術，維繫新造郵輪之產能而不墜。茲就郵輪主要建造廠商、新造郵輪、郵輪歲修、郵輪翻新等，條列簡述如次。

（一）郵輪造船廠(Cruise Shipyards)

1. **歐洲 STX Europe 船廠集團**：歐洲 STX 船廠集團，目前屬於南韓資金經營企業，是全歐洲最大暨全球第四大的造船產業集團，分別在挪威、芬蘭、法國、巴西、羅馬尼亞及越南等國，擁有共計 15 座造船廠。

2. **義大利 Fincantieri 造船廠**：義大利 Fincantieri 造船廠，創立於 1959 年，屬於地中海地區最大的造船集團，也是歐洲最大規模的造船廠之一。

3. **義大利 Mariotti 造船廠**：義大利 Mariotti 造船廠，創立於 1928 年，早期以修船業及遊艇建造為主，1990 年代開始加入建造郵輪船隻行列。

4. **德國 Meyer Werft 船廠**：德國 Meyer Werft 船廠，創立於 1795 年，屬於世界最高檔的郵輪建造集團之一。2015 年底，雲頂香港集團（麗星郵輪）收購三家德國船廠，並成立 MV 郵輪造船集團。

5. **日本三菱重工船廠(Mitsubishi Heavy Industries)**：日本三菱重工船廠，創立於 1952 年，是三菱工業集團的核心企業之一。該廠最初承接公主郵輪的建造，即台灣市場最熟知的「鑽石公主號 Diamond Princess」、「藍寶石公主號 Sapphire Princess」。

6. **中國船舶工業集團造船廠**：2019年底，中國船舶工業集團與美國嘉年華郵輪集團、義大利芬坎蒂尼造船集團簽約，在上海外高橋造船廠開工並開啟中國建造大型郵輪的序幕。中國預計建造6艘13.5萬總噸Vista級郵輪，並於2023年下半年起陸續交付營運。屆時擁有總計8艘郵輪的中船嘉年華，將成為中國最大的郵輪船隊公司。

（二）新建造郵輪

如前所述，隨著郵輪產業持續之成長，全新超級巨輪如今也已成為海上旅遊流行趨勢，同時儼然已成為郵輪產業市場主力。目前，全球各郵輪公司事先訂製並尚於各知名郵輪船廠建造中，預計分別於2016年至2023年間交船的新造郵輪船隻，如表5-1所示。

表5-1 郵輪船廠新造郵輪一覽表

預定交船年／月	郵輪船隊公司	新造郵輪名稱	總噸位（噸數）	載客量（人數）	郵輪製造船廠
2016/03	AIDA	AIDA Prima	125,000	3,250	Mitsubishi
2016/03	Viking	Viking Sky	47,000	928	Fincantieri
2016/04	Viking	Viking Sea	48,000	930	Fincantieri
2016/04	HAL	Koningsdam	99,000	2,650	Fincantieri
2016/04	RCI	Harmony of the Seas	227,000	6,000	Meyer Werft
2016/04	RCI	Anthem of the Seas	168,666	4,180	Meyer Werft
2016/04	RCI	Ovation of the Seas	168,666	4,180	Meyer Werft
2016/04	Carnival	Carnival Vista	135,000	4,000	Fincantieri
2016/07	Regent 7 Seas	Explorer	54,000	738	Fincantieri
2016/07	TUI	Mein Schiff 5	97,000	2,500	Meyer Werft
2016/10	Dream	Genting Dream	150,000	3,360	Meyer Werft
2016/12	Seabourn	Encore	40,350	604	Fincantieri
2017/03	SilverSea	Silver Muse	40,000	596	Fincantieri

表 5-1 郵輪船廠新造郵輪一覽表（續）

預定交船年／月	郵輪船隊公司	新造郵輪名稱	總噸位（噸數）	載客量（人數）	郵輪製造船廠
2017/03	Norwegian	Norwegian Joy	163,000	4,200	Meyer Werft
2017/05	MSC	Meraviglia	167,600	4,500	STX Europe
2017/07	Princess	Majestic Princess	143,000	3,560	Fincantieri
2017/11	MSC	Seaside	154,000	4,140	STX Europe
2018/03	Norwegian	Norwegian Bliss	163,000	4,200	Meyer Werft
2018/04	RCI	Symphony of the Seas	228,000	5,518	STX France
2018/05	MSC	Meraviglia	154,000	4,140	STX Europe
2018/05	Seabourn	Ovation	40,350	604	Fincantieri
2018/06	Viking	TBA	48,000	928	Fincantieri
2018/09	Celebrity	TBA	117,000	2,900	Meyer Werft
2018/11	HAL	TBA	100,000	2,660	Fincantieri
2018/12	Crystal	TBA	99,000	1,000	Meyer Werft
2019/04	Costa	TBA	180,000	5,200	Fincantieri
2019/04	RCI	TBA	167,800	4,180	Meyer Werft
2019/06	Crystal	TBA	99,000	1,000	Meyer Werft
2019/06	MSC	Bellissima	167,600	4,500	STX Europe
2019/10	MSC	Meraviglia Plus 1	177,100	6,300	STX Europe
2019/10	MSC	Meraviglia Plus 2	177,100	6,300	STX Europe
2019/12	Norwegian	TBA	163,000	4,200	Meyer Werft
2020/03	Celebrity	TBA	117,000	2,900	Meyer Werft
2020/03	Costa	TBA	180,000	5,200	Fincantieri
2020/12	Crystal	TBA	99,000	1,000	Meyer Werft
2021/06	Disney	TBA	135,000	2,500	Meyer Werft
2023/06	Disney	TBA	135,000	2,500	Meyer Werft

資料來源：Cruise Critic (2020)

備註：1. 本表依預定交船年月順序排列(2016~2023)。

2. TBA: To Be Advised，指新造郵輪名稱尚未確定。

（三）龍骨安放儀式(Keel Laying Bless; Coin Ceremony)

龍骨(Keel)位於船身的最底部，是船體的基底中央連接船首柱和船尾柱的一個縱向構造。龍骨是一艘船最重要的承重結構，它除了保證船舶結構強度之外，也對船的穩定航行具有重大的作用。在它的上面有橫過整個船身的船肋、船首和船尾，而龍骨則剛好繞過艄柱，得以把整條船的基礎加固起來。龍骨通常也是船殼第一個被建造的部分，龍骨安放鋪設儀式，也是造船過程中最最重要的一件事。

龍骨結構(Keel Structure)據知始創於中國宋代船舶的結構，是世界造船業中的一項重大發明，對新造船舶結構的發展產生深遠的影響。歐洲船隻一直到十九世紀初，才開始採用這種龍骨結構造船，比中國晚了數百年之久。除了承載船身重量之外，龍骨還有流體動力學上的穩定作用。它擴大船的側面面積，同時可強化船身中間部位或是骨架側邊的斜撐支持，有效提昇船舶在水中的並聯阻抗，防止側風轉向作用。這對船隻逆風航行時尤為重要，可以有效的減少船的傾斜或是反向轉動。

龍骨安放錢幣儀式(Coin Ceremony)，相傳發源於古羅馬時代，象徵平安吉祥。在龍骨的安放鋪設儀式中，由具身分地位、有福份的人在龍骨下方安放象徵平安吉祥的錢幣，預祝該船的建造過程順利平穩，一帆風順、平平安安。龍骨安放錢幣儀式，傳統上主要由皇室成員、第一夫人、政府要員、船東或船廠老板夫人、社會賢達或是地方顯要等擔任。

（四）新船命名下水(Ship Christening; Ship Naming)

新造船舶下水典禮儀式中，有所謂船舶命名典禮(Christening)，從英文字面上的「Christening」，就可看得出來這是類同於宗教洗禮儀式。船舶命名的目的，就是祈求船隻、船員及旅客的平安與好運。同時，船舶業界率有傾向以女性稱謂的傳統慣例，例如「MS」原為機動船舶 Motor Ship 之縮寫，因此航海界慣例視船舶的性別為陰性，其英文稱謂應為

「She」而不能用「He」，相同類型的船舶應該稱呼為「姐妹船」。基於這個緣故，全世界新造船舶出海首航，必定稱之為「處女航(Maiden Voyage)」，而且慣例都僅邀請具聲望名位之女性擔任教母(Godmother)，為新船命名、敲擲香檳酒瓶進行下水儀式之主持人。教母的聲望名位，傳統上主要多由皇室成員、第一夫人、政府要員、船東或船廠老板夫人、社會賢達或是地方顯要等擔任。

因此，新造郵輪之命名，郵輪公司都會依自己的品牌形象、使用目的或不同主題而命名。最典型的例證，例如皇后郵輪一律均以英國歷屆女王名諱之「維多利亞皇后(Queen Victoria)、伊麗莎白皇后(Queen Elizabeth)、瑪麗皇后(Queen Mary)」等命名。而麗星郵輪則是由以「寶瓶星(Aquarius)、雙子星(Gemini)、天秤星(Libra)、雙魚星(Pisces)、處女星(Virgo)」等星座系列命名的郵輪群所組成。此外，荷美航運郵輪的命名結尾都是「-dam」，例如史特丹號(MS Statendam)；還有，皇家加勒比集團的郵輪命名結尾都是「-of the Seas」，例如海洋綠洲號(MS Oasis of the Seas)。許多早期的郵輪，因大都由多位船東合夥經營，經營者通常會利用所有權的轉換，來改裝郵輪或改變郵輪名稱，有些郵輪甚至因此也曾擁有過好幾種不同的名稱。

新造郵輪命名儀式的高潮就是擲瓶典禮，命名教母用斧頭切斷細繩，連接細繩的一瓶香檳從船艏上方滑落，擊中船艏後破裂，湧出許多白色的氣泡，隨後船上接連鳴笛，彩球張開飄送出的彩帶與紙片四散，象徵新造郵輪航行平安、無災無難。因為，命名教母在擲瓶時，瓶子擊碎與否是全場關注的焦點；資深航商表示，瓶子一定要擊碎，因為象徵船舶一定會平安歸來；反之，則代表不吉，大家心裡都會有疙瘩。原來，在科學技術落後的古代船難事件發生頻仍，而每當發生船難時，船上尚活的船員，便只能將要說的話寫在紙上，然後裝入香檳酒瓶內密封拋向大海求救，期盼瓶子可被其他船隻或岸上的人發現。

（五）郵輪歲修與翻新(Annual Survey and Renovation)

1. 郵輪進塢歲修(Annual Drydock Survey)，指的是郵輪配合其年度定檢或特檢日期，於特定年份、特定日期實施全船性、乾塢級的保養修護，以確保郵輪船舶於兼顧效益與成本管控下，得維持穩定之可用率與安全性。2020 年初，台灣拜新冠肺炎疫情之賜，星夢郵輪「探索夢號」在台復航跳島航線，因而首度在台船高雄廠大塢內進行歲修，創下台灣造船史上承攬歲修郵輪業務之首例。

2. 郵輪翻新裝潢(Renovation and Refurbishment)，指的是郵輪船體的翻新工程或內裝的重新裝潢(Remodel)，通常代表著如下幾個意涵。
   (1) 透過延伸工法(Stretch)增大船體噸位容量。
   (2) 修造新一代船型(Features)的企業統一形象。
   (3) 增減不同數量的客艙（例如增加陽台艙比例）。
   (4) 不同的內外裝潢（例如船體塗裝或內部裝潢）。
   (5) 增添裝設更多的娛樂設備或公共設施。

二 郵輪船舶規範

所謂船舶規範，是指各國驗船機構或船級社(Class; Classification Society)為維護船舶航行安全，立法公布一系列關於船體結構、船舶性能、系統裝置、設備材料等安全質量之技術規定，以作為船舶設計、建造、維修與檢驗之主要依據。而郵輪船舶規範之規格指標，除特別重視其內外裝潢及「空間比率(Space Ratio)」之特殊要求外，其餘與一般輪船規範並無明顯差異。茲分別依輪船規格、噸位及郵輪空間等指標規範，概略分述如下：

（一）船級噸位規範

船級規範指標：傳統上，越洋航行的遠洋郵輪通常用比一般的輪船更高的標準建造，包括採用高乾舷（High Freeboard，指吃水線至甲板間之船舷）規格及更加強韌的鋼板，以抵禦在寬廣洋面航行時可能遇到的不利風浪條件。因此，全球各國為落實維護船舶海上航行安全，紛紛成立驗船機構或船級社(Class)，立法制定船舶規範指標。各國船級社立法規範範疇(Class Dimension)，主要內容如下：

1. 船名(Vessel Name)。
2. 船籍港(Port of Registry)。
3. 船級(Class)。
4. 船舶呼號(Vessel Call Sign)。
5. 建造年份(Built Year)。
6. 建造者(Builder)。
7. 船舶主機(Main Engine)。
8. 船舶噸位(Tonnage)。
9. 船舶主尺寸(Main Dimension)。

（二）輪船噸位尺度

1. **船舶容積噸位(Tonnage)**：船舶容積噸位通常稱為船舶登記噸位，是為船舶註冊登記而規定的一種以容積計算的丈量單位。根據《船舶噸位丈量規範》規定，船舶丈量以立方公尺為單位，一個「登記噸位」相當於 100 立方英呎（2.83 立方公尺）的容積。船舶容積噸位分類大致分為總噸位、淨噸位、註冊總噸位、註冊淨噸位，以及運河噸位等，茲略述如下：

(1) 總噸位(Gross Tonnage)：總噸位是根據《國際船舶噸位丈量公約》規定，丈量後確定的船舶總容積。總噸位大於總註冊噸位，一單位總噸位等於 100 立方英呎（2.83 立方公尺）的體積。總噸位一般用於表示船舶大小。總噸位除用以統計船舶噸位，表示船舶大小，區別船舶等級之外，同時也是計算船舶建造、船舶買賣、租船費用及處理海事賠償等之重要依據。

(2) 淨噸位(Net Tonnage)：淨噸位是根據《國際船舶噸位丈量公約》規定，從總噸位中減除不適於載運容貨處所而得到的船舶有效容積，等於一艘船舶所有裝載貨物體積的總和。淨噸位是計算船舶各種港口使用費率，例如領港費、燈塔費、靠泊費等各項費用之重要依據。此外，船隻航經蘇伊士運河或巴拿馬運河時，其通行稅率也按淨噸位收費。

(3) 註冊總噸位(Gross Registry Tonnage)：註冊總噸位代表整個船舶的總內部體積，只有非生產性的體積如船員住艙不被計算在內。一個總註冊噸位等於 100 立方英尺（2.83 立方公尺）的體積。

2. **輪船主要尺度(Main Dimension; Principal Dimension)**：輪船主要尺度代表船體外形大小的主尺度，亦即包括船長、船寬、船深、吃水及乾舷等之尺度。如單依其實際尺度衡量，輪船主尺度大致可分為船舶總長、船腹寬度、垂直高度、吃水深度及吃水標誌等，茲略述如下：

(1) 船舶總長度(Length Over All, LOA)：船舶總長為最大型式船舶長度，亦即自船艏(Fore)最前端直至船艉(Aft)最後端的最大水平距離，通常代表船舶全長的直向距離，亦稱總長。

(2) 船舯全寬(Amidships Extreme Breadth)：船舯全寬為最大型式船舶寬度，仗量至船舶兩側護板或其附屬物之最外緣，包括一切固定結構物在內的船體最大寬度，通常代表船舶最寬的橫向距離。

(3) 船舯深度(Amidships Depth)：垂直高度為船舶最大型式深度，又稱垂直深度，指的是從船舯部位橫剖面上甲板邊線到滿載水線的垂直距離。簡言之，亦即由船舶頂部至船體與水面相連處之垂直距離。

(4) 吃水深度(Draft; Draught)：吃水深度簡稱吃水，為從船身龍骨基線到滿載水線的垂直距離。簡言之，亦即由船舶底部至船體與水面相連處之垂直距離。船身外刻有吃水線刻度標誌，顯示吃水深度。

(5) 吃水標誌(Plimsoll Marks; Draught Marks)：船舶在其船艏、船舯、船艉下方兩側各焊上刻度數字的鐵塊，用來作為丈量船舶吃水以換算載貨總重的依據，稱為吃水標誌或吃水刻度，又稱為載重線標誌（圖 5-1）。船舶航行時的實際吃水不能超過規定的載重線，以確保船舶航行安全所需的最小儲備浮力（當船舶吃水增加時，水密容積能夠繼續提供浮力，使船舶仍能漂浮於某一水線面而不致下沉甚或沒頂，謂之儲備浮力）。

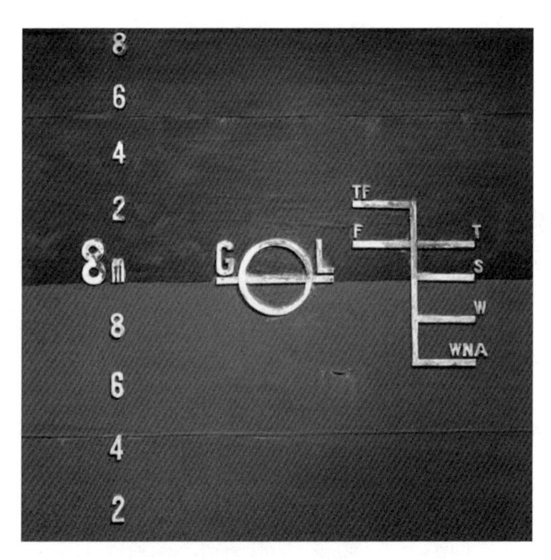

圖 5-1　船舶吃水標誌(Plimsoll Marks; Draught Marks)

3. **輪船船體及方位專有名稱**：航海專有術語包羅萬象，本節僅列舉最基本及最為常用之船體、甲板及其方位專有名稱術語如次（參見「總篇：郵輪百科事典－郵輪專業術語彙編」）。

(1) 輪船船體名稱：任何輪船的主體均稱為船體(Hull)。如按照船體縱向部位劃分，最前方部位為船體艏部(Fore Part)，正中間部位為船體舯部(Amidships Part)，最後端部位為船體艉部(Aft Part)。因此，船體最前端稱為船艏(Fore)，船艏兩側稱為艏舷(Bow)。船體正中間稱為船舯(Midships; Amidships)。船體最後端部位則稱為船艉(Stern; Aft)，船艉兩側為艉舷(Quarter)。

(2) 輪船方位名稱：輪船向前行進時，稱為前俥(Go Ahead)；向後倒退時，則稱為倒俥(Go Astern)。船體連接貫穿船艏至船艉的直線，稱為艏艉線(Fore and Aft Line; Center Line)。艏艉線將船體劃為左右，稱為船舷(Ships Side)。如從船尾向前看，船體右側方位稱為右舷(Starboard Side)，船體左側方位稱為左舷(Port Side)（圖5-2）。

(3) 其他郵輪專有名稱術語：其他與郵輪相關之軟硬體設施或服務相關之專有名稱術語，另請詳見本書「編篇：郵輪百科事典－郵輪專業術語彙編」。

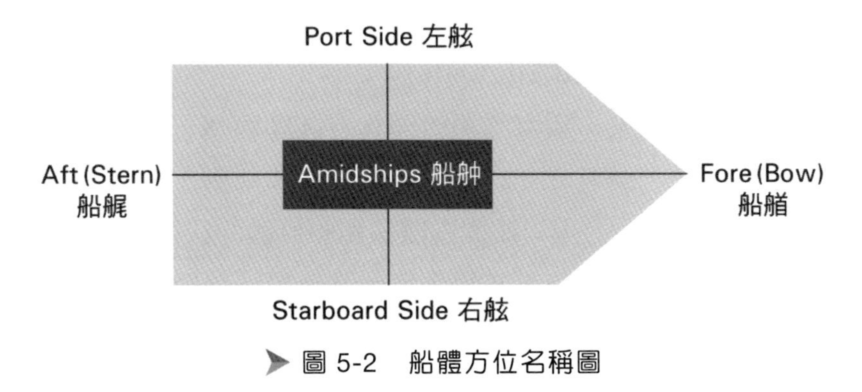

圖 5-2　船體方位名稱圖

（三）輪船國籍規範

國際海運界為了方便管理船舶，使其符合安全航行的規格，依據國際公約規定每艘船舶均應有自己的國籍。同時，國際航行船舶應向本國或他國政府登記取得國籍證書，並在船尾旗杆上懸掛該登記國的國旗。船舶在登記國政府登記後，應遵守登記國政府的法令和條例，並受登記國的保護。相關船舶國籍限制、國籍證書及權宜國籍旗等規範，條列簡述如下：

1. **船舶國籍(Nation of Vessel; Ship's Nationality)**：船舶國籍，是指船舶所有人在某國進行登記，取得簽發船舶國籍證書，並懸掛該國國旗航行。目前，世界各國對於船舶取得國籍的限制，有如下三個條件：
   (1) 船舶所有權為本國所有。
   (2) 船舶船員必須由本國公民擔任。
   (3) 船舶建造地必須在本國。

2. **權宜國籍旗(Flag of Convenience)**：船舶一般都在本國的港口註冊登記，取得本國國籍。但如因節稅需要選擇在他國登記。這種在別國登記，懸掛別國國旗的船舶，國際間稱之為「權宜國籍旗」或稱為「方便旗」船舶。目前世界公認的權宜國籍旗船，絕大部分是指在巴拿馬、賴比瑞亞及巴哈馬三國所註冊的船舶。

3. **郵輪懸掛旗幟慣例(Flag Etiquette)**：
   (1) 郵輪船舶懸掛某一國家的國旗即具有該國國籍，這個國家即該船舶的船旗國，應遵守登記國政府的法令和條例，並受登記國的保護，而船舶在公海上只服從國際法和船旗國的法律。
   (2) 郵輪在公海上行駛時，必須且只允許懸掛一個國家的國旗，而且除國際條約或公約明文規定的例外情形外，在公海上應受該船舶旗國的專屬管轄。

(3) 郵輪靠泊港口期間，應分別於船艄、船艉、船艸桅杆各懸掛一面旗幟。依據國際慣例，船艄應懸掛「郵輪公司旗」、船艸懸掛「港口當地國旗」、船艉懸掛「船籍國國旗」。

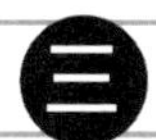

三 郵輪空間比率

隨著郵輪產業持續之成長，全新超級巨輪如今也已成為海上旅遊流行趨勢，同時儼然已成為郵輪產業市場主力。但也因此更讓首次搭乘郵輪，特別是東方旅客因懷著無法立即進入狀況之不確定感，更容易引發無謂之焦慮。值得告慰的是，好在當代巨無霸郵輪船隻絕不僅以其龐大體型取勝，更兼顧其中每一環節，透過完美巧妙的室內空間營造運用，將船內各式設施設計分區成為諸如客房區、行政區、商業區、餐飲區、運動區、賭場遊樂區、夜總會表演區、醫護保健區等涇渭分明之規劃。

因此，現代郵輪之等級分類，也有根據所謂的「空間比率」來測度郵輪空間規模的參考數據。「空間比率(Space Ratio)」，指的是旅客在郵輪上可用的「空間比」，亦即旅客平均可用之郵輪空間，又稱之為「自由伸展臂肘的空間因素(Elbowroom Factor)」或「自由伸展臂肘的空間」。空間比率越高，就會讓乘客感到郵輪很寬敞舒適，甲板、走道和樓梯不會顯得擁擠，餐廳餐桌間的距離也就越大。旅客置身其中得以出入方便、活動自如，不用擔心分辨不清方位而迷路，有時甚至完全感覺不到過度擁擠或有窒礙難行之處。

郵輪「空間比率」的分類方式，係以郵輪「總噸位(GRT)」除以「載客容量」所得之數值為準，亦即所謂的郵輪空間比率。例如某艘郵輪總噸位 30,000 GRT，而其旅客承載量為 1,000 名時，則該郵輪的空間比率即等於 30,000/1,000 = 30。當今多數郵輪的空間比率大約介於 20~35

之間。目前郵輪產業針對「空間比率」的評量標準，大致以空間比率值達到 50 以上代表最高等級的「空間極之寬敞」、30~49 代表其次的「空間非常寬敞」、20~29 代表中等的「空間寬窄適中」、10~19 代表較差的「空間擁擠」、9 以下則代表最差的「空間非常擁擠」。總而言之，郵輪之空間比率不一定與船隻大小互為關聯。有時小郵輪的空間比率可能很高，而大郵輪的空間比率反而可能很低，最終仍須視郵輪總噸位及其實際載客容量之比例而定（表 5-2）。

表 5-2 郵輪空間比率評鑑標準表

空間比率	代表意涵	備註
9 以下	郵輪空間非常擁擠	郵輪空間比率= 總噸位(GRT)/ 總載客容量(Capacity)
10~19	郵輪空間擁擠	
20~29	郵輪空間寬窄適中	
30~49	郵輪空間非常寬敞	
50 以上	郵輪空間極之寬敞	

四 郵輪客艙設施

「Cabin」（客艙，艙房）一詞，屬於船舶與航空器專用詞彙。郵輪產業之住宿設施與陸上型酒店幾無差異，兩者之不同點即在於客房名稱稱呼之差異，陸上型酒店通常稱之為客房(Room; Guestroom)，而郵輪的專用名詞則稱之為艙房(Cabin; Stateroom)。郵輪客艙因其樓層高低、有無海景、空間大小及內部配置之不同，而有無窗內艙、海景外艙、陽台客艙及套房艙等各式艙等區分，其間之收費標準及服務質量當然也有高低之分。郵輪客艙如依其艙位等級劃分，大致約可分為如下五大類型（表 5-3）。

（一）無窗內艙(Inside Cabin)

此一形式客艙通常設於郵輪船體內側，而且沒有窗戶，故亦稱「無窗內艙」。內艙的占地面積坪數與海景外艙無異，通常約有 4 坪大小，不過其價位較之其餘艙等則要來得低廉許多。郵輪船隊公司為彌補無窗內艙，給人較為封閉感覺的缺憾，通常會以虛擬鏡面海景、柔和的淡色、較為明亮的燈光做為補救。最近，迪士尼郵輪首創的「虛擬舷窗(Virtual Porthole)」視頻螢幕，由定位在郵輪外部的四部高清晰度攝影機所拍攝的海景，同步呈現於客艙內液晶電視螢幕的直播畫面。

（二）海景外艙(Outside Cabin/Sea View Cabin/Ocen View Cabin)

傳統上，老式郵輪的海景外艙裝設的是圓型的舷窗(Porthole)，當代新型的郵輪則都裝有更大的方型窗戶。由於裝有窗戶，住客可以向外觀看，因此住宿在此類海景外艙，會予人較為開闊明亮之感。海景外艙占地面積坪數與無窗內艙並無差異，但因裝設有明亮的靠海窗戶，旅客可以隨時觀賞窗外海景，其價位也因此略高於無窗內艙。

（三）海景陽台客艙(Balcony Cabin/Veranda Cabin)

所謂海景陽台客艙，亦即海景外艙再加設一個觀景陽台的客艙。以一面落地玻璃推拉門通向觀景陽台，而陽台通常又附設有海灘桌椅。因此，海景陽台客艙占地面積坪數，一定略高於無窗內艙或海景外艙之坪數，相對其價位也必定高過前述兩個艙等。如今，郵輪旅遊產品「炫耀性購買行為(Conspicuous Consumption)」風尚消費者日益成型，海景陽台客艙因之也逐漸成為郵輪消費者之首選。因此，新型郵輪常又被稱為「設有陽台的海上大廈(Balcony-laden Floating Condominiums)」。

（四）海景套房艙(Suite Cabin)

郵輪海景陽台客艙，如另外於艙房中附設有會客廳設施，則稱為海景套房艙，是郵輪上等級與價位最高的艙房。依傳統陸地型酒店的套房定義而言，應是以共有一間起居客廳、一間臥房及一間浴室為其特徵。郵輪則除特別大型的海景套房艙之外，典型的郵輪海景套房艙，通常是在同一片長方形空間，劃分為起居區和睡眠區，其間只用一道帷簾作為間隔。海景套房艙，如再依其面積大小或設備豪奢程度之別，大致又有行政套房(Executive Suite)、蜜月套房(Honeymoon Suite)、船東套房(Owner Suite)、頂樓套房(Penthouse Suite)或總統套房(President Suite)等不同區分類型。

（五）家庭艙房(Family Cabin)

近年來，由於人們舉家搭乘郵輪出遊風氣逐漸成形。因此，皇家加勒比國際郵輪、迪士尼郵輪及嘉年華郵輪船隊，開始規劃改造原有客艙成為創新的六人份家庭艙房，除了加大艙房的坪數面積之外，另外再利用臥鋪(Pullmans)、吊床(Bunks)或沙發床(Sofa Bed)等設施，以增加家庭艙房的容量。

表 5-3 郵輪艙房設施配置

艙房房型	坪數（約）	設施配置	圖片
Suite Cabin 海景套房艙 （含客廳）	8~10 坪	• 獨立客廳、私人陽台及管家服務 • 浴室附淋浴設施、缸及吹風機 • 液晶電視、冰箱、保險箱及電話	
Balcony Cabin 海景陽台客艙 （含陽臺）	5~6 坪	• 私人陽台及落地玻璃門窗 • 浴室附淋浴設施及吹風機 • 液晶電視、冰箱、保險箱及電話	

表 5-3 郵輪艙房設施配置（續）

艙房房型	坪數（約）	設施配置	圖片
Outside Cabin 海景外艙 （無陽臺）	4~5 坪	• 方型窗／雙圓窗 • 浴室連淋浴設施及吹風機 • 遙控電視機、保險箱及電話	
Inside Cabin 無窗內艙 （無窗戶）	3~4 坪	• 浴室內連淋浴設施及吹風機 • 遙控電視機、保險箱及電話	

資料來源：公主郵輪

五 郵輪甲板設施

「Deck」（甲板）一詞，屬於船舶與航空器專用詞彙，其與陸地樓房的各個樓層稱謂完全相同。如前所述，各個郵輪品牌船隊為充分滿足每位郵輪旅客的海上休憩需求，每一艘擁有 10 幾層樓高的海上巨輪，必定都有多樣豐富的甲板設施配備。郵輪旅客樓層甲板(Passenger Deck)之硬體配置設備，如以當今市場最為風行之標準型郵輪為例，則其甲板分類與基本設施，應有如下各項。

（一）甲板配置設施

1. **陽光甲板／運動甲板(Sun Deck/Sports Deck)**：陽光甲板，顧名思義就是經常照得到陽光的樓層。運動甲板，多數配置有露天游泳池、運動跑道、健身房、籃球場、排球場、網球場、小型高爾夫球場等設施。

2. **麗都甲板(Lido Deck)**：麗都甲板，屬於較高樓層甲板，多數配置有游泳池、池畔酒吧、噴射按摩池(Jacuzzi)、SPA 水療、美容院、自助式餐廳、24 小時簡餐吧、舞廳等設施。

3. **客艙甲板(Cabin Deck)**：郵輪客艙一般依其設置位置、艙房大小、有無陽台或窗戶，粗分為套房(Suite)、陽台艙(Balcony Cabin)、靠海外艙(Outside Cabin)及無窗內艙(Inside Cabin)等類型。

4. **主甲板／環繞海景甲板(Main Deck/Promenade Deck)**：郵輪最主要的設施甲板位於船體的中間三層，分別為上層甲板(Upper Deck)、主甲板(Main Deck)、低層甲板(Lower Deck)，其基本設施大致如下。

   (1) 中庭大廳(Main Lounge)：一般挑高穿越三層以上甲板，在狹長的郵輪空間中，予旅客一種空曠雄偉之感覺。其間大都設置有郵輪事務部(Pursers Office)、客戶服務部(Guest Service)、岸上遊程部(Shore Excursion)等服務部門。

   (2) 主餐廳(Main Dining)：提供各國風味餐點美食，專供乘客輪流享用每日三餐之場所，晚餐服裝會有正式、半正式或輕便服裝之不同國際禮儀常規。

   (3) 遊樂場所(Gaming Facilities)：諸如 Casino 賭場、橋牌室、兒童遊樂中心、虛擬實境電動玩具等不同的遊憩設施。

   (4) 劇院／夜總會(Theater/Show Lounge)：劇院有大型歌舞、演藝、雜耍、魔術、特技、脫口秀等定期表演節目，於郵輪航程中進行表演以娛嘉賓，節目內容每日更換。夜總會則舉辦雞尾酒會、歌舞宴會或小型演藝表演等。

   (5) 電影院(Theater)：郵輪電影院一般以放映好萊塢首輪電影，座位音效螢幕的感受，皆不遜於陸上電影院。

(6) 其他休閒遊憩設施：卡拉 OK、各式主題酒吧、咖啡廳、網咖、免稅精品店、便利商店、照相館、孩童照護、自助洗衣、會議中心、衛星通訊、專題講座、醫療中心等。

（二）甲板配置範例(Deck Plan)

本章節特以公主郵輪旗下「太陽公主號」甲板配置圖為範例，配合平面圖示方式，簡介郵輪甲板設施配置如下（圖 5-3；資料來源：公主郵輪）。

1. 郵輪基本資料（太陽公主號 Sun Princess）

(1) 船籍：百慕達。

(2) 總噸位：77,441 噸。

(3) 建造裝潢：1995 年建造、2013 年重新裝潢。

(4) 船體尺度：長度：261 公尺；寬度：32 公尺。

(5) 吃水深度：8 公尺。

(6) 平均航速：21 節。

(7) 最高航速：24 節。

(8) 平衡裝置：1 套。

(9) 艏艉推進器：2 個。

(10) 全衛星導航系統：2 個。

(11) 甲板層數：14 層。

(12) 客艙數量：1,011 間。

(13) 載客容量（下鋪床位）：2,022 人。

(14) 服務人員國籍：國際化。

(15) 服務人員語言：英語、日語、普通話、印尼語、菲律賓語。

2. 甲板配置全圖（圖 5-3）

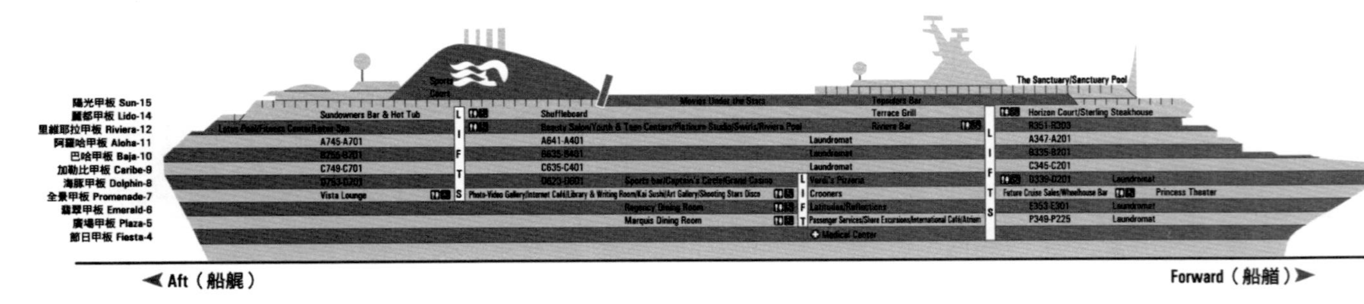

圖 5-3　郵輪甲板設施全圖

Food and Dining: 餐飲設施

- 馬奎斯主餐廳 (Marquis Dining Room) 5
- 國際咖啡館 (24-hour International Café) 5
- 御苑主餐廳 (Regency Dining Room) 6
- 海壽司餐廳(Kai Sushi) 7
- 威爾第披薩餐廳 (Verdi's Pizzeria) 8
- 冰淇淋聖代吧 (Swirls Ice Cream) 12
- 戶外碳烤餐廳(Terrace Grill) ...14
- 地平線自助餐廳 (Horizon Court Buffet) 14
- 史德林牛排館 (Sterling Steakhouse SM) 14

Entertainment / Bars: 娛樂 / 酒吧設施

- 海景演藝廳(Vista Lounge)....... 7
- 閃亮之星迪斯可 (ShootingStar Disco)............... 7
- 吟唱者酒吧(Crooners Bar) 7
- 舵手酒吧 (Wheelhouse Bar).................. 7
- 公主劇院 (Princess Theater).................. 7
- 中庭賭場(Grand Casino).......... 8
- 理維耶拉酒吧(Riviera Bar)..... 12
- 夕陽酒吧 (Sundowners Bar)................. 14
- 星光電影院 (Movie Under the Stars) .. 14/15
- 閣樓酒吧(Topsiders Bar)....... 15

Pools, Sports & Spa: 游泳池、運動與水療設施

- 蓮花水療會館 (Lotus Spa, Salon, & Pool) 12
- 蓮花健身中心 (Lotus Fitness Center) 12
- 美容沙龍(Beauty Salon) 12
- 理維耶拉泳池(Riviera Pool) ... 12
- 推圓盤遊戲場(Shuffleboard).. 14
- 運動場(Sports Court)............ 15
- 聖殿成人休憩區(Sanctuary)... 15
- 聖殿成人休憩區泳池 (Sanctuary Pool).................... 15

Gifts & Memories: 紀念與禮品設施

- 緯度紀念品店(Latitudes) 6
- 迴響精品店(Reflection)............6
- 攝影藝廊 (Photo – Video Gallery)............7
- 藝廊(Art Gallery) 7
- 白金錄音室 (PlatinumStudio)....................12

Other Services: 其他服務設施

- 醫務中心(Medical Center) 4
- 旅客服務台 (Passenger Service Desk) 5
- 岸上遊程櫃台 (Shore Excursion Desk)...........5
- 24 小時網咖 (24-hour Internet Cafe)............7
- 圖書館 (Library & Writing Room) 7
- 旅遊櫃台 (Future Cruise Sales)...............7
- 常客專屬服務台 (Captain Circle Loyalty Desk) ..8
- 青少年活動中心 (Youth & Teen Center) 12

3. 甲板樓層配置

- 第 4 層：節日甲板(Gala Deck)，主要設施有醫務中心(Medical Center)設施及船員住宿區（圖 5-4）。
- 第 5 層：廣場甲板(Plaza Deck)，主要設施有旅客住艙、自助洗衣室、中庭大廳、中庭大廳觀景電梯、乘客服務櫃台、岸上觀光櫃台、International Café 糕餅吧、Marquis 主餐廳等設施（圖 5-4）。
- 第 6 層：翡翠甲板(Emerald Deck)，主要設施有旅客住艙、自助洗衣室、中庭大廳觀景電梯、Latitude 精品店、Reflection 精品店、Regency 主餐廳等設施（圖 5-5）。
- 第 7 層：全景甲板(Promenade Deck)，主要設施有 Princess Theater（公主劇院）、Wheelhouse 酒吧、Crooners 酒吧、中庭大廳觀景電梯、海壽司日式餐廳、Shooting Star 酒吧、照相館、攝影藝廊、圖書館、網咖、Vista Lounge 表演廳等設施（圖 5-6）。
- 第 8 層：海豚甲板(Dolphin Deck)，主要設施有旅客住艙、自助洗衣室、中庭大廳觀景電梯、Verdi's Pizzaria（義式比薩餐廳）、Grand Casino（豪華賭場）等設施（圖 5-6）。

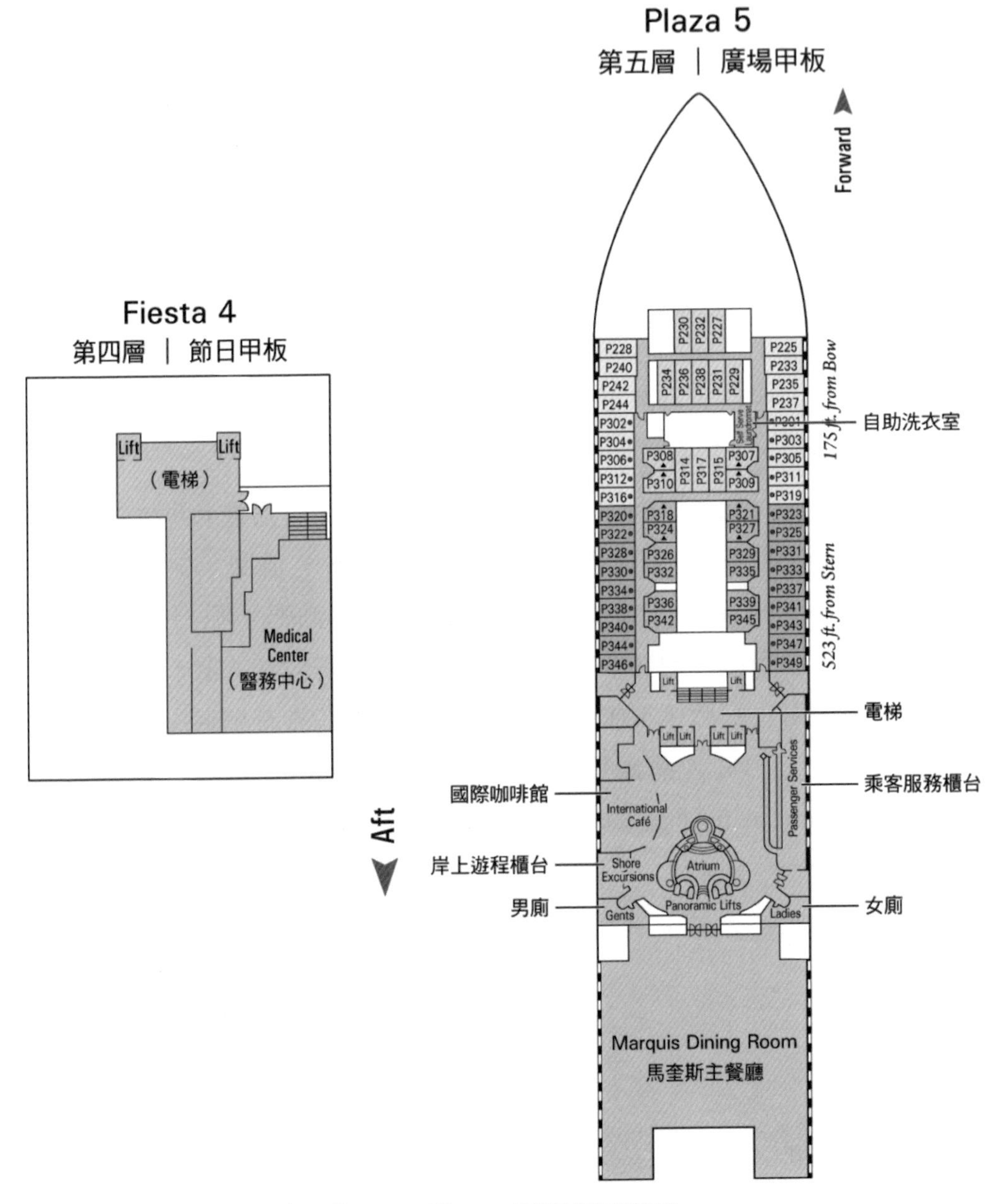

圖 5-4　第 4~5 層甲板示意圖

Emerald 6
第六層 ｜ 翡翠甲板

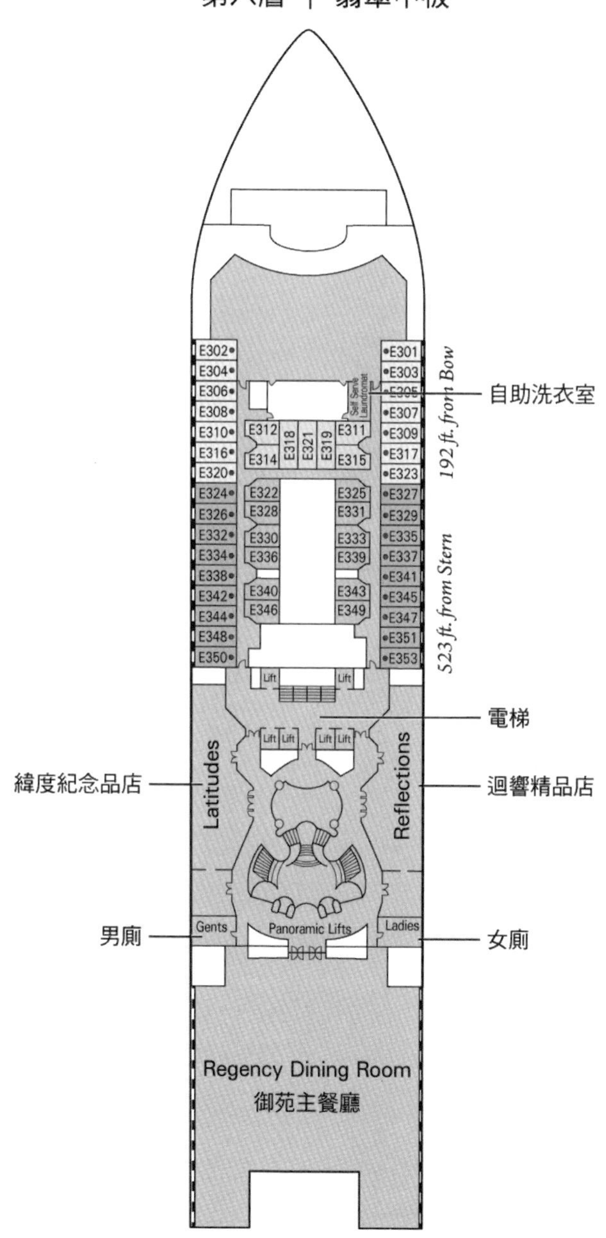

圖 5-5　第 6 層甲板示意圖

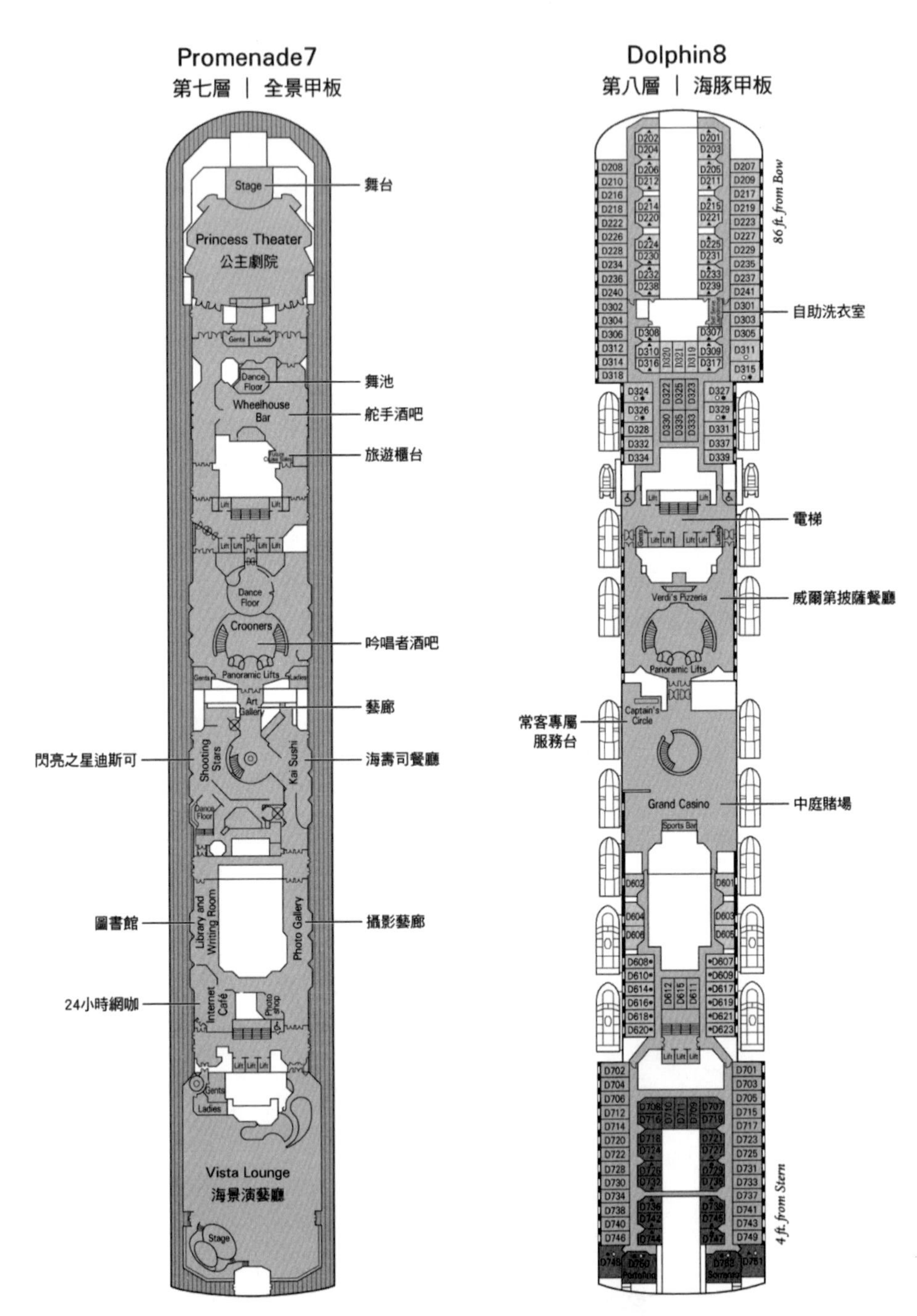

圖 5-6　第 7~8 層甲板示意圖

- 第 9 層：加勒比甲板(Caribe Deck)，主要設施有旅客住艙（圖 5-7）。
- 第 10 層：巴哈甲板(Baja Deck)，主要設施有旅客住艙（圖 5-7）。
- 第 11 層：阿羅哈甲板(Aloha Deck)，主要設施有旅客住艙（圖 5-7）。
- 第 12 層：里維耶拉甲板(Riviera Deck)，主要設施有旅客住艙、Riviera 酒吧、聖代吧、露天游泳池、桌球場、健身中心、蒸汽浴／烤箱／按摩服務（男性、女性）、Riviera Spa 水療、美髮美容沙龍、青少年活動中心等設施（圖 5-8）。
- 第 14 層：麗都甲板(Lido Deck)，主要設施有 Horizon Court 美食自助餐廳（室內）、庭園餐廳（室外）、Sterling 牛排館、露天游泳池、推圓盤遊戲場(Shuffleboard)、星空露天電影院、速食吧／點心吧、Sundowners 酒吧等設施（圖 5-9）。
- 第 15 層：陽光甲板(Sun Deck)，又稱運動甲板(Sports Deck)，因此層甲板直接接觸陽光且配備各式運動設施而得名。運動甲板主要設施有慢跑步道、高爾夫球推桿練習場、籃球場、網球場、Sanctuary 聖殿成人休息區、Topsiders 觀景酒吧等設施（圖 5-9）。

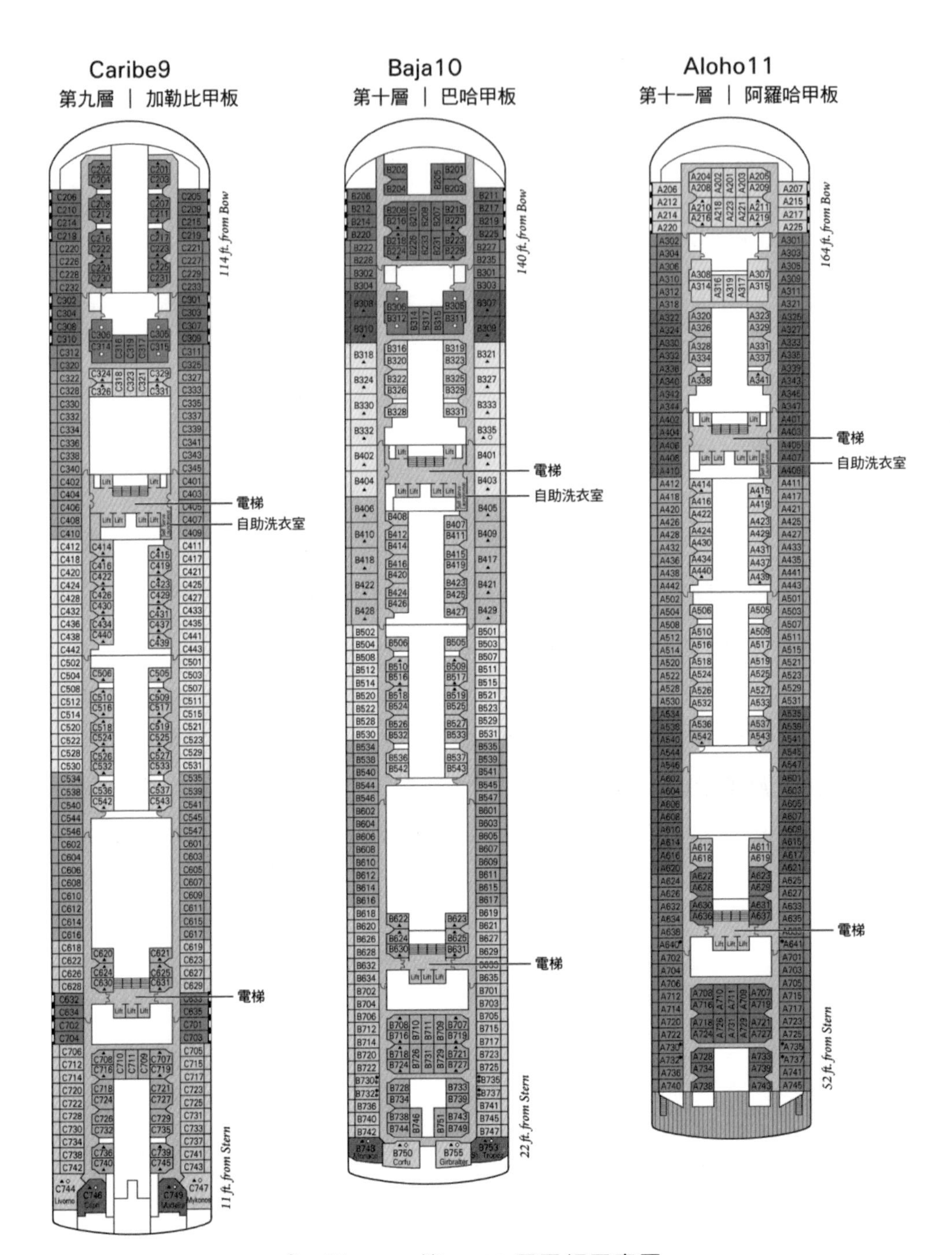

圖 5-7　第 9~11 層甲板示意圖

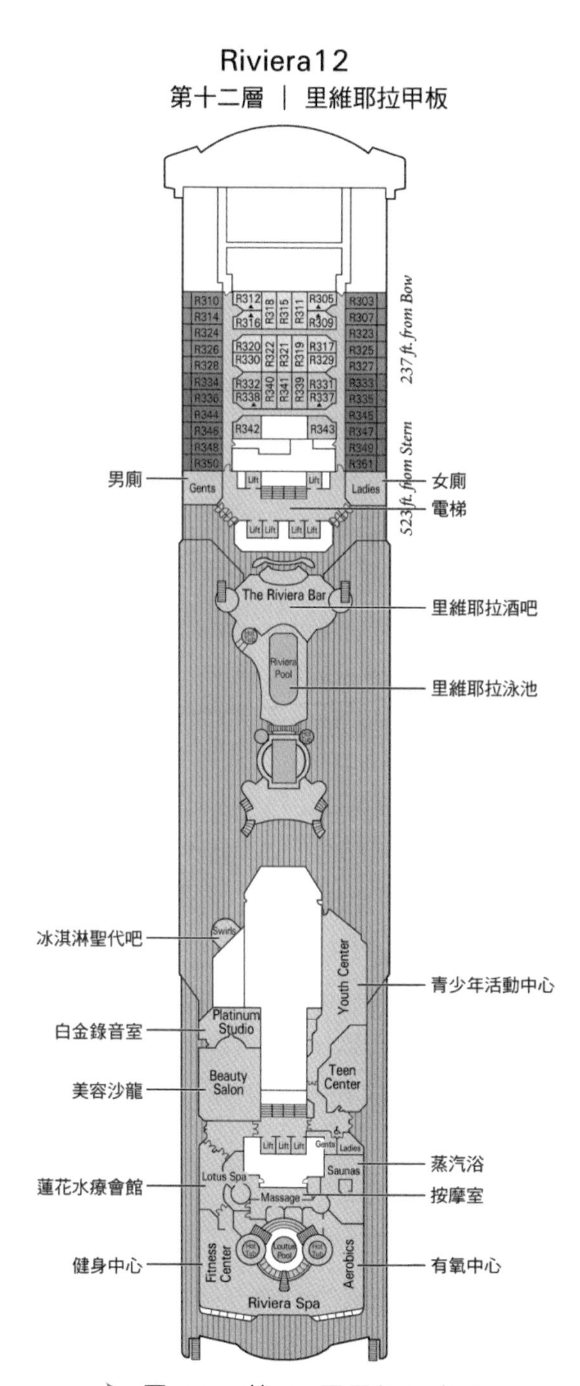

圖 5-8　第 12 層甲板示意圖

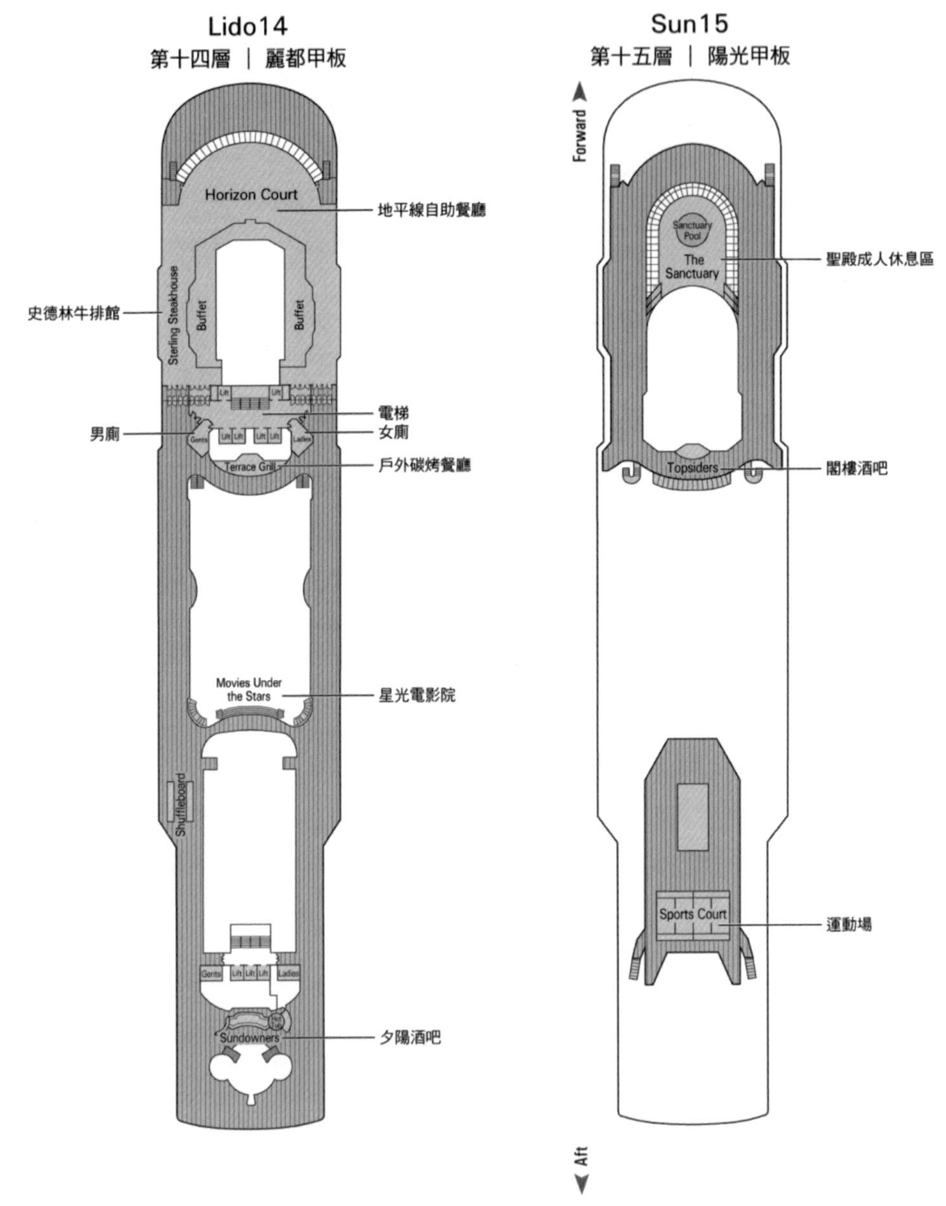

圖 5-9 第 14~15 層甲板示意圖

郵輪旅遊體驗

Cruise Tour Experience

06

CHAPTER

No Bustle, No Bustle! Enjoy Extreme Pampers!

一 郵輪航遊假期

當今全球約有 45 家郵輪公司經營多達約 350 艘遠洋郵輪，提供各式各樣郵輪航線假期產品服務，選擇性非常豐富多元。全球郵輪航遊從加勒比海到南極，從地中海到波羅的海，從北歐到南太平洋，每年有超過 30,000 條不同的郵輪航程可供選擇，總共大約共有超過 2,000 個航遊目的地。郵輪還可以帶您去幾乎任何其他交通方式都無法到達的地方，例如南極、北角或南海諸島。而它主要是屬於一種預付型、無憂無慮的假期，且在個人第一次搭乘郵輪之後，您要有心理準備爾後會有想要再次搭乘的上癮之感。

郵輪假期是從日常陸地型度假生活方式的一種衍伸，產品多屬於所謂的「一價全包」假期，然而其中有些費用還是需要額外付費。好消息是，海上郵輪的確能夠提供多種多樣、物超所值、令人難忘的假期，只要事前稍加規劃就能順利成行。郵輪航遊假期之主要屬性優勢如下。

1. **物超所值**：從郵輪本身所提供的一切設施服務考慮，郵輪假期即代表物超所值。由於它大部分是採預付款項方式，您個人得以不必再為財務支出費心。

2. **旅行便利**：除非您直接開車到登船港口，否則郵輪或訂位原代理公司可幫您做所有安排，包括航班交通，行李處理以及上下郵輪。而且全程您只需打開行李一次！

3. **舒適艙房**：套房或客艙是您的家外之家。各式艙房齊備，小者可以像帳篷一樣小（約 60 平方呎／6 平方米），大者與別墅一般大（超過 4,000 平方呎／372 平方米）。

4. **豐富美食**：美食餐飲享受是郵輪船上生活的樂趣之一，所有的餐點都包括從早餐到深夜小吃；大多數郵輪都可以滿足您特定的飲食需求。

5. **家族同遊**：郵輪巡航提供家族出遊一個安全的、友善的環境，許多郵輪有優質的兒童遊樂設施和看顧兒童服務，也是親朋好友度假同遊的最佳選擇。

6. **學習成長**：多數郵輪船舶都有安排嘉賓演講／講師講座活動，您也可以在巡航時順便學習新的事物。

7. **冒險探險**：郵輪航遊也可視為一次探險活動。它可以帶您到幾乎沒有任何其他途徑可以到達的地方，例如南極、北極或離島等偏遠地帶的探險航程。

8. **健身養生**：透過額外收費，旅客可以盡情享受水療或護理服務。而且，隨著享用所有精心挑選的健康食材料理，學會健身養生、保持身心健康。

9. **娛樂活動**：郵輪提供廣泛多樣的專業娛樂活動，從豐富多彩的大型歌舞演出、雜耍特技到親民的古典樂或爵士樂演奏。尤其在海上航行的天次，更提供有豐富熱鬧的各式育樂活動，足以讓您過個最充實的海上生活。

二 選擇合適郵輪

郵輪的航程差別很大，因此不同的郵輪公司可能會提供相同或相似的航線，因為這些航線都已經過仔細的規劃、試驗和測試。同時通過檢核每個到達目的地所需花費的時間來縮小選擇範圍（某些船可能會在港口多停留一晚 Over Night），又有些船並不直接停靠港口碼頭而處於外海錨泊狀態 – 再由交通船接駁旅客及乘組員上岸。

全球主要航程產品簡介，請參本書第三章：郵輪航線市場。幾乎所有的郵輪均能具備標準等級的住宿、娛樂、活動、講座、溝通水準和餐飲服務，但也可能轉變為較高等級的類別。例如，選擇價格較高的套房住宿用來改善服務的水準。換句話說：您付出更多，將獲得更多。茲此列舉攸關郵輪體驗最為主要之議題，各式郵輪的船型大小、優劣勢等，逐一表列探討如下。

(一) 大型渡假村郵輪

表 6-1 大型渡假村郵輪優劣勢比較表

大型渡假村郵輪(Large Resort Ships, 2,501–6,500 passengers)	
Advantages 優勢	Disadvantages 劣勢
* 具有最開闊的公共場所設施、戶外散步甲板和更多的活動空間。 * 號稱是漂浮海面的酒店，即使在惡劣天候下也可平穩航行。	* 行程可能受到船舶規模的限制，往往會有需要小船接駁的港口。 * 在船上迷路令人感到沮喪，有些標示牌標示不清。
* 大型渡假村郵輪船上，通常會有更豐富多樣的用餐選項。	* 餐廳服務人員訓練有素，提供快捷的服務，以致您幾乎不可能悠閒用餐。 * 靠港當天通常不提供客艙送餐服務。
* 娛樂活動豐富，包括豪華的百老匯劇和拉斯維加斯式的大型表演。	* 船上想找個安靜的空間來看書會有難度，除了需支付額外費用的貴賓室。
* 各個年齡層的旅客都有專屬的設施活動，特別是帶孩子的家庭。	* 旅客可能需要事先預定並候補，才能使用跑步機或健身單車等器材。
* 船上將有大量乘客 - 非常適合結交新朋友、社交活動。	* 舉凡登船、接待、電梯、自助餐、上岸觀光、安全檢查，都需排隊等候。
* 廣播可能使用多國語言。服裝、手錶和珠寶購物機會有多種選擇。	* 整天都有許多廣播公告 - 許多項目需額外付費，就像置身零售商圈。

表 6-1 大型渡假村郵輪優劣勢比較表（續）

大型渡假村郵輪(Large Resort Ships, 2,501–6,500 passengers)	
Advantages 優勢	Disadvantages 劣勢
* 客艙艙房數多並分級報價，任君自由選購。	* 某些大型渡假村郵輪只有兩個主要的客用樓梯，需要耐心等候。
* 新船多數有許多運動和放鬆身心的水療中心。 * 設置更多的戶外水上樂園設施	* 傍晚天黑時，池畔躺椅會被移走或捆綁，以致無法躺用。
* 新船擁有最先進的電子互動娛樂設施並設有大型賭場博弈設施。	* 艙內音樂通常通過電視機播放；聆聽時可能無法關閉影像。

（二）中型郵輪

表 6-2 中型郵輪優劣勢比較表

中型郵輪(Mid-sized Ships, 751–2,500 passengers)	
Advantages 優勢	Disadvantages 劣勢
* 中型郵輪既不會太大也不會太小，其規模和設施往往取得平衡。	* 船上相對較少有大型節目演出，娛樂節目往往會有較多的歌舞表演。
* 在郵輪船上走動不致於迷路。	* 不像大型郵輪寬廣的公共場所和設施。
* 它即使在惡劣的天候下航行，因其吃水適中而不致太過搖晃。	* 大多數活動傾向於夫妻檔參加，單獨旅行者可能會被冷落。
* 很少需要排隊，除了載客量接近1,600 位的船舶。	* 有些船上的浴室可能較小而狹窄。
* 它看起來更像傳統的船舶，在形狀和輪廓方面往往更方方正正。	* 相對大型郵輪而言，較少的社交機會。

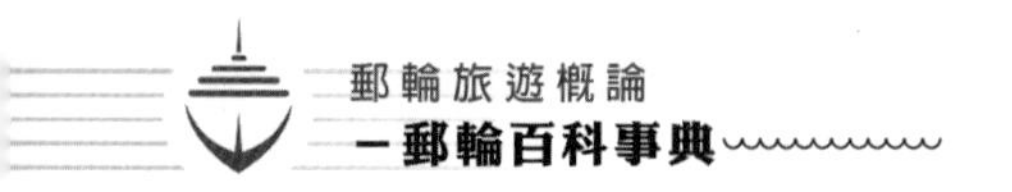

（三）小型郵輪/精品郵輪

表 6-3 小型郵輪／精品郵輪優劣勢比較表

小型郵輪／精品郵輪 (Small Ships, 251–750 passengers/boutique ships, 50–250 passengers)	
Advantages 優勢	Disadvantages 劣勢
* 大多數餐廳提供開放式梯次用餐，您隨時隨地可與親友坐在一起吃飯。	* 不像大型郵輪那樣提供寬廣的公共場所和設施。
* 船上提供完全隨性的生活方式，享有較佳服務水準，也幾乎沒有公告廣播。	* 消費成本 – 屬於市場的高端，並不便宜。
* 盡其所能的航行於溫暖的氣候地區，可造訪一般大型船舶不能停靠的港口。	* 在惡劣的天氣條件下，沒有足夠的船體、長度或橫幅條件航行公海。
* 卓越烹飪菜色，食材新鮮任君享用。	* 娛樂選項比大中型郵輪更為有限。
* 小型郵輪停泊時，上岸輕鬆快捷，不間斷的接駁服務，不必排隊。	* 旅客可選擇的上岸觀光路線有限（因為人數較少）。
* 船上走動不致於迷路，標誌精準清晰。	* 客艙浴室（特別是淋浴間）太小。
* 它們採取「開放式駕駛台」政策，允許乘客在安全的情況下參觀駕駛台。	* 許多較小的郵輪沒有陽臺艙，因為住宿甲板太靠近吃水線。
* 某些小型郵輪船尾設有水上運動平臺，攜帶水上摩托車和潛水等裝備。	* 游泳池通常非常小，事實上，它們更像是泡水池。

三 選擇合適艙房

郵輪客艙尺寸大小有那麼重要嗎？外艙比內艙更昂貴嗎？套房艙比普通艙更棒嗎？陽臺（或閣樓）套房是真的有那麼高不可攀嗎？理想的情況下，您理應在搭乘郵輪航遊時感到賓至如歸，所以選擇合適的艙房住宿至關重要。住宿艙房共有三種主要艙房類型：內艙（無景觀）、外艙（有附設或沒附設陽臺），和套房艙。但是，每種不同類型的郵輪設備各異（包括單人艙房）。簡要提出郵輪艙房選擇參考建議如下。

1. **艙房尺寸(Cabin Sizes)**：郵輪艙房除空間大小有別外，其所提供的服務設施其實與尋常酒店客房無異。當代郵輪提供更加標準化的艙房尺寸，因為它們是以模組形式建造。通常 180 平方英呎（16.7 平方米或約 5 坪大）應是當今「標準客艙」的可接受最小尺寸。

2. **艙房地點(Cabin Location)**：一般來說，甲板越高，客艙價格越高，服務也越好。同時，傳承自越洋時代傳統，越是上層甲板的客艙和套房通常等級越高。建議第一次搭郵輪時選擇住宿外艙；住宿沒有舷窗或窗戶的內艙，會使得您無法感知方位或外界天氣變化。靠近郵輪中段的船艙通常會更加穩定且較少振動。如果想早點睡覺，避免選擇靠近迪斯可舞廳的客艙。如果行動不便，請選擇靠近電梯的客艙。

3. **海景陽台艙**：旅客只要支付價差，就可選擇附加一個私人陽台的海景客艙(Balcony, Veranda, Terrace or Lanai)。它是一個緊鄰艙房的迷你露臺，您可以坐在那裡享受私人景觀、聞海、用餐甚至享受按摩。為了獲得最好的私密性，建議選擇船尾的陽台套房艙最為理想，在那裡您可以找到最佳的避風港，且所有的私人陽臺都有欄杆可以倚靠。陽台客艙因其視野開闊、價位適中，如今幾乎已成為郵輪銷售的主力產品，特此整理列舉「人們喜愛陽台艙的十個理由」如下。

   (1) 您可以呼吸新鮮空氣。

   (2) 您可以看到大海。

   (3) 您可以享有大量的自然光。

   (4) 您可以在戶外享用茶飲／咖啡或早餐。

   (5) 您可以看天氣狀況，再決定如何穿衣服。

   (6) 您在晚上可能看到星星（或流星）。

(7) 您可以享受私人日光浴－假設陽台不背光的時候。

(8) 您可以擺脫娛樂區的噪音。

(9) 您可以在您的客艙內拍攝海景。

(10) 您可以炫耀給您的親朋好友。

資料來源：Douglas Ward (2020). Berlitz Cruising & Cruise Ships.

4. **海景套房艙(Suites)**：套房艙是所有艙房中最豪華和寬敞的一類，通常附帶提供管家服務。套房艙包括私人陽台、一間休息室或客廳，臥室有一大床，一間或多間衛生間，以及大量的衣櫃、抽屜和其他存儲空間。最好的套房艙設在船上最理想的位置，有隱私和良好的視野，並選用最高材質的床單和枕頭。某些郵輪都不甚精確地稱一些普通客艙為套房，但那只不過是帶有窗簾分隔坐椅區和睡眠區的大房間而已。套房艙客人雖然享有單獨辦理登輪手續及優先登岸的待遇，但他們的行李仍將與其他人的行李一起處理。

四 郵輪旅遊體驗

郵輪業界人士指出，郵輪本身其實就是傳說中的海上璇宮，也是一座會移動的海上渡假村(Floating Resort)，專門提供各種休閒渡假酒店的貼心服務，而郵輪代理商賣的則是一種半成品，提供滿足旅客各式食、衣、住、行、育、樂之所需。時序進入 21 世紀，人類旅行移動方式日新月異。傳統一次周遊列國的旅行團觀光，因每日早出晚歸兵疲馬困的辛苦趕路，日漸為市場所淘汰。取而代之的定點渡假自由行，卻又因不能「周遊列國」而有格局太小、不夠豐足的缺憾。訴求綜合「定點渡假的悠哉！周遊列國的豐盛」的海上郵輪旅遊方式，遂以顛覆傳統之姿態，儼然成為旅遊市場之新貴。然而，要如何盡情感受郵輪旅遊獨特的魅力，是要優哉游哉、備受呵護，或是美酒佳餚、盡情享樂？茲摘錄郵輪公司登輪須知為例，簡要探討郵輪旅遊必須注意事項，以及如何充分體驗郵輪旅遊之樂趣如次。

1. 行前注意事項

(1) 電子船票、旅行合約護照及旅遊證件：請務必攜帶電子船票及旅行合約上船，並請仔細閱讀旅行合約條款，因為這些條款適用行程內容。

(2) 護照及旅遊證件：在郵輪航程中，需要攜帶適當的旅遊證件。在出發前，旅行社會根據此次的行程，做好各個國家的入境簽證及護照效期的再確認。(※注意！缺少適當的證件將被拒絕登船！)

(3) 建議旅客攜帶醫療保險卡、旅遊保險書，以備不時之需。請將所有重要文件隨身攜帶，不要放在托運行李中。

(4) 貴重物品：強力建議將所有貴重及易碎物品放在隨身行李中，包括珠寶、電子用品、照相機，以及個人常用藥品等等。關於行李遺失之追訴時效及責任歸屬，請參考旅行合約。

(5) 海關規定：為了避免再次入境時要繳納原有財物的關稅，外國製相機、昂貴珠寶、錄影機、收音機，以及其他電子設備，應在出發前取得收據或向海關登記，回程時就不用再次繳稅。

2. 安全第一

(1) 郵輪公司希望每位乘客都有一個安全又愉快的旅程，因此非常重視乘客與船員的安全保障。

(2) 郵輪公司的安全部門從不間斷的在注意每個停靠港的安全狀況。郵輪船方偶爾可能會因各項安全考量，必須更改既定行程的停靠港口，如有此情況的發生，郵輪船方也祈求旅客能夠體諒。

(3) 郵輪公司全力與各國政府配合，以確保每個航班的安全。每位乘客在出發前均應將姓名及個人資料傳給郵輪公司，並將任何有疑問的物品留在家中。任何武器或可做為武器的物品都不可攜帶上船。

(4) 在上船前，所有乘客及行李亦會被例行檢查。郵輪船方將盡一切努力提供給乘客一個舒適而無慮的郵輪旅程。

3. 孩童隨行注意事項

(1) 夜間 11 點以後，迪斯可舞廳僅限於年滿 18 歲的旅客參加。另有專為小孩及青少年舉辦的特別迪斯可活動，想參加的話，可與兒童及青少年中心聯繫。除非有另外明文禁止，漩渦水療池及夜間娛樂表演廳，均歡迎 18 歲以下兒童，但必須有家長或監護人全程陪同。

(2) 卡西諾賭場、獎金類賓果及賽馬遊戲，僅限年滿 21 歲以上旅客參加。此外，要購買或飲用酒精類飲料之乘客，亦必須年滿 21 歲以上。在年齡判別上有疑問時，可能需請乘客出示身分證明。

4. 健康相關事項

(1) 因各旅遊區氣候等情況各異，郵輪公司建議每位乘客在出發前施打季節性流感疫苗。其他防疫注射及健康證明之要求和規定，皆因登船港口不同而各異，請旅客務必在出發前向旅行社或疾病管制局等衛生單位查詢(www.cdc.gov.tw)，以確保自身健康（亦可參考英文網站：www.who.int/ith 或 www.cdc.gov/travel）。

(2) 如果旅客有常用之藥物，建議旅客放在隨身行李中以便隨時取用。郵輪船方建議旅客最好能在出發前請醫師多開幾天份的藥，以備應付旅程上之突發狀況。如果旅客有需要長期服用的藥品或需要每天注射的藥物（任何注射器或針頭請勿隨意拋棄，務必交給郵輪醫療中心回收處理)，也請務必攜帶藥品的英文名稱，以備旅程上之突發狀況。

(3) 如果旅客近期內曾做過特殊之治療或手術，亦請攜帶一份英文之醫療報告及醫生證明。郵輪船方也提醒旅客在出發前確認旅客的健康保險理賠範圍，許多健康保險條款對海外的保險範圍有諸多限制，因此郵輪船方建議旅客選擇適合之海外旅遊保險。

(4) 懷孕乘客：如有在行程結束前就會進入第 24 週懷孕期的孕婦，請恕郵輪公司無法接受其登船。

5. 無障礙設施

(1) 郵輪公司會盡一切努力配合身障的乘客，如有使用輪椅或其他特殊狀況的乘客，請在出發前盡早通知郵輪船方。郵輪公司船隊中的每艘郵輪都有無障礙艙房，但因數量有限，必須盡早訂位。船上備有少量的輪椅可提供乘客預訂，但僅限於在船上使用。如須在行程前、後的陸上行程、旅館套裝行程或上岸觀光時使用，則請乘客必須自備輪椅(建議以摺疊式為佳)。因各地之無障礙設備各異，請務必事先排定確認。

(2) 另外，郵輪船方建議使用輪椅的乘客要有親友同行，而且同行者必須有能力在岸上和船上協助該名乘客。有些港口需用接駁船方可登岸。有時因安全問題考量，使用輪椅之乘客有可能無法獲准登岸。因此，建議在選訂岸上觀光行程之前，先向船上確定該港口的無障礙設施是否適合旅客的狀況。如需其他相關資訊，請洽郵輪公司。

6. 海上聯繫方式

(1) 旅客可以和旅客的親友以電子郵件聯繫，旅客可以於船上的電腦中心收發電子郵件，或是在旅客的艙房或船上公共區域用旅客的手提電腦以無線網路的服務收發電子郵件。請特別注意船上網路需另外收費。除此之外，旅客也可以在船上使用手機，請於出發前和旅客的電信業者查詢旅客的手機是否可以於海上使用及費用相關資訊。

(2) 現代化的郵輪均可以利用衛星電話與外界作連絡，請與旅客報名的旅行社或郵輪公司連絡，他們會告訴旅客所搭乘船隻的海洋碼及電話號碼。若旅客親友有急事要找旅客時，撥打的方式為：國際碼+海洋碼+該船電話號碼。撥打前，請旅客的親友將旅客的英文姓名、艙房號碼準備好，以便船上能盡速為旅客轉接。

(3) 若旅客由船上撥出，則可由艙房直撥至世界各地。請注意，衛星電話費率比一般國際電話要高出許多，每分鐘約美金 4.95 元左右（實際費用以船上公布為準）。

7. 網路及電子郵件

(1) 所有郵輪公司船上均提供 24 小時開放的網路室與無線上網服務，旅客可使用 web-based 的 e-mail 帳號收發信件，或是上網瀏覽新聞時事、運動賽況，或是股市行情。如果旅客的手提電腦備有無線上網裝置，可在中庭大廳及周圍的交誼廳和酒吧上網。請向網路室洽詢上網費用及相關事宜。

(2) 船上所使用的是衛星通訊，有可能因所在位置、天候狀況等因素而受到阻礙，船上無法保證全天均能提供上網服務。此外，透過衛星連線的網路速度會比岸上的高速上網要慢上許多。

8. 無現金航遊(Cashless Policy)

(1) 郵輪公司最棒的服務之一，就是旅客在船上不需攜帶現金，所有的消費都只需要旅客的簽名，就會自動掛到艙房的帳單上。在下船前，旅客將會收到一份列有明細的帳單供旅客核對。如果旅客在登船時已提供旅客的信用卡號，在核對消費金額無誤後，行程結束當天就可直接下船，不需至櫃台排隊退房（行程結束當天收到結帳明細，請務必至少保留兩個月）。

(2) 郵輪公司不只接受美金旅行支票，也接受 American Express/Optima®、Diners Club/Carte Blanche®、Discover/Novus®、MasterCard®及 Visa®卡。選擇使用現金或旅行支票的乘客須在辦登船手續時先在櫃檯存放美金 300 元押金，以供船上消費抵扣用，當押金金額過低時，事務長櫃台將會通知旅客再存入現金。

9. 卡西諾賭場

(1) 在卡西諾賭場記帳取得籌碼、代幣的上限為每日美金 1,500 元，每個航次的限額則為美金 15,000 元，但需事先由電話(1-800-774-6237)提供信用卡資料做登記。

(2) 請注意：所有卡西諾賭場帳單及現金墊款，皆需付 3%手續費，這些款項將直接掛在旅客的艙房帳單上。

10. 慶祝特殊日子

(1) 在郵輪公司上結婚、慶祝生日、蜜月、週年紀念日或重申結婚誓約，會讓這些特殊的日子更令人難忘。

(2) 請在開航日 45 天或更早以前通知郵輪船方，好讓郵輪船方有足夠的時間為旅客的特殊日子做準備。如果旅客想要預訂鮮花、美酒或香檳做禮物，或是訂購蜜月、週年等紀念套組，請向郵輪公司索取價目表及訂購單。（※請注意：有些服務需付額外費用。）

11. 美食佳餚介紹

(1) 用餐：革命性的郵輪美食新選擇，歡迎旅客來享受絕妙的用餐新體驗，旅客可自由選擇任何時地及與誰一起用餐。郵輪船方也提供多元化的風味餐廳，以及多個非正式餐廳。無論旅客的選擇為何，都有美味的菜單供旅客挑選。請在訂位時讓旅行社知道旅客的用餐偏好。

(2) 傳統式用餐梯次(Traditional Dining)：

* 第一梯次為 5:30 PM。
* 第二梯次則為 7:30 PM。

(3) 主餐廳：來自世界異國美食，每位廚師的創意菜單，每天都在做變化，給旅客一個難忘的海上美食體驗。

* 馬奎斯餐廳(Marquis Dining Room)。
* 麗晶餐廳(Regency Dining Room)。

(4) 單點付費餐廳：訂位費以船上公布為準，請注意。

* 史德林牛排餐廳(Sterling Steakhouse SM)／付費餐廳／為傳統式牛排館，提供紐約牛排、肋眼牛排等經典佳餚。
* 海壽司餐廳(Kai Sushi)／付費餐廳／為日式傳統壽司吧，僅在太陽公主號及鑽石公主號上提供，讓旅客在船上體驗新鮮道地日式壽司及各式海鮮。

(5) 自助餐廳：地平線餐廳／全景自助餐廳(Horizon Court/Panorama Buffet)提供免費早餐、午餐和晚餐時段的各國精緻料理自助菜餚以及小吃速食。

* 披薩吧(Pizza Bar)、披薩餐廳(Pizzeria)：現點現做薄脆爽口的道地義大利披薩。

(6) 主廚桌邊晚餐(Chef's Table)：參觀郵輪船方廚房的作業方式並同時和主廚一起享用開味小菜及香檳。享用主廚桌邊晚餐的貴賓將可以享用主廚特製的餐點，都是選用當地市場的特殊食材，並搭配上美酒。（※請注意：需額外付費，實際費用以船上公布為準。）

(7) 頂級陽台饗宴：無論是上午或晚間，旅客都可以在自己艙房的陽台上，舒適而不受他人打擾的享用龍蝦或牛排大餐。(※請注意：頂級陽台饗宴僅適用於有陽台的艙房。此服務需額外收費，實際費用以船上公布為準。)

(8) 非正式餐廳：每艘郵輪公司的船上均提供多元化的非正式餐廳。

 * 24 小時國際點心吧(International Café)。
 * 漢堡熱狗燒烤吧(The Grill Burgers & Hot Dogs)。
 * 冰淇淋聖代吧(Ice Cream Bar)。

 (※請注意：特色風味餐廳與非正式餐廳可能因船隻不同而有所變動，*號標記需額外付費，實際費用以船上公布為準。)

(9) 下午茶：在甲板上的日光浴與星光燦爛的夜晚之間，何不放鬆一下，來體驗道地的傳統免費下午茶。在迷人的音樂與一流的服務中，享用迷你三明治、糕點、司康餅及餅乾等美味小點。(※請注意：部分船隻下午茶需付費，實際費用以船上公布為準。)

(10) 24 小時客艙服務(24 Hour Room Service)：無論是日間或夜間，旅客隨時都可以打電話叫客艙服務。想要點歐陸式早餐在艙內享用，請在晚上就寢前填好早餐卡（位於客艙資料夾內或枕邊），掛在門外把手上即可。想要由客艙服務菜單上點菜，請參考客艙資料夾。(※請注意：免費的客艙服務，但部分熱食需酌收少許費用。)

(11) 私人雞尾酒會：郵輪公司可以從發酒會請帖、調雞尾酒、倒葡萄酒或香檳酒等為旅客一切包辦。郵輪船方的主廚可以依照旅客的喜好，製作各式冷熱開胃小品。只要和乘客服務櫃台聯絡，郵輪船方會安排規劃所有細節，而且僅酌收食材費及飲料費。

(12) 特殊飲食需求：郵輪公司非常樂於為旅客準備低鈉、低脂、低糖餐食及素食（西方素）。此外，事先預定的話亦可提供猶太教餐食（主菜為冷凍食品）或嬰兒食品。其他任何特殊飲食要求，例如有過敏或醫療需求時，均須事先申請，並須經由郵輪公司總公司授權方可提供。一般行程請於開航日 4 週前提出書面通知；長天數及特殊行程，則請於開航日 2 個月以前通知。上船後請旅客再次與餐飲總管確認。

12. 船上禮儀

(1) 搭乘郵輪時的穿著就跟前往陸上的旅遊勝地是一樣的。建議到較熱的氣候區時，無論是在海上或岸上，均可穿著輕便的休閒服飾，包括短褲、薄長褲或運動服。晚上天氣較涼或參加岸上觀光行程時，可隨身帶件套頭衫、夾克或外套。由於天氣多變化，別忘了準備帽子、遮陽帽及摺傘。要參觀宗教場所時，請務必穿著合宜的服飾。

(2) 低跟或膠底鞋，適合在甲板散步時穿；舒適的運動鞋或涼鞋，則可以在上岸觀光時穿。

(3) 泳裝：請旅客在進入船上公共區域時，在泳裝外面加一件罩衫或圍上一條海灘巾。

(4) 晚餐服裝：船上對於晚餐正式餐廳的穿著，共有兩種規定：合宜便裝(Smart Casual)及正式服裝(Formal)。要到正式的餐廳用餐時，不應穿著 T 恤、短褲、背心、牛仔褲等過於休閒的服飾、也絕不可赤足。

(5) 合宜便裝指的是旅客平常上較高級的餐館時會穿的服飾：

* 女士：裙裝／連身洋裝、長褲、及套頭上衣。
* 男士：長褲及開領衫。

(6) 正式服裝指的是：

* 女士：晚禮服、旗袍或雞尾酒小禮服。
* 男士：燕尾服、或穿著深色西裝並打上領帶。

(7) 禮服出租：郵輪公司的所有航線均提供禮服出租服務，可於上船前預訂。如需租或買禮服，請向郵輪公司索取價目表及訂購單。各航班正式晚宴的次數依航線而有所不同，以下(8)可提供旅客作為參考，詳情請參閱船上的活動日報。

(8) 航行天數需著正式服裝次數／可著合宜便裝次數。

* 4~6 天：1 次／3~5 次。
* 7~13 天：2 次／5~11 次。
* 14~20 天：3 次／11~17 次。
* 21~28 天：4 次／17~24 次。
* 29 天及以上：至少 5 次／24 次及以上。

13. 吸菸

(1) 餐廳和其他所有用餐區域，以及表演廳和戲院、客艙、客艙陽台都禁止吸菸，但某些公共場所的指定區域內可以吸菸。為對同船乘客表示禮貌，請勿在任何公共區域抽菸斗或雪茄。

(2) 無菸害用餐環境：為了提升旅客的用餐環境與品質，郵輪船方已制定無菸害用餐政策。但顧及吸菸乘客，郵輪船方在船上另設有指定吸菸區。由 2012 年開始船上嚴格禁止在艙房內或艙房陽台抽菸。

(3) 請注意：如不遵守船上吸菸規範被發現之乘客，需付罰金最低美金 250 元，會直接記在旅客的帳上。

14. 錄影

(1) 在航遊期間，旅客若希望能在船上錄影，可隨意拍攝，但務必尊重其他乘客的隱私權。

(2) 此外，由於著作權的原因，在觀賞船上的娛樂表演時禁止錄影。

15. 岸上觀光

(1) 在每個停靠港上岸去探險訪勝，是郵輪航程中最精采的部分之一，而旅客最佳的選擇，就是參加郵輪船方為旅客精心規劃的岸上觀光行程。

(2) 旅遊櫃台：每艘船上均設有旅遊櫃台，提供旅客各個停靠港的旅遊相關資訊，以及岸上觀光行程之訂購。由於各行程之遊覽人數均有限額，郵輪船方鼓勵旅客盡早預訂。團體旅客請向旅客的旅行社詢問套裝行程所包含之項目，以免重複訂購；自助旅遊之乘客可向郵輪公司洽詢線上預訂行程事宜。

16. 登船日

(1) 行李條：除了旅客個人的辨識牌之外，請務必在前往碼頭或套裝行程首站前，在每件行李上貼好郵輪公司的行李條，並請在行李條上清楚標明船名、艙房號碼、開航日期及姓名，以協助工作人員能順利將行李送至正確的艙房。

(2) 請注意！許多班機已開始加收行李超重費，請旅客在出發前與航空公司確認行李之重量限制。

(3) 登船當天發生之行程延誤：如果在登船當天遇上了不可預知的班機或因氣候造成的延誤情形，郵輪船方建議旅客立即告知航空公司旅客是郵輪乘客，而且必須在當天登船，通常航空公司可以為旅客安排其他可能的班機。

(4) 當旅客知道最新的班機資訊後，建議旅客立即通知郵輪公司。美加地區可撥免付費電話 1-800-774-6237。服務時間：週一至週五 9 AM~10 PM，週六、週日則為 9 AM~9 PM（以上所列均為太平洋時區）。（※請注意，以上號碼僅為緊急狀況時使用，如有其他情形，則請聯絡旅客的旅行社。郵輪公司不須為任何班機延誤負責。）

(5) 登船當天發生之行李遺失：郵輪船方將盡郵輪船方所能，即時運送旅客的行李。如果旅客在登船後發現行李丟失或誤收了他人的行李，請通知旅客的客艙服務人員或服務櫃台。郵輪船方將免費向旅客提供一套換洗用品，以解決旅客的不便之處。郵輪備有數量有限的正式服裝，供乘客在緊急之下使用。請與櫃檯聯繫，以便作出安排。

17. 設備與服務

(1) 乘客服務：位於大廳的乘客服務櫃台是兌換旅行支票、買郵票、寄信、詢問、結清船上帳戶及失物招領的地方。

(2) Princess Patter 公主日報：「公主日報」是每天各項活動及娛樂節目的時間表、船上服務及營業時間指南。此份日報將會於前一晚就送至旅客的艙房，建議旅客隨身攜帶，以便掌握各活動之時間與地點。

(3) 郵政業務：乘客服務櫃台備有適用於行程當中所造訪國家的郵票。購買並貼好郵票後，可將信件投入位在事務長櫃台的郵筒內。

(4) 醫務中心：郵輪公司船上醫療設施達到國際健康照顧標準鑑定。船上聘有全職的註冊醫師及護士，除固定的每日兩個時段外(8:00 AM ~ 10:00 AM/4:30 PM ~ 6:30 PM)，他們全天 24 小時待命，以因應緊急狀況。醫療服務費用將掛在旅客的船上帳戶，帳單上將會列出費用明細，以便旅客提供給保險公司申請理賠。（※請注意：郵輪公司之註冊船籍為百慕達，請於出發前查詢旅客的保險是否涵蓋海外地區，或是另外購買適當之旅遊保險。）

(5) 宗教服務：郵輪公司在下列節日提供天主教、猶太教及新教之宗教服務：聖灰節、棕枝主日、復活節、耶誕節、猶太新年、贖罪日、逾越節，以及光明節。

18. 洗衣及乾洗服務

(1) 只要付少許費用，就能使用船上的洗衣服務。所有的衣物均可於48 小時內歸還，選擇快速服務則可於當天奉還。

(2) 船上亦提供乾洗服務，以及投幣式自助洗衣設備。

19. 艙房服務及設施

(1) 船上不提供牙刷、牙膏、拖鞋及刮鬍刀，請旅客務必自行攜帶。

(2) 旅客在頂級酒店能享有的貼心服務，郵輪船方一樣都不缺。每間艙房均提供新鮮水果（應旅客要求而提供）、晚間開床服務、枕畔巧克力、高級洗髮精、潤髮乳及身體乳液。如需使用棉質浴袍，亦可請客艙服務生為旅客準備。如果旅客想要在自己的艙房輕鬆的小酌一番，亦可透過艙房或吧台服務點瓶裝酒或訂購艙內酒類套裝項目。

(3) 每間艙房之標準配備包含：保險箱、冰箱、吹風機，以及 110-volt/60-cycle 的交流電(AC)制式美規插座。如果旅客對電源插座有任何疑問，請在使用前先詢問旅客的客艙服務生。

20. 電視節目

(1) 郵輪公司每間艙房都提供多頻道的「Princess 海外電視」節目。船上亦提供實況衛星接收之 CNN 新聞頻道、ESPN 運動頻道、

TNT 和 Turner 電影頻道，以及 Cartoon Network 和 Boomerang 等卡通頻道。另有船上版本的 Discovery 探索頻道，以及配合時令之特別節目，例如奧斯卡頒獎典禮、NBA 總決賽、美式足球總決賽等等。

(2) 船上所使用的是衛星通訊，有可能因所在位置、天候狀況等因素而受到阻礙，船上無法保證全天均能提供電視節目。

21. 藝術品拍賣會

(1) 在郵輪公司的船上，旅客將有機會欣賞國際知名藝術家的美術作品，並可透過船上的藝術品拍賣會購買。

(2) 整個航程中，藝術指導們都可以回答旅客有關船上藝術收藏品的問題。航程結束前，郵輪公司可以協助旅客將旅客購得的藝術品裱框、包裝，並寄回旅客的家。

22. 船上精品店

(1) 到船上的精品店購物，讓完美的紀念品為旅客的郵輪假期留下珍貴的回憶。郵輪船方提供低於美國零售價許多的免稅價格，旅客可盡情的選購香水、化妝品、珠寶、紀念品、服裝、配飾，以及酒類等等。

(2) 除了每日不同的特價商品外，整個航程中亦不定期提供促銷活動。上船後，別忘了查看旅客的公主日報，以免錯過了特價活動。

23. 照相及沖洗服務

(1) 航程當中郵輪船方的專業攝影師將會在登船日、停靠港、正式晚宴、雞尾酒會等場合為旅客和同行親友照相，旅客可在照相館及相片展示區瀏覽或購買旅客的相片做為紀念品。

(2) 船上的照相館亦為旅客提供相片沖印、轉成光碟片等服務，旅客也可在此購得軟片、記憶卡、相框、相簿、相機配件、電池及可拋棄式相機。

24. 圖書館

(1) 郵輪公司船隊中的每一艘船上都有圖書館，為旅客提供當代及古典文學、藝術、歷史、運動、旅遊、身心健康、自然歷史、參考書、科幻、自傳等約 2,000 本的藏書。
(2) 旅客亦可在本區上網，或是在指定座位欣賞音樂。查詢圖書館開放時間及其他資訊，請參考船上的公主日報。

25. 公主花坊

(1) 船上的花藝專家們可為旅客提供胸花、扣花、插花、花束，或適用於特殊場合的鮮花。請上郵輪公司網站 princess.com 預訂，或是上船後到乘客服務櫃台洽詢。
(2) 注意：欲事先訂購的乘客，建議旅客在開航日至少 21 天以前預訂，以確保花的新鮮度。鮮花種類可能因航行區域、季節及天候狀況等因素有所不同。

26. 船上小費

(1) 在旅客的航程當中，在船上各處將會遇到許多前場的工作人員提供一流的服務，例如旅客的客艙及餐廳服務生。但在幕後還有更多的工作人員提供旅客間接的服務。為了旅客的方便，船上小費將會直接記在旅客的艙房帳單上，每人（含孩童）小費目前每晚金額為美金 10~15 元（實際小費以船上公布為準）。旅客所付的小費將會自動分配給餐廳服務人員、客艙服務生、住房部工作人員、自助餐廳服務生等人員。如果旅客想要改變小費的金額或付費方式，請與船上乘客服務櫃台聯絡。

(2) 賭場及 SPA 的工作人員不屬於住房與餐廳部門，而且並非所有乘客均會用到其服務，因此其小費並不包含於此費用中。

(3) 吧台小費：當有吧台飲料及餐廳酒類的消費時，15%的服務費將會自動加至旅客的帳單。此部分的服務費由飲料部工作人員及其支援部門的清潔、設備人員等均分。

27. 酒類政策

(1) 未滿 21 歲的乘客禁止於船上購買或飲用酒精類飲料。旅客在船上購買的免稅酒，將會於行程結束的前一晚送達旅客的艙房。旅客亦可由酒單上選購客艙優惠酒類套裝。

(2) 旅客在登船前或各停靠港購買的酒類，可能無法在航程當中享用。船上警衛將會在登船口的安檢站登記並保存旅客的酒，直到行程結束前一晚才送還至旅客的艙房。

(3) 如果旅客要在船上慶祝生日或結婚紀念日等特殊日子，只可攜帶葡萄酒或香檳酒，每航次每人限量一瓶（不大於 750 毫升）。但是無論旅客預計在哪一個場合飲用，每瓶將酌收美金 15 元開瓶費（開瓶費金額以船上公布為準，如有變動將不另行通知）。

(4) 禁止攜帶烈酒、醇酒或啤酒。謹記所有的行李都會經過掃描，不符合規定的酒精性飲料產品將被移除並丟棄。

28. 船上活動（船上設施因船而異）

(1) 蓮花 SPA 及健身房：無論旅客喜歡的是舒緩運動、健身鍛鍊，或是一整天的美顏美體療程，蓮花 SPA 都能滿足旅客的要求，讓旅客的身心都享受到煥然一新的舒暢。專業美容美體師在此為旅客提供各式療程與服務，包括傳統的美髮、美容服務、按摩、敷臉、芳香療程等等。現代化的健身房則提供專業健身指導、重量及心肺訓練器材、桑拿浴室、蒸氣室、日光浴室，以及瑜珈、彼拉提斯、有氧拳擊等各類課程。蓮花 SPA 每日均開放，但建議旅客在登船日當天及預約最適合旅客的時間。船隊中有數艘船提供事先預約，可至 princess.com 網站的 CruisePersonalizer®預訂。

(2) 高爾夫球：要是旅客喜歡打高爾夫球，郵輪公司將帶旅客到世界各地最好的場地去打球。請來船上的高科技高爾夫球模擬器，旅客可從全球最著名的 35 個球場中選擇旅客的最愛。特定的幾艘船上也備有 9 洞高爾夫果嶺練習區。參加墨西哥、加勒比海、夏威夷及巴拿馬運河的行程時，旅客將有機會加入公主高爾夫俱樂部，與專業高爾夫球員切磋球技。無論旅客是經驗老到的零差點球員或新手，郵輪船方的專業人員都能提供個人指導以提昇旅客的球技。幾乎在所有的停靠港，郵輪船方都有特為高爾夫愛好者提供的行程，想要事先預約的話，請至 princess.com 的 Cruise Personalizer®網頁。

29. 海上學習課程

(1) 郵輪公司的 ScholarShip@Sea®海上學習課程內容包羅萬象，從品嚐美酒到網頁設計，或是數位攝影等等應有盡有。每個航程約有 40 個課程，海上航遊日通常排有 6 堂課，主要課題包括：攝影、電腦、烹飪、製陶及特殊主題。

(2) 並非每艘船均提供所有課題。課程名額有限且部分需另外付費。

30. 聖殿成人休憩區

(1) 提供 18 歲以上成人專屬休憩區，有侍者為旅客服務，送上冰涼毛巾、礦泉水及清涼水果飲料，旅客亦可自費享受全身按摩服務，或是在舒適躺椅上聽聽音樂享受大自然風景。

(2) 請注意：需付入場費，實際收費以船上公布為準。

31. 娛樂節目

(1) 不分晝夜的一流活動讓內容豐富的船上活動充滿旅客的每一天：打板網球、繪畫學習、廚房參觀、香檳瀑布、池畔競賽、幕後參觀、卡拉 OK 等等。船上提供的設施與服務絕不輸給陸上的渡假中心，讓旅客完全的釋放自己並盡情享受。

(2) 戲劇表演：船上大部分的精采舞台表演均是郵輪公司團隊自己製作、編排的。演出時間請參考船上的公主日報。

(3) 以舞會友：出門前可別忘了打包好旅客的舞鞋，船上有多個舞池及現場音樂伴奏，讓旅客有機會大展舞技。每晚的娛樂時間通常很早就開始、很晚才結束，節目時間與地點請參考船上的公主日報。

(4) 雞尾酒時間：在船上任選一個舒適的交誼廳或酒吧，點杯雞尾酒迎接即將到來的美好夜晚。這同時也是結交朋友、分享見聞的絕佳時刻。

(5) 電影欣賞：每個航班都精選首輪電影供旅客消遣時間。部分船隻設有星空露天電影院(Movies Under the Stars®)，讓旅客能舒適的坐在躺椅裡，在滿天星辰的陪伴下由 300 平方英呎的螢幕上欣賞最新電影、運動賽事及演唱會轉播。

32. 卡西諾賭場

(1) 卡西諾賭場提供廣受歡迎的賭博遊戲，包括 21 點、俄羅斯輪盤、加勒比海寶藏撲克及擲骰子。郵輪船方也提供種類繁多的吃角子老虎及電動撲克，也有獎金豐厚的賓果遊戲。每個航班都開辦吃角子老虎、賭博遊戲的免費課程及緊張刺激的比賽。請參考船上的公主日報以查詢每日的特別促銷活動及賭場開放時間。

(2) 如果旅客想送給朋友一個驚喜，旅客可選擇美金 25、50 或 100 的消費額度當作好友的幸運賭金，讓他們到賭場試試手氣。（※請注意：未滿 21 歲的乘客不得賭博和駐足卡西諾賭場。如果旅客有興趣嘗試郵輪船方的高額賭局，可事先致電 1-800-774-6237。）

33. 幼童及青少年活動

(1) 從美勞、益智遊戲、電影欣賞、戲水池、乒乓球，以及為幼兒設計的遊戲區等等，讓未成年乘客在專人的看管下能安全自在的遊樂，並認識新朋友。

(2) 如果旅客在 09:00~12:00/13:00~17:00/18:00~22:00 之間想將旅客 3~12 歲的送至集體托兒區的話，將會有每人每小時 5 美元的費用（金額如有變動請以船上公布為準）。船上活動內容豐富，此處僅做摘要介紹，如需詳細資料請洽郵輪公司。

34. 下船注意事項

(1) 迅捷退房服務：郵輪公司提供快速而簡便的迅捷退房服務(Express Check-Out)，讓整趟行程從頭到尾都順利流暢。如果旅客在辦登船手續時尚未提供信用卡資料，請在航程開始後攜帶旅客的信用卡及護照至乘客服務櫃台辦理。使用旅行支票及現金的乘客須在開航前預付押金，船上會隨時提供旅客最新的消費明細。在下船當天凌晨，郵輪船方會將結帳單送至旅客的艙房，帳單上將包含旅客整個航程的消費明細以及每人（含孩童）小費為每晚美金 10~15 元的（實際小費以船上公布為準），如果對帳後一切無誤，旅客就不需要再跑一趟櫃台辦理退房手續。（※請注意：行程結束當天收到結帳明細，請務必保留至少兩個月。）

(2) 下船之前：在下船之前，旅客將會收到關於離船程序的資料及行李條。請將舊的航空公司、登船行李條取下，在新的行李條上以英文填好姓名、地址等資料。下船前一晚就寢前，請將大件行李裝好，貼好行李條後放到客艙門外，工作人員會在當夜來收取行李，隔天直接送至行李提領區。郵輪船方建議旅客將需服用的藥品、易碎及貴重物品等裝入手提之隨身行李。離開艙房前，請務必再次檢查保險箱及艙房各處，以確認所有個人物品均已打包。郵輪公司無須為乘客遺留之個人物品負責。

(3) 移民及海關清關手續：依美國及各當地海關規定，乘客通常需等到所有行李都卸下船後方能離船。因此，郵輪船方建議旅客不需太過心急，請到公共區域休息等候。有些港口可能會有移民官上船查驗某些國籍乘客之證件，請依照公布的時間至指定地點做證件查驗，該手續通常在早上 6~8 點間完成。請務必遵守規定，以免耽誤全船乘客的下船時間。如果旅客有購買免稅商品，建議旅客保留所有收據。因關稅申報、每人可攜帶額度等資料隨時可能有變動，請向船上查詢最新資料。

(4) 離船及接駁資訊：請旅客攜帶好隨身物品，等候船上依行李條顏色廣播並通知下船梯次。依序下船後，請依行李條顏色至該色行李提領區拿行李。因行李外觀尺寸常有雷同，請仔細辨認以免誤拿他人行李。出海關後團體請跟隨領隊至約定地點搭車。自行旅遊且有購買接送服務之乘客，請出示乘車票券或訂位確認單給接送人員，至接駁車區搭乘巴士至機場。如果有親友會到碼頭接旅客，請務必告知他們實際下船時間可能會比表列的預定靠岸時間晚 4 小時左右。

郵輪部門組織

Cruise Departments

07

CHAPTER

If sun shines, Smile! If it rains, smile and look for the rainbow!

一 郵輪船隊總部

郵輪服務產業大致可分為岸上企業總部內勤部門、海上郵輪船舶本身之外勤部門及特許加盟部門等三大人力資源組織。人力資源管理(Human Resource Management; HRM)，是指企業為了完成管理工作中涉及人或人事方面的任務，所進行的管理工作。人力資源管理工作，包括工作分析、制定人力需求計劃、人員招募、培訓開發、薪資福利、績效評估、勞動關係管理等範疇。郵輪岸上企業總部除為人力資源管理最高的決策單位與治理機構之外，也是掌管企業相關產品規劃開發、銷售行銷及財務管控等工作繁重之部門。

郵輪總部部門組織職掌，大致有董事會(Board of Directors)、行政業務部(Administration)、財務人資部(Finance & HRM)、航運業務部(Marine Operations)、酒店業務部(Hotel Department)、行銷業務部(Marketing & Sales)、顧客服務部(Customer Service)、專案加盟部(Project & Concessionary)等部門之設置。郵輪公司總部為確實掌握整體業務之推展，通常施行董事會總裁下設「執行副總裁部門」(Vice President; VP)負責進行營運。郵輪總部主要執行副總裁部門主管人員，條列簡介如下：

1. **行銷副總裁(Marketing Vice President)**：負責組織協調郵輪公司的產品規劃、研發、宣傳、推廣等行銷業務及後續事宜。
2. **銷售副總裁(Sales Vice President)**：負責郵輪旅遊銷售業務（含代理銷售與直接銷售）。其下設地區銷售經理、銷售業務代表或客服中心(Call Center)，並與各指定區域負責人或代理商直接溝通。
3. **財務副總裁(Financial Vice President)**：財政副總裁是郵輪公司的財務總監(CFO)，掌管處理公司所有財務相關事務。
4. **客服副總裁(Customer Service Vice President)**：負責掌管所有船上及岸上的旅客服務業務。旗下又分兩個專責部門，一位酒店業務副總裁負責管理郵輪酒店業務，另一位航行運務副總裁負責管理航行、靠港等技術事務。

5. **全國客戶副總裁(Nationwide Vice President)**：代表郵輪公司處理代理銷售之主要的聯營旅行社聯繫業務，而所謂聯營旅行社通常指的是具有優先供應商關係的代理業務。

6. **團體與獎勵旅遊副總裁(Group Tour & Incentive Tour Vice President)**：負責組織處理所有郵輪團體旅遊或獎勵旅遊團隊之行銷與銷售業務。

二 海上營運部門

郵輪船舶本身就像一座漂浮在水面上的大型渡假酒店，其人力資源組織除尋常的航運船員配置之外，還需組織龐大的酒店、餐飲、娛樂、活動、旅遊等接待人員團隊，始能應付複雜的人力資源需求。茲將郵輪海上營運部門組織所屬之航運機務、酒店餐飲、娛樂活動、岸上遊程等部門，概要條列簡介各部門人力資源職位執掌如下（表 7-1；表 7-2）。

表 7-1 郵輪甲板部門／輪機部門職位圖

總船長 Captain / Master				
醫務長 Principal Medical Officer	副船長 Staff Captain		輪機長 Chief Engineer	
醫生 Doctor	報務長 Chief Radio Officer	大副 Chief Officer	大管輪 First Engineer	電機長 Chief Electrician
護理長 Nurse	副報務長 Assistant C R O	二副 Second Officer	二管輪 Second Engineer	二電機 Second Electrician
醫務員 Medical Orderlies	報務員 Radio Officer	三副 Third Officer	三管輪 Third Engineer	三電機 Third Electrician
		船副實習生 Officer Cadet	輪機實習生 Engineer Cadet	電機員 Junior Electrician
（醫務部） (Medical Center)	（報務部） (Radio Office)	甲板部水手 Deck Crew	輪機部水手 Engine Crew	酒店電機員 Hotel Engineer
（甲板部(Deck Department)）			（輪機部(Engine Department)）	

資料來源：本書整理

表 7-2 郵輪酒店部門職位圖

<table>
<tr><td colspan="6">總船長 Captain / Master</td></tr>
<tr><td colspan="6">酒店總經理 Hotel General Manager</td></tr>
<tr><td colspan="3">餐飲部總經理 F&B General Manager
（酒店副總 Deputy Hotel General Manager）</td><td>娛樂總監 Cruise Director</td><td colspan="2">事務長 Chief Purser</td></tr>
<tr><td>行政主廚
Ex. Chef</td><td>餐廳經理
Rest. Manager</td><td>餐飲經理
F&B Manager</td><td>岸遊經理
Shore Excursion</td><td>酒店事務員
Hotel Purser</td><td>房務長
Chief Housekeeper</td></tr>
<tr><td>行政副主廚
Assistant E C</td><td>餐廳領班
Maitre D'</td><td>餐飲副理
Assistant F M</td><td>公關／講座
Host/Lecturer</td><td>前台服務員
Concierge</td><td>管家
Butler</td></tr>
<tr><td>西點主廚
Pastry Chef</td><td>領班
Head Waiter</td><td>酒吧經理
Bar Manager</td><td>活動指導員
Cruise Staff</td><td>船員事務員
Crew Purser</td><td>房務員
Housekeeper</td></tr>
<tr><td>主廚
Chef</td><td>酒侍
Wine Waiter</td><td>酒保
Bar Tender</td><td>運動指導員
Sports Director</td><td>電腦資訊部
IT division</td><td>洗衣工
launderer</td></tr>
<tr><td>船員主廚
Crew Chef</td><td>服務生
Waiter</td><td>酒吧服務員
Bar Waiter</td><td>青少輔導員
Youth Counselor</td><td>事務員
Purser Staff</td><td>行李員
Bell Service</td></tr>
<tr><td>（餐飲內場）
(Galley)</td><td>（餐飲外場）
(Dining Room)</td><td>（餐飲部）
(F&B)</td><td>音樂總監
舞蹈總監
舞台經理
場記／劇組
樂團／樂師
演員／歌手
（演藝部）
(Show Biz)</td><td>Spa 水療
美容美髮
攝影部
賭場
精品店
電子遊戲
（特許商）
(Concession)</td><td>（房務部）
(Housekeeping)</td></tr>
<tr><td colspan="3">（餐飲部門）
(F&B Department)</td><td>（娛樂部門）
(Entertainment)</td><td colspan="2">（事務部）
(Purser's Office)</td></tr>
</table>

資料來源：本書整理

(一) 航運機務部

郵輪航運部門又稱甲板部門(Deck Department)，屬於郵輪航行安全之中樞部位所在。甲板部門工作人員統稱為海員或船員(Sailor; Seaman; Mariner; Crew)，泛指由船長帶頭指揮於船上服務之人員。再者，郵輪機務部門又稱輪機部門(Engine Department)，是以輪機長為首的團隊組成，負責船用主機及輔機之運轉、管理及維護等海事專業技術部門。郵輪航運機務部門主管人員職級分類，大致如下：

1. 甲板／航運部(Deck/Navigation Department)

(1) 船長(Captain/Master)：船長是船上最高階的航海指揮官、總負責人，執行船舶導航航務、對外公共關係及船舶安全維護等職責。

(2) 副船長(Staff Captain)：副船長為大型郵輪專設的職位，其職責主要是輔佐船長執行船舶航務，主要負責監督郵輪的安全航行和安全保防系統。

(3) 船副(Officer/Mate)：船副係屬甲板部門高級船員，指除了船長、行政副船長之外，其餘尚有大副(Chief Officer/Chief Mate)、二副(2nd Officer/2nd Mate)、三副(3rd Officer/3rd Mate)、報務長(Radio Officer/Radio Operator)等船舶之主管人員。

(4) 首席船醫(Ship Doctor/Physician)：郵輪醫務中心(Medical Center)主治醫生。

2. 輪機部(Engine Department)

(1) 輪機長(Chief Engineer/CE)：輪機長職級僅次於船長，為船舶動力機艙輪機部最高負責人，船舶機艙所有輪機員之總指揮，也是船舶主機、副機等機具設備正常運轉的關鍵技術人員。

(2) 副輪機長(Assistant Chief Engineer)：副輪機長為大型郵輪專設的職位，其職責主要是輔佐輪機長綜理輪機部門事務，督率輪機部門各級海員執行工作，尤其是在輪機長因故離船時，應負起代理職務。

(3) 輪機員／電機工程師(Engineer)：輪機員係屬輪機部門高級船員，指除輪機長、副輪機長之外，其餘尚有大管輪(1st Engineer, 1/E)、二管輪(2nd Engineer, 2/E)、三管輪(3rd Engineer, 3/E)、電機長(Chief Electrician)、酒店電機工程師(Hotel Services Engineer)等機務主管人員。

（二）酒店事務部

郵輪專設酒店事務部門(Hotel Department)，由酒店總經理或事務長率領部門員工，負責包括所有的郵輪酒店事務、郵輪行政事務、住宿客艙房務、餐食飲料備辦、岸上遊程經營，以及外包特許經營部門等業務。酒店部門人力資源配置，大致包括酒店事務部、行政事務部、旅客服務部、客艙房務部、餐飲服務部、電腦資訊部、營收會計部、特許經營部，以及岸上遊程部等部門人員職位如下：

1. 酒店事務部

(1) 酒店總經理(Hotel Manager)：酒店總經理的主要職責包括督導監管郵輪酒店事務部門之人力資源、工作績效、安全管理、財政支出與收入管控等之正常運作。職責範圍包括郵輪客艙房務、接待大廳、餐廚服務設施、娛樂活動、精品商店、SPA 水療、賭場博奕、攝影部等等。

(2) 事務長(Chief Purser)：事務長工作職責主要是負責掌管郵輪日常事務，具體包括乘客帳目、郵件、資訊、列印、貴重物品寄存，以及通關手續相關之移民局和海關規定等。

(3) 事務員(Purser Staff)：接受事務長之督導與指派，負責事務長辦公室／酒店前台日常運作行政事務，包括所有的郵輪進出港、旅客出入境及與相關單位查驗證照之協調工作等事務。

(4) 船員事務員(Crew Purser)：船員事務員專責處理船員事務管理工作，包括船員證明文件、報到簽退、住艙分配、船員身分證件製作等事務。

2. 旅客服務部

(1) 旅客服務部經理(Guest Service Manager)：負責帶領顧客關係經理、財務總監、岸上遊程經理等經營管理旅客服務團隊，以實現最佳的旅客服務素質為目標。

(2) 顧客關係經理(Customer Relations Manager)：負責帶領管理旅客服務團隊，處理接待櫃台顧客關係、旅客投訴、營收管控等事宜。

(3) 櫃台接待員(Receptionist)：負責旅客接待查詢、帳務結算、遊程活動、通關文件、投訴處理等服務。

(4) 秘書(Secretary)：負責協助旅客接待部門主管，擔任文書處理、文件建檔等工作。

(5) 旅客服務部助理(Guest Service Associate)：負責前台櫃台服務工作事宜。

(6) 行李服務員／領班(Bellman/Bell Captain)：負責禮賓接待、客房送餐、處理旅客交待事項、遞送文件物品，以及行李之點收、寄存與搬運等工作。

3. 客艙房務部

(1) 房務長(Chief Housekeeper)：為郵輪客艙房務部主管，負責督導房務員進行客艙清理、客房送餐，以及行李員搬運旅客行李之配送等工作。

(2) 管家(Butler)：主要提供套房艙貴賓旅客多種高度個人化的服務項目(Highly Personalized Service)，包括食、衣、住、行、育、樂等廣泛的範疇。

(3) 房務員(Housekeeping Steward/Stewardess)：主要職責為擔任客艙清理打掃、補充備品、客房送餐，以及旅客行李配送等工作。

(4) 洗衣部經理(Laundry Manager)：為郵輪客艙洗衣部主管，負責督導洗衣部人員進行床單、毛巾、桌巾、餐巾、口布、船員制服等清洗工作。

4. 餐飲部外場

(1) 餐飲部經理(F&B Manager)：為郵輪餐飲部餐廳、酒吧、廚房等內外場領域總主管，負責管理督導食品成本預算、食品質量備辦、食品庫存控制及食品衛生維護等業務之正常運作。

(2) 酒吧經理(Bar Manager)：郵輪船上通常設有多間各式酒吧，由經驗豐富的酒吧經理經營，負責酒吧庫存、質量、財務、人力資源之管控，以及旅客服務技巧之員工培訓。

(3) 酒保／調酒員(Bartender)：負責酒吧庫存、質量管控，以及臨櫃提供旅客調酒服務。

(4) 餐廳經理(Restaurant Manager/Maitre d')：郵輪船上設置數間主餐廳及各式主題餐廳，由專精餐飲服務專業、經驗豐富老到的餐廳經理經營管理，負責餐飲服務質量、食品衛生安全，以及旅客服務技巧之現場管理與員工培訓。

(5) 餐廳領班(Head Waiter/Waitress)：以提供旅客最優質的服務質量為目標，負責餐飲服務品質、食品衛生安全，以及旅客服務技巧之現場管理與員工培訓工作。

(6) 服務生(Waiter/Waitress)：以提供旅客最優質的服務質量為目標，負責旅客三餐桌邊服務工作。

(7) 助理服務生／雜役(Waiter Assistant/Busboy)：協助服務生負責旅客三餐桌邊服務工作。

(8) 輕食／自助餐服務生(Snack/Buffet Steward/Stewardess)：擔任戶內、戶外輕食／自助餐餐廳服務，負責餐桌餐具之擺設、碗盤殘羹之清理，以及工作餐台之整理等工作。

5. 餐飲部內場

(1) 行政主廚(Executive Chef)：屬最具權威的餐飲內場主廚兼廚房總主管，負責掌管廚房部門所有行政職務、物流採購、餐飲備辦、送餐流程及食安衛生等之正常運作，並適時設計各式菜單以提升餐飲服務素質。

(2) 西點主廚(Pastry Chef/Chef Partie)：又稱為點心師傅，掌管廚房部門西點製作、送餐流程及食安衛生等之正常運作。

(3) 船員主廚(Crew Chef)：負責帶領船員專用廚房所有廚師、麵包師、糕點廚師、清潔工等工作團隊，進行船員餐飲備辦及食安衛生等之正常運作。

(4) 主廚(Chef)：協助行政主廚帶領廚房部門所有廚師、麵包師、糕點廚師、清潔工等工作團隊，進行如下備註之分類餐飲備辦、送餐流程及食安衛生等之運作。西餐主廚種類繁多，最常見的主廚分類條列如下（法文）：

* Executive Chef (Chef de Cuisine)：行政主廚，總主廚。
* Deputy Executive Chef (Sous Chef)：行政副主廚。
* Pastry Chef (Patissier)：負責製作點心，統稱點心師傅。
* Sauté Chef (Saucier)：負責製作醬汁、高湯、炒菜等。

* Fish Chef (Poissonier)：負責負責魚類前處理及烹調工作。
* Roast Chef (Rotisseur)：負責所有爐烤工作。
* Butcher (Boucher)：負責所有肉類、禽類之切割工作。
* Vegetable Chef (Enerementier)：負責料理蔬菜、澱粉類、湯類等。
* Pantry Chef/Cold-Food Chef (Garde-Manger)：負責冷菜、沙拉等。

6. 營收會計部職位

(1) 財務總監(Financial Controller)：負責管理郵輪營運之財務控制與會計職能，並提供財務報告給酒店主管查核。

(2) 會計／審計(Accountant/Auditor)：負責郵輪營運之資產負債表與損益表之審查、財務報告之製作、會計人員之培訓、金融交易之紀錄等職責。

7. 電腦資訊部職位

(1) 電腦資訊經理／系統經理(IT Manager/Systems Manager)：負責郵輪整體 IT 團隊之管理、應用系統之正常運轉、IT 基礎設施或新系統之裝配，以及電腦資訊部員工之培訓等。

(2) 電腦資訊員(IT Staff)：協助系統經理負責郵輪整體 IT 團隊之管理、應用系統之正常運轉、IT 基礎設施或新系統之裝配等工作。

(3) 網際網路經理(Internet Manager)：負責郵輪網咖之營運管理，電腦機具之維修保養，並協助旅客正確的使用各項網咖設施。

（三）娛樂活動部

郵輪娛樂活動部門，主要是負責規劃安排乘客在船上或上岸的各種娛樂旅遊活動。部門人力資源職位，大致包括郵輪娛樂總監、助理娛樂總監、娛樂活動指導員、主持、DJ、樂師、歌手、舞蹈師、攝影師、港口講座、潛水教練、高爾夫教練、社交公關，以及兒幼指導員等等。娛樂總監總管船上日常娛樂活動之規劃與執行，他通常會視航程、天候及旅客屬性等主客觀因素考量，精心設計「每日行程表(Daily Program)」，詳細記載次日所有日程、活動、節目及特殊注意事項（圖 7-1）。郵輪娛樂活動部門職位如下（圖 7-2）。

1. 郵輪活動部

(1) 郵輪娛樂總監(Cruise Director/CD)：擔任郵輪娛樂活動部門主管，負責主導日常娛樂活動項目的計劃、編寫、印製並分發到所有客艙。同時，娛樂活動總監也要擔任所有大型講座、船長晚宴及劇院娛樂節目主持人，並充當貴賓、旅客和船員之間的溝通橋樑，負責處理本部門可能接受投訴的相關處理事宜。

(2) 助理郵輪娛樂總監(Assistant Cruise Director)：工作職責主要是輔佐娛樂總監，負責掌管郵輪娛樂活動部門日常事務。同時，應在娛樂活動總監因事忙而分身乏術時，代理擔任部門主管及娛樂節目主持人等相關職責。

(3) 郵輪活動指導員(Cruise Staff)：直屬娛樂總監與助理娛樂總監之監督，擔任所有郵輪娛樂活動指導、遊戲活動帶動、救生演習引導，以及於旅客上下船時，協助辦理入住客艙及登船離船手續等工作。

(4) 國際社交公關(International Host/Hostess)：主要負責處理船上人員、旅客及與所有不同年齡和國籍的外賓之間的溝通事宜，同時提供日常郵輪活動行程表之翻譯、查詢或投訴等服務。

(5) 社交公關(Social Host/Hostess)：主要負責安排聚會和晚宴行程，招呼引導旅客上下郵輪，並協助岸上遊程專題講座會場布置。

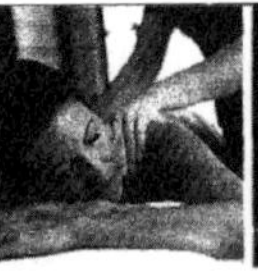

Let Princess be your Consummate Host®

晚間活動 Enchanting Evening

5:00pm 皮拉提茲課 (12美元) 12樓船尾有氧教室 Aerobics Studio

5:00pm-6:00pm Jon Persson 鋼琴演奏 5樓中庭廣場 Atrium Plaza

5:00pm-9:00pm 遊輪紀念照 讓我們幫您用相機記錄下美好的一刻，讓全家人的美好記憶永存 5樓中庭廣場 Atrium Plaza

5:15pm movies under stars Barry Manilow - Music and Passion (影片長度：59分鐘) 12樓中庭 Riviera

5:30pm & 7:45pm 別忘了找到船上的卡通人物和他們合照喔！我們隨時有攝影師在旁為您留下美好紀念！5樓馬奎斯 & 6樓御苑餐廳

6:00pm-7:00pm Johnny Wu 台灣老歌之夜那卡西 7樓中庭 Crooners Lounge

6:15pm movies under stars Beyonce - Live from Wembley (影片長度：59分鐘) 12樓中庭 Riviera

7:00pm-7:45pm 船長香檳瀑布典禮 船長將於7:30pm現身致詞 由樂團Rhapsody Strings伴奏 5,6,7樓中庭廣場Atrium

7:30pm-8:30pm 和Walking Miracles一起共舞 7樓船頭舵手酒吧 Wheelhouse Bar

8:00pm 幻彩詠香江 (Princess Pick) 被列入金氏世界紀錄「全球最大型燈光音樂匯演」，色彩繽紛的燈光隨著音樂交會閃爍，展現香港的活力與多元化。「幻彩詠香江」共有五個主題：序幕「旭日初升」，然後是「活力澎湃」、「繼往開來」和「共創輝煌」，最後則以「普天同慶」為壓軸。-開放式甲板

8:00pm SHOWTIME: 太陽公主幻像魔術歌舞秀 領銜主演: Sebastian & Kristina, Alesya Gulevich and Tibor Szabo 7樓船頭公主劇院Princess Theatre

8:45pm SHOWTIME: 台灣之夜演唱會 台語歌后方瑞娥、越南林志玲海倫清桃主持 5,6,7,8樓中庭廣場Atrium

9:45pm-凌晨 Johnny Wu 台灣老歌之夜那卡西 (Princess Pick) 7樓中庭 Crooners Lounge

8:45pm-9:30pm 隨Walking Miracles的音樂一起搖擺 7樓船頭舵手酒吧 Wheelhouse Bar

8:45pm The Rat Pack的經典組曲 DJ Yota 7樓閃耀之星迪斯可 Shooting Stars

9:45pm SHOWTIME: 太陽公主幻像魔術歌舞秀 領銜主演: Sebastian & Kristina, Alesya Gulevich and Tibor Szabo 7樓船頭公主劇院Princess Theatre

9:45pm movies under stars 白日夢冒險王 領銜主演: Ben Stiller, Kristen Wiig (保護級・影片長度：1小時54分鐘) 12樓中庭 Riviera

9:45pm-10:30pm 70年代 迪斯可派對 DJ Yota 7樓閃耀之星迪斯可 Shooting Stars

10:00pm-11:00pm Walking Miracles 與夜共舞 7樓船頭舵手酒吧 Wheelhouse Bar

10:30pm-11:15pm 80年代 放克派對 DJ Yota 7樓閃耀之星迪斯可 Shooting Stars

11:15pm-凌晨 90年代 瘋狂派對 DJ Yota 7樓閃耀之星迪斯可 Shooting Stars

船長的登船派對

和船長Diego Perra及其他長官見面!
和香檳瀑布合照
並享用免費香檳、雞尾酒及柳橙汁
5、6、7樓中庭廣場 7:00pm-7:45pm
(船長致詞約在7:30pm開始)

網路特價

15 分鐘 只要8.99美金
網路可以使用到您下船為止，
把握機會上網訂購您的機票吧！
影印服務到今晚11點
Promenade・7樓船尾

PRINCESS CRUISES
PRESENTS
太陽公主號
幻像魔術歌舞秀
領銜主演:
幻像魔術師
Sebastian & Kristina
三次金氏世界紀錄保持人
Alesya Gulevich
獲獎無數的雜耍大師
Tibor Szabo
8:00pm & 9:45pm
七樓船頭公主劇院

白金相館

用我們的技術
為您留下精彩的一刻
創造您傳奇的一生
今天就預約白金藝術家!
Photo & Video Gallery・7樓

$$$ 賭場提醒您

曾於賭場消費的玩家，
請記得在今晚賭場關閉之前，
至賭場櫃檯領出您的現金。
8 樓中庭賭場

圖 7-1 郵輪活動行程表範例

圖 7-2　郵輪娛樂部／餐飲部人員

(6) 專題講座(Lecturer)：檔次較為高級的郵輪船隊，經常會邀請學者專家、頂尖的世界名廚、品酒名家、企業名人、服裝造型師甚或PGA 職業高球選手等專業人士，隨船舉行終身學習專題講座(Enrichment Lecture)，讓旅客在享受休閒郵輪旅程之餘，順帶又有自我充實、終身學習的機會。大多數專題講座職位都屬不支薪之外聘人員，郵輪方提供免費食宿、醫療、旅遊等福利作為交換。講座主題非常廣泛，舉凡諸如考古學、占星術、藝術、著作、歷史、地質、海洋生物學、海洋歷史、營養學、哲學、攝影、心理學、衛生、美容、金融、健身、旅遊及港口訊息等，無所不談並與聽眾熱烈互動。

(7) 港口／購物講座(Port/Shopping Lecturer)：代表郵輪船方與岸上特產商店立場，負責主持船上的港口講座、岸上遊程與岸上購物等說明會，以達成促銷郵輪相關產品為目標。

(8) 運動指導員(Sports Director)：直屬娛樂總監與助理娛樂總監之監督，擔任所有郵輪運動活動之指導工作，除了負責組織規劃運動項目行程，宣布並解釋運動活動之規則及應注意事項，同時也應發揮帶動旅客參與的作用。

(9) 水域運動／潛水教練(Water Sports/Scuba/Snorkeling Instructor)：加勒比海航線，盛行安排多樣的水上運動項目和潛水證書課程。郵輪水域運動／潛水教練，直屬娛樂總監與助理娛樂總監之監督，擔任所有郵輪水域遊憩活動之教練工作。

(10) 青少年輔導員(Youth Counselor)：負責所有郵輪青少年活動之輔導工作，除了負責規劃設計特定分齡青少年的活動行程，宣揚體育道德精神，並作為一個青少年的榜樣之外，同時應注意對家長委婉與禮貌的態度，並須特別注意照顧身心有障礙的青少年旅客。

(11) 兒幼保姆(Nanny)：負責擔任所有郵輪旅客託付兒幼保姆的工作，除了負責規劃設計兒幼遊戲活動，並須特別照顧身心有障礙的兒幼旅客。

(12) 臨時保姆(Babysitter)：負責擔任所有郵輪旅客託付六歲以下嬰幼兒臨時保姆的工作，除了負責規劃設計幼兒的手工藝、看電影、說故事等遊戲活動，並須負責餵養嬰兒、換尿布或哄他們睡覺。

2. 演藝活動部職位

(1) 音樂總監(Musical Director)：負責日常音樂製作、樂團人員排練監管等工作。音樂總監必須具備卓越的古典樂、經典搖滾、鄉村歌曲、爵士樂、節奏藍調等之廣泛知識與演奏技能。

(2) 舞蹈總監(Dance Director)：負責日常舞蹈節目製作、舞群排練監管工作。必須具備卓越的爵士舞、踢踏舞、現代舞、交際舞等之廣泛知識並專精舞蹈技能。

(3) 製作經理／舞台經理(Production Manager/Stage Manager)：負責日常演藝節目生產製作與技術人員管理工作。

(4) 助理製作經理／舞台經理(Assistant Production Manager/Stage Manager)：協助日常演藝節目之生產製作與技術人員的日常管理工作。

(5) 聲光技術員／演藝製作組員(Sound/Light Technician/Production Staff)：負責協助演藝節目之生產製作及技術層面之支援。

(6) 特別來賓演員(Guest Entertainer)：任用資格，必須具備得以完整演出至少 40~50 分鐘的演藝節目，並能迎合不同年齡族群旅客廣泛而多樣的娛樂需求。

(7) 喜劇演員(Comedian)：必須具備得以完整演出至少 40~50 分鐘的喜劇節目，並能迎合不同年齡族群旅客廣泛而多樣的娛樂需求。

(8) 休息區表演樂師(Lounge Performer)：指在郵輪大廳、鋼琴酒吧、夜總會等場域，演奏樂師本身創作之音樂曲目。

(9) 唱片 DJ (Disc Jockey)：必須具有流利的英語表達能力，豐富多樣的音樂賞析素養，以迎合不同年齡族群旅客廣泛的需求。

(10) 秀場舞者／歌手(Show Dancer/Singer)：男女不拘，但必須具有擔任大型歌舞秀表演的經驗者。

(11) 樂團樂師(Showband Player)：包括貝司、鼓組、吉他、鋼琴、薩克斯風、簧笛、長號、小號等演奏樂師。

(12) 古典樂樂師(Classical Musicians)：古典樂包括弦樂四重奏、弦樂三重奏、古典鋼琴、豎琴等演奏樂師。

(13) 酒吧鋼琴師(Cocktail Pianist)：負責在郵輪中央大廳、休息室、酒吧或餐廳演奏鋼琴。

(14) 電視技師(TV Coordinator)：負責在郵輪閉路電視節目系統之操作維修及保養。

（四）岸上遊程部

郵輪旅遊安排旅客上岸進行觀光旅遊活動，是專指在郵輪泊靠港口碼頭時，安排郵輪旅客從事岸上觀光遊憩活動之行程，稱為岸上遊程(Shore Excursion)。岸上遊程係針對所靠泊之不同港口與國度，事先進行詳盡之交通、路線、各式景點目的地與旅遊行程之規劃，以提供乘客最為多樣化之選擇。郵輪公司為順應市場競爭，並考量旅遊產品之訂價與銷售成本等，除非事先特殊約定，通常郵輪安排的各式岸上旅遊行程，旅客往往都需額外付費參加。此類需要額外付費參加之遊程，旅遊產業界一般又稱之為「Optional Tours」(額外遊程)。因此，消費者在選擇搭乘郵輪旅遊時，必須擁有主動了解之常識與勇氣，否則沿途之岸上遊程體驗極可能會有「乘興而來，敗興而歸」之收場。

郵輪岸上遊程規劃，首要顧及「100 公里半徑原則(100 Kilometer Radius)」。所謂 100 公里半徑原則，即指所有的岸上遊程行車距離，均需以港口碼頭為假想的圓心，向外擴散至最多 100 公里距離半徑範圍之內，作為當天來回岸上遊程規劃的可到達範圍。簡言之，亦即郵輪岸上遊程整體交通距離，均應以不超出來回 200 公里為原則進行規劃。茲就郵輪岸上遊程部門職位執掌，分述如下：

1. **岸上遊程經理(Shore Excursion Manager)**：主要是組織協調岸上套裝遊程的預訂和操作，負責包括在各個停靠港的介紹宣傳、港口導覽、航班接駁、岸上遊程觀光等業務。
2. **岸上遊程副理(Assistant Shore Excursion Manager)**：主要是輔佐岸上遊程經理，負責掌管岸上遊程部日常事務。
3. **港口講座講師(Port Lecturer)**：負責專為介紹郵輪航線即將停靠港灣的港口講座活動。郵輪諸多育樂講座中，特別受人歡迎的就是港口講座，它提供當地國情、風俗民情、風景文化、購物建議，以及上岸注意事項等資訊。

4. **岸上遊程員／事務部禮賓員(Shore Excursionist/Concierge)**：負責在各個停靠港的介紹宣傳、港口遊覽、航班接駁、岸上遊程觀光等岸上遊程安排事宜，職掌岸上套裝遊程之操作、印製、分發，同時受理旅客查詢及預訂等工作。

5. **岸上遊程導遊員(Shore Excursion Guide)**：華語稱之為郵輪船上陪同，簡稱「船陪」。負責專為介紹郵輪航線停靠港灣城鎮的遊程導覽活動，提供當地國情、風俗民情、風景文化、購物建議，以及上岸注意事項等資訊。

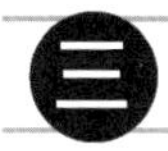

三 特許營運部門

郵輪公司為了滿足旅客的多元需求，另與獨立特許經營者(Concessionary)或外包商(Out Sourcing)簽訂特許經營合同，以外部承包方式經營包含美容水療、精品禮品店、攝影部、賭場等部門，都屬郵輪特許營運部門之範疇。茲就郵輪特許營運部門職位執掌，分述如下：

（一）水療美容部

1. **沙龍經理(Salon Manager)**：負責水療美容部沙龍整體監督、會計事務、採購備品、員工培訓及客戶投訴處理等工作，以確保提供客人優質的服務。此外，尚需負責剪髮、清洗、造型等例行工作。

2. **美髮師(Hairdresser)**：負責剪髮、清洗、造型以及打掃沙龍清潔等工作。

3. **芳療按摩師(Massage Therapist)**：負責按摩芳療工作。任用資格，必須個性友善、開朗耐心及良好的待客態度，同時要有流利的英語表達能力。
4. **美容／化妝師(Beauty/Cosmetician)**：負責提供客人有關美容產品諮詢服務、美容、化妝等工作。
5. **美甲師(Manicurist)**：負責修指甲工作，包含指甲清潔、指甲修護、足部呵護並提供客人有關諮詢服務。
6. **健身教練／私人教練(Fitness Instructor/Personal Trainer)**：負責瑜伽、健美操、有氧運動、跑步、游泳等教練工作，並提供客人有關運動安全諮詢服務。

（二）精品禮品店

1. **精品／禮品店經理(Boutique/Gift Shop Manager)**：負責精品／禮品店商品展示、銷售、會計、採購、員工培訓等主管工作，以確保提供客人優質的服務。精品禮品店主要銷售化妝品、香水、珠寶、瓷器、水晶、禮品、藝品、服飾、圖書及數位相機等商品。
2. **精品／禮品店店員(Boutique/Gift Shop Sales)**：負責銷售精品／禮品店化妝品、香水、珠寶、瓷器、水晶、禮品、藝品、服飾、圖書及數位相機等商品工作。
3. **藝廊經理／藝術品拍賣師(Gallery Manager/Art Auctioneer)**：負責郵輪藝術畫廊藝術品擺設展示、導覽解說、藝術品拍賣等工作職責。藝術品拍賣師通常是一項不支薪的職位，收入來源採佣金分紅制。

（三）攝影部

1. **攝影部經理(Photo Manager)**：負責管理攝影部整體操作、照片展示、照片銷售、會計採購、員工培訓等主管工作，以確保提供客人優質的服務。

2. **攝影部副理(Assistant Photo Manager)**：輔佐攝影部經理負責管理攝影部整體操作、照片展示、照片銷售、員工培訓等副主管工作，以確保提供客人優質的服務。

3. **攝影師(Photographer)**：負責在客人登輪、離船、主題之夜、正式晚宴、雞尾酒會、娛樂活動等場合的攝影工作，同時負責照片沖洗、照片展示、照片裝框、照片銷售及製作錄影帶等職責。

（四）賭場部

1. **賭場經理(Casino Manager)**：負責管理賭場部整體操作、日常營運、營收管理、客訴處理、員工培訓等主管工作，同時負責制訂賭場營運政策、延長信用及賠率基準等細節。

2. **賭場副理(Assistant Casino Manager)**：輔佐賭場經理協助管理賭場部整體操作、日常營運、營收管理、客訴處理、員工培訓等副主管工作，同時負責制訂賭場營運政策、延長信用及賠率基準等細節。

3. **賭場出納(Casino Cashier)**：負責核算賭場日常收支細目、精確簿記、兌換外幣、交換籌碼等工作。

4. **賭場荷官／發牌員(Casino Croupier/Dealer)**：是指在賭場內負責發牌、殺賠（收回／支付客人輸贏的籌碼）的一種職業。賭場荷官／發牌員通常在黑傑克 21 點、加勒比海撲克、骰子、輪盤等賭台，負責發牌、開彩、協助下注、驗證輸贏、殺賠籌碼或賭金等工作。

5. **賭場老虎機技師(Casino Slot Technician)**：負責吃角子老虎機及視頻撲克機等賭場機具之正場運作與維修保養，適時的協助旅客講解遊戲、支付賭金等工作。

四 郵輪職務招聘

綜上所述，郵輪旅遊服務部門工作應是屬於相對高薪的職務，根據粗估亞太短程航線月收入起薪約為 850 美元以上，歐美航線月收入則可能高達 2,000 美元以上，至於服務小費通常則屬於另計範圍（端視不同郵輪公司、部門職務而定）。而且，當代豪華郵輪先進的設備，工作環境通常擁有條件優越的生活機能，船上工作人員除了個人用品之外，日常開銷幾乎享有一律免費之優惠，根本不需支付任何房租、水費、電費或伙食等開銷。住宿通常兩人合宿，有獨立衛浴、空調等設備。同時，郵輪旅遊服務部門工作既擁有相對略高於岸上同類工作的薪資報酬，個人短期內可能因收入多、支出少而累積相當的財富。最重要的是，個人還可一面與世界各國來的同事一起工作，以培養國際宏觀胸襟之外，還可順道遨遊四海飽覽異國風光。前述種種，應是郵輪工作最為令人嚮往的重要誘因之一。

然而，郵輪服務工作事實上也並不如想像的那麼輕鬆，因為郵輪部門職務特別講究工作紀律與服務態度。正常來講，郵輪員工每週約需工作六天，每天工作可能長達 10 個鐘頭左右，工作雖談不上非常繁重，但工作時段相對較長。另一個郵輪旅遊服務部門職務的好處是，第一次簽訂工作合同期限約為 6~10 個月不等，其餘時間得享有上岸渡假機會。不過，也僅限表現非常良好突出的員工，才有可能得到自動續約的待遇。簡言之，郵輪部門工作或許相對辛苦，但個人卻也有很多機會到訪各個不同國家，親身體驗異國特殊風情。茲就相關郵輪部門職務外派單位人力培訓、郵輪公司招聘條件、郵輪公司薪資待遇以及郵輪工作免費待遇等流程資訊，簡述如下。

1. 郵輪部門職務外派單位人力培訓流程：

(1)報名（*附註） → (2)參加初試 → (3)考前培訓→ (4)酒店實習 → (5)船東複試 → (6)面試合格 → (7)海事培訓→ (8)辦理證件→ (9)確定船期 → (10)體檢合格 → (11)申請簽證 → (12)職前培訓 → (13)登船工作 → (14)後期管理。

*附註 1：「船員四小證」培訓、「海員手冊」認證：

好消息！有志於報名參加招聘而從事郵輪部門職務或海事工作業務的個人，都需先取得「海員手冊」（俗稱船員證）與「基本安全訓練合格證書」（俗稱「船員四小證」：包含人員求生技能（操艇）、防火及基礎滅火、基礎急救、人員安全及社會責任等培訓認證），始得參加甄試及培訓。據知台灣早期相關法規規定，個人如非海事教育本科生出身或受雇於本國籍船上工作，幾乎不可能輕易拿到海員手冊。2018 年中，經由「交通部航港局」各級主管的積極爭取鬆綁修法，如今已有輕鬆取得「海員手冊」的管道。根據交通部『船員服務規則』之最新規定，凡年滿 17 足歲的中華民國國民，均得報名參加「船員四小證」認證訓練，甄試合格者即發給「海員手冊」。

*附註 2：國內「船員四小證」認證訓練機構-乙級船員訓練中心。

國立臺灣海洋大學海事發展與訓練中心
國立高雄科技大學商船船員訓練中心
台北海洋科技大學海事訓練中心
中華航業人員訓練中心
長榮海運船員訓練中心

2. 郵輪公司一般招聘條件：

(1) 專科以上畢業資格。必須具備熟練的英語口語能力。如能具備旅遊專業或酒店管理相關技能服務資歷者，得優先錄取。

(2) 男女性別不拘，年齡最好是在 18~32 歲之間，身高：約女性 160 公分，男性約 170 公分。五官端正，品行端莊，身心健康者，得優先錄取。

(3) 個人身體無疤痕、無紋身刺青，無心臟病、傳染病、高血壓或家族病史。如近視者，則需配戴隱形眼鏡矯正。

(4) 無不良出國意圖。無刑事犯罪記錄。

3. 郵輪公司薪資待遇：

(1) 薪資、福利（端視不同公司、部門職位而定，詳情請參《郵輪旅遊實務》專書相關章節內文或網頁：Cruise Ship Jobs. Website: http://www.cruiseshipjob.com/index.htm）。

(2) 小費通常另計（視部門職位而定）。

(3) 工作期間免費提供食宿。（住宿通常兩人合宿，附設有獨立衛浴、空調）。

(4) 在船服務期間享有國際公約規定的工傷及醫療保險。

(5) 公司通常按照合同為員工進行社會統籌保險管理。

(6) 合約期通常為一年工作 6~10 個月，得休假 2~4 個月。

4. 郵輪組織部門工作者得享有之免費待遇：

(1) 免費自助餐。

(2) 免費工作服。

(3) 免費洗衣服。

(4) 免費生活日用品。

(5) 免費使用娛樂設施。

(6) 免費全包醫療救助。

(7) 親屬郵輪旅遊折扣優待。

資料來源：《郵輪旅遊實務》（呂江泉，2015）

五 郵輪實習就業

2020 年初以來，包括郵輪旅遊在內的全球各式產業，幾乎無一倖免的受到 COVID-19 新冠疫情的重創。然而，彷彿為呼應「台灣防疫得當」的獎勵一般，2020 年 7 月由星夢郵輪探索夢號領銜復航的台灣跳島郵輪航線產品，卻逆勢出現一枝獨秀的嶄新市場。國際郵輪協會(CLIA)發佈的《2021 年郵輪業發展前景報告》指出，歐洲、亞洲和南太平洋的部分地區，郵輪已於 2020 年 7 月陸續開始恢復營運。而 7 月上旬至 12 月下旬全球郵輪約共 200 航次中，台灣以探索夢號復航 58 航次名列前茅。

因此，號稱「Asia Big 4（公主、雲頂、歌詩達、皇家加勒比等亞洲四大家郵輪公司）」的其他三家，遂也跟進請求主管機關的航港局暨衛福布核准在台復航。我國政府當局基於平等互惠、利益均霑原則，要求各家郵輪公司提供「再地採購物料」、「再地維修郵輪」、「再地徵用人才」等三大回饋方案。於是，各家郵輪公司紛紛擬定合作契約，釋出郵輪就業實習名額若干，同時提供各職位應徵條件、薪資標準以及應有之福利等資訊。

高雄餐旅大學、高雄科技大學以及臺灣海洋大學等三校，分別成立郵輪研究中心或人力資源培訓中心，開辦「郵輪專業師資培訓認證」、「郵輪服務人員培訓認證」，專業課程涵蓋「郵輪專業服務概論」、「郵輪專業服務實務」、「郵輪專業服務須知」等三大核心課程，其下再分 15 大子項目，內容涵蓋郵輪服務產業以及郵輪服務工作所需專業素養課程，「海上人命安全維護公約 SOLAS」暨「航海人員訓練、發證及航行當值標準國際公約 STCW2010」所制訂相關規範等。郵輪實習就業學生修滿 18 週課程，再經海員訓練中心受訓並通過測驗合格，取得「郵輪服務人員認證」以及「海員手冊」等專業證照後，即可展開郵輪實習就業生涯規劃。

郵輪類型評鑑

Cruise Types

08

CHAPTER

★ ★★ ★★★ ★★★★ ★★★★★

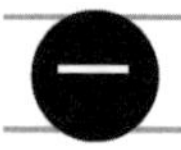

一 郵輪分類概述

「船舶(Ship/Vessel)」一詞，指的是舉凡藉由水的浮力，利用人力、風帆、發動機（例如蒸氣機、燃氣渦輪、柴油引擎、核子動力）等動力推動螺旋槳或高壓渦輪噴嘴，使其能在水面上移動的交通運輸工具。自從人類開始發明船隻推進系統以來，各類客貨船舶不再僅僅藉由人力或風帆之動力，進而改由主發動機連接螺旋槳的幫助航行。船舶推進系統的類型取決於諸如速度、動力、船型、航程、運輸目的等等不同之需求，以致各類船舶亦因之而有客輪、貨輪、油輪、散貨船、汽車船及其他特殊類型船隻之分類。本章節受篇幅限制影響，僅能就客運船舶尤其是郵輪部分進行探討如次。

船舶若依其英文名稱來區分，則會有較為嚴格的區分方式，通常「Ship」表示較為大型的船舶，而「Vessel」則泛指所有形式的大小船舶之統稱。若依《海商法》法規所賦予的船舶定義，則將船舶定義為：船舶，是指海船和其他海上移動式裝置，但不包含用於軍事或政府公務的船舶或是 20 噸以下的小型船艇。目前，世界上輪船之類型多達百種以上，如單以民用商業運轉船舶而言，常見客運船舶尤其是郵輪，則有如下之分類。

（一）海上客輪分類(Passenger Ships)

客輪是指用於運送乘客的中大型船隻，依其用途及型式分類，大致可分為郵輪(Cruise Ship; Cruise Liner)、遠洋定期客輪(Ocean Liner)、渡輪(Ferry)以及客貨兩用輪船(Passenger Freighter)等類型如下：

1. **郵輪(Cruise Ship; Cruise Liner)**：郵輪專指以輪船作為交通載具、旅館住宿，餐飲供應及休閒場所等之多功能工具，進行相關休閒旅遊、觀賞風景文物等活動，是一種專用於休閒遊樂而航行的客船。

2. **遠洋定期客輪(Ocean Liner)**：遠洋客輪指的是以運輸為主要目的，搭載旅客進行越洋長途航行之船隻。遠洋客輪後來透過加入娛樂設施服務元素，而逐漸轉型成為郵輪的型態。然而如以現今標準來看，此類遠洋客船大多仍應屬中小型船舶，與當今各式巨型豪華郵輪仍舊難以匹敵。

3. **客貨兩用輪(Passenger Freighter)**：客貨輪是指同時載運旅客和貨物的船隻，根據國際航政法規認定，如果貨船同時搭載旅客未達 12 人，則統稱為貨輪；惟如載運貨物同時又搭載旅客超出 12 人以上時，則應稱之為「客貨輪」。此類兼營客運之貨輪特色如下：
   (1) 住宿客房特別寬大。
   (2) 餐飲品質特別講究。
   (3) 航程路線無法預知。
   (4) 不另提供娛樂節目。

4. **渡輪(Ferry)**：渡輪指的是一種短程運輸用的船隻，主要用來運輸乘客、載具與貨物，或稱為渡船、交通船。渡輪船型之設計取決於航程長短、速度要求、裝載容量及水域環境等因素，其大致分類如下：
   (1) 駛上駛下型渡輪(Roll-On/Roll-Off; RO-RO)：RO-RO 或稱之為滾裝船、車輛渡輪(Car Ferry)，是指船舶設計容許輪式貨物，例如汽車、貨車、卡車、拖車甚或鐵路車廂等，可以直接駛上、駛下船艙的船隻，因此又稱為車輛渡輪。駛上駛下型渡輪通常航行於世界各大內陸海域、大河流域或海島之間，最著名的有歐洲波羅的海、地中海、黑海、裡海、英吉利海峽及尼羅河流域等；亞洲日本瀨戶內海、日本海、長江流域、台灣海峽、南中國海、麻六甲海峽等。美洲五大湖區、加勒比海、墨西哥灣、阿拉斯加、密西西比河及亞馬遜河流域等。

(2) 水翼船(Hydrofoil)：水翼船指的是一種船底設有支架，再加裝有如飛機機翼般的水翼，因而能高速航行的船舶，或稱為飛翼船、噴射飛航船(Turbo Cat)。當水翼船的速度逐漸增加，水翼提供浮力把船身抬離水面，從而大幅減少水的阻力並進而增加航行速度，稱為水翼飛航(Foilborne)。通常水翼船的轉向機制並不使用常見的舵，而是使用控制左右兩支水翼的角度，以達成船身轉向的目的。今世存在的水翼船噸位大多不超過 1,000 噸，並以內海或近海航行為主，常見於北歐洲波羅的海、南歐洲地中海；東亞地區的水翼船航行，則以日本瀨戶內海及定期行駛於香港、澳門之間的航線最為常見。

(3) 氣墊船(Hovercraft)：氣墊船指的是一種利用空氣在船底部襯墊承托減少水的阻力，因而能高速航行運轉的船隻，或稱為氣墊飛船、氣墊飛行船。很多氣墊船的高速運轉，甚至可行駛至高達超過 50 節的速度（約 90 km/hr），全墊式氣墊船時速可達 70 節。氣墊船具備兩棲運轉能力，除可在水上行駛之外，還可在某些比較平滑的陸上地形行駛。1960 年代，英國出產數種商用氣墊船，用來提供橫渡英倫海峽的渡輪服務。後來由於燃料價格上升，英倫海峽的氣墊船慢慢被歐洲之星高速列車之運能所取代。

(4) 雙體船(Catamaran)：指由兩個瘦長的船體組合而成，船體配合渦輪噴氣發動機的推動，以噴射水流的方式，把水快速推向船後，可獲得巨大的向前推進力（反作用力），比採用普通的螺旋槳推動更為快速。而在高速運轉時，瘦長船身更可大幅降低船身對水的阻力。雙體船常見於競技及娛樂用的船隻設計，雖然在燃料推動船隻的範疇中是一種相對較新的設計，但其實在南太平洋的玻里尼西亞，傳統雙體船的使用已歷經數個世紀之久。

（二）容量噸位分類

郵輪產業依其規模大小、營運屬性及品牌形象等，已是百家爭鳴、各擅勝場。而郵輪類型也緊隨著郵輪產業的不斷發展，而越趨多元化。根據 Douglas Ward 著作《貝里茲郵輪年鑑(Berlitz Cruising & Cruise Ships)》2018 年鑑分類，郵輪除以前述的總噸位大小來進行分類之外，又再加上郵輪搭載旅客之容量(Capacity)為指標加以區分。不過，《貝里茲郵輪年鑑》2018 年鑑分類，其總噸位與前述總噸位之計量標準略有差異。茲歸納郵輪噸位暨容量分類之四大類型郵輪如下（表 8-1）。

1. **微型郵輪(Small Cruise)**：指的是噸位在 1,000~5,000 噸之間、載客人數在 50~250 人之間的郵輪，通常又稱之為精品郵輪(Boutique Cruise)。

2. **小型郵輪(Small Cruise)**：指的是噸位在 5,001~25,000 噸之間、載客人數在 251~750 人之間的郵輪。

3. **中型郵輪(Mid-size Cruise)**：指的是噸位在 25,001~50,000 噸之間、載客人數在 751~1,750 人之間的郵輪。

4. **巨型郵輪(Superliner/Mega-liner)**：指的是噸位在 50,001~225,000 噸之間、載客人數在 1,751~6,500 人之間的郵輪，通常又稱之為大型渡假村型郵輪(Large Resort Cruise)。

表 8-1 郵輪總噸位暨容量類型表

中文類型	英文名稱	郵輪噸位	載客容量
微型郵輪	Very Small /Boutique Cruise	1,000~5,000 噸	50~250 人
小型郵輪	Small Cruise	5,001~25,000 噸	251~750 人
中型郵輪	Mid-size Cruise	25,001~50,000 噸	751~1,750 人
大型郵輪	Superliner/ Large Resort Cruise	50,001~225,000 噸	1,751~6,500 人

(三)註冊噸位分類

郵輪船隻如僅依其噸位進行分類,通常多是以其註冊總噸位(GRT; Gross Registry Tonnage)作為衡量指標來區分,大致可分為如下四大類型(表8-2):

1. **小型郵輪(Small Cruise)**:指的是噸位容量在20,000註冊總噸位以下的郵輪船隻。
2. **中型郵輪(Mid-size Cruise)**:指的是噸位容量在20,001~50,000註冊總噸位之間的郵輪船隻,船型較為適中。
3. **大型郵輪(Superliner/Large Resort Cruise)**:指的是噸位容量在50,001~70,000註冊總噸位之間的郵輪船隻。
4. **巨型郵輪(Mega-liner)**:指的是噸位容量在70,001註冊總噸位以上的郵輪船隻。

表8-2 郵輪總噸位類型表

中文類型	英文名稱	郵輪噸位
小型郵輪	Small Cruise	20,000噸以下
中型郵輪	Mid-size Cruise	20,001~50,000噸
大型郵輪	Superliner / Large Resort Cruise	50,001~70,000噸
巨型郵輪	Mega-liner	70,001噸以上

(四)主題屬性分類

郵輪如依其船隊產品主題、主力市場、旅客屬性、設施活動或航行水域等主題屬性類別區分,大致約可分為如下九大類型:

1. **傳統型郵輪(Traditional Cruise)**：大多建造於 1970 年代之前，主要用於越洋航行或環球之旅。以如今的標準看，這些船大多數都算是相當小巧的。但有些具有代表性的傳統型客輪，也與某些較大的當代船隻幾乎一樣大小。其特徵為船體龐大、尖頭方尾，呈優美的流線型造型，適合在開闊的海洋上破浪前進。傳統型郵輪講究個人式服務(Personalized Service)，穿著要求相對比較正式。例如鐵達尼號、P&O 郵輪伊莉莎白女王二世號(QE2)、水晶郵輪船隊都屬此類。

2. **當代型郵輪(Contemporary Cruise)**：20 世紀中葉之後，當代型郵輪之船型規模越來越大，最終在船隻噸位大小和載客容量上，都遠遠超越傳統型甚或標準型的規格許多。例如，瑪麗女王號和伊麗莎白女王號。郵輪業一般稱呼此類巨型的當代郵輪為巨型郵輪(Mega-liner)。其特徵為能容納 2,000 名以上旅客，樓層有 12 層以上的甲板（郵輪一層甲板相當於陸地樓房的一個樓層）。其優缺點如前所述，旅客得以自由選擇參加或使用之活動設施，相對更為多元有趣。但每逢郵輪靠港期間，旅客用於驗證通關、上下船排隊等候的時間亦較為冗長難耐。

3. **主題型郵輪(Theme Cruise)**：此類郵輪當然是以「迪士尼主題遊樂園」起家並領導全球主題遊樂業潮流之迪士尼集團，甫於 1998 年新加入郵輪船隊營運的「迪士尼郵輪」，最具主題型郵輪之代表性。早期隸屬台灣船籍的中國航運公司「宇宙學府號(Universe Campus)」，以及現代的「海上學府郵輪(Semester at Sea)」，即以環遊世界的浮動校園型態為號召招生，聘請各類通識科目教師於船行途中授課，都屬於教育結合旅遊之主題型郵輪。此外，季節性募集搭載同性戀乘客（例如，「精鑽探索號郵輪(Azamara Quest)」）、銀髮族、單身族、度蜜月、家族同遊、極地探險等等郵輪，亦均屬主題型郵輪典型代表。

4. **精品型郵輪(Boutique Cruise)**：此類郵輪通常標榜「全套房艙 All Suite」為其品牌訴求兼行銷賣點，特徵是船體內外設備極為豪奢、載客量少（一般約僅搭載 50~250 名左右旅客），服務生與乘客人數比例接近 1:1，特別講究個人品味，不必正式穿著服飾，極少自費額外要求。其服務對象以中老年有錢有閒之銀髮富商鉅賈為主要客群。此類船隊包括「璽寶郵輪(Seabourn Cruises)」及「銀海郵輪船隊(Silversea Cruise)」之銀風、銀雲等船隊，均屬此類精品型郵輪典型代表。

5. **博弈型郵輪(Casino Cruise)**：屬於非常特殊型式的郵輪類型之一，亦即俗稱「賭船(Casino Ship)」或稱「無目的地(Going No-where)」公海航線郵輪。此類郵輪船隊公司，通常利用週末時段以極低價位收費，並付加免費來回接送、免費升等艙房、附送賭資、籌碼等促銷手段，以吸引某些禁止公開賭博國家之嗜賭人士上船。每當此等輪船駛抵所謂「三不管」的公海地帶時（國際慣例指 12 浬領海以外區域），隨即拋錨停駛漂浮以節省油料，並任由賭客通宵達旦豪賭，直至週末尾聲之週日夜晚再回航靠岸。此一特殊經營型態郵輪，早期大都出現於美國東西兩岸外海，以及近代亞太地區多數華人聚居之海岸線外一帶公海營運。當今，此一類型郵輪之代表性船隊，則數專以亞太郵輪市場為主力的某郵輪船隊屬之。

6. **桅帆型郵輪(Sailing Cruise)**：桅帆型郵輪船隻，如對照前述之巨型郵輪，往往形成強烈對比的看來有點像是巨型郵輪的微縮版，或者說是特大號的遊艇。而且部分或全部桅帆型郵輪，除本身既有的動力設備之外，幾乎也都靠電腦操控桅帆風力推動，屬於較具環保意識之設計概念。此類郵輪典型代表為星風郵輪船隊(Windstar Cruises)，多數桅帆型郵輪船隻容納不到 200 名旅客，但也因此更能確保提供給旅客更為客製化的優質服務(Customized Service)。桅帆型郵輪的航程重點放在較為近海航程距離、小巧而舒適的度假旅遊航線。

7. **內河型郵輪(River Cruise)**：典型的內河型郵輪，當以美國密西西比河的明輪客船最具代表性。此類內河型郵輪往往依照 19 世紀蒸汽船的模式建造，俾使旅客得以重溫大作家馬克．吐溫的作品所描述的方式，乘船體驗美國偉大河流。現代風格的內河型郵輪也用來體驗諸如歐洲萊茵河、多瑙河、北非尼羅河、中國長江三峽等傳奇性河流，頗受不喜遠洋航遊旅客的喜愛。

8. **渡輪型郵輪(Ferry Cruise)**：因其兼營客貨之屬性差異，產業界通常並不將之歸類為郵輪航遊項目。然而，在歐洲尤其是在北歐，渡船提供旅客住宿過夜，甚至是長達多天的航遊經歷。此類渡輪型郵輪同樣配置有私人艙房，多彩多姿的娛樂節目，以及不輸標準郵輪所提供的豐盛餐飲服務，因此仍宜歸類之為渡輪型郵輪。

9. **多功能郵輪(Multi-Functional Cruise)**：所謂多功能郵輪，通常專指密布於挪威北海沿岸峽灣地區，航行於海岸航線的中小型客貨船隊。該等船隻主要往來於峽灣區鄰近的市鎮村落，擔負運貨、載客業務同時兼有服務來訪遊客作為旅遊交通用途之多種功能郵輪類型。

（五）超級巨型郵輪

綜合上述郵輪噸位容量類型論點而觀之，當代郵輪產業如持續爭奇比大，將來極有可能還會產生一種位於巨型郵輪之上的新郵輪類別產生，甚或意味著當今的 70,000~90,000 總噸位上下的巨型郵輪，將來有可能被降格歸類為「大型郵輪」之列。而所謂「巨型郵輪 Mega Liner」的標準，則可能將被改以 100,000 總噸位以上為基準。截至 2020 年底為止，全世界 100,000 總噸位以上的巨輪數目已多達將近 100 艘之多，茲依其總噸位大小表列如下（表 8-3）。

表 8-3 世界巨型郵輪列表（依其總噸位大小排序，2020）

Seq. 序位	Ship's Name 郵輪船名	Cruise Line 郵輪公司	GRT 總噸位	Year 年份	Capacity 容量
1	Symphony of the Seas	皇家加勒比	228,000 GT	2018	5,518
2	Harmony of the Seas	皇家加勒比	227,700 GT	2016	5,496
3	Oasis of the Seas	皇家加勒比	225,282 GT	2009	5,400
	Allure of the Seas	皇家加勒比	225,282 GT	2010	5,400
5	Costa Smeralda	歌詩達郵輪	185,010 GT	2019	5,224
6	Iona	P&O 郵輪	184,089 GT	2020	5,206
7	AIDAnova	阿依達郵輪	183,858 GT	2019	5,252
8	Mardi Gras	嘉年華郵輪	181,808 GT	2020	5,282
9	MSC Grandiosa	地中海郵輪	181,541 GT	2019	5,264
	MSC Virtuosa	地中海郵輪	181,541 GT	2020	4,842
11	MSC Meraviglia	地中海郵輪	171,598 GT	2017	4,500
	MSC Bellissima	地中海郵輪	171,598 GT	2019	4,434
13	Spectrum of the Seas	皇家加勒比	169,379 GT	2019	4,246
14	Norwegian Encore	諾維真郵輪	169,116 GT	2019	3,998
15	Quantum of the Seas	皇家加勒比	168,666 GT	2014	4,180
	Anthem of the Seas	皇家加勒比	168,666 GT	2015	4,180
	Ovation of the Seas	皇家加勒比	168,666 GT	2016	4,180
18	Norwegian Bliss	諾維真郵輪	168,028 GT	2018	4,248
19	Norwegian Joy	諾維真郵輪	167,725 GT	2017	3,883
20	Odyssey of the Seas	皇家加勒比	167,704 GT	2021	4,284
21	Norwegian Escape	諾維真郵輪	163,000 GT	2015	4,248
22	Freedom of the Seas	皇家加勒比	155,889 GT	2006	4,370
	Liberty of the Seas	皇家加勒比	155,889 GT	2007	4,370
	Independence of the Seas	皇家加勒比	155,889 GT	2008	4,370
25	Norwegian Epic	諾維真郵輪	155,873 GT	2010	4,200
26	MSC Seaview	地中海郵輪	153,516 GT	2018	4,140
	MSC Seaside	地中海郵輪	153,516 GT	2017	4,140
28	Genting Dream	星夢郵輪	150,695 GT	2016	3,200
	World Dream	星夢郵輪	150,695 GT	2017	3,360
30	Queen Mary 2	冠達郵輪	148,528 GT	2003	3,056

表 8-3 世界巨型郵輪列表（依其總噸位大小排序，2020）（續）

Seq. 序位	Ship's Name 郵輪船名	Cruise Line 郵輪公司	GRT 總噸位	Year 年份	Capacity 容量
31	Norwegian Breakaway	諾維真郵輪	145,655 GT	2013	3,988
	Norwegian Getaway	諾維真郵輪	145,655 GT	2014	3,988
33	Sky Princess	公主郵輪	145,281 GT	2019	3,660
	Enchanted Princess	公主郵輪	145,281 GT	2020	3,660
35	Majestic Princess	公主郵輪	143,700 GT	2017	4,000
36	Royal Princess	公主郵輪	141,200 GT	2013	4,000
	Regal Princess	公主郵輪	141,200 GT	2014	4,000
38	Britannia	P&O 郵輪	141,000 GT	2015	3,638
39	MSC Preziosa	地中海郵輪	140,000 GT	2013	3,502
40	MSC Divina	地中海郵輪	139,400 GT	2012	3,502
41	Explorer of the Seas	皇家加勒比	138,194 GT	2000	3,634
	Voyager of the Seas	皇家加勒比	138,194 GT	1999	3,634
43	MSC Fantasia	地中海郵輪	137,936 GT	2008	3,274
	MSC Splendida	地中海郵輪	137,936 GT	2009	3,274
45	Adventure of the Seas	皇家加勒比	137,276 GT	2001	3,634
	Navigator of the Seas	皇家加勒比	137,276 GT	2003	3,634
	Mariner of the Seas	皇家加勒比	137,276 GT	2004	3,634
48	Costa Venezia	歌詩達郵輪	135,225 GT	2019	4,232
49	Costa Firenze	歌詩達郵輪	135,156 GT	2020	4,232
50	Carnival Panorama	嘉年華郵輪	135,000 GT	2019	4,008
	Carnival Vista	嘉年華郵輪	135,000 GT	2016	3,936
52	Carnival Horizon	嘉年華郵輪	133,500 GT	2018	3,954
53	Costa Diadema	歌詩達郵輪	132,500 GT	2014	3,700
54	Celebrity Edge	精緻郵輪	130,818 GT	2018	2,918
	Celebrity Apex	精緻郵輪	130,818 GT	2020	2,918
56	Disney Dream	迪士尼郵輪	129,690 GT	2011	2,500
	Disney Fantasy	迪士尼郵輪	129,690 GT	2012	2,500

表 8-3 世界巨型郵輪列表（依其總噸位大小排序，2020）（續）

Seq. 序位	Ship's Name 郵輪船名	Cruise Line 郵輪公司	GRT 總噸位	Year 年份	Capacity 容量
58	Carnival Dream	嘉年華郵輪	128,250 GT	2009	3,646
	Carnival Magic	嘉年華郵輪	128,250 GT	2011	3,646
	Carnival Breeze	嘉年華郵輪	128,250 GT	2012	3,646
61	AIDA Prima	阿依達郵輪	125,572 GT	2015	3,250
	AIDA Perla	阿依達郵輪	125,572 GT	2017	3,290
63	Celebrity Silhouette	精緻郵輪	122,210 GT	2011	2,852
	Celebrity Reflection	精緻郵輪	122,210 GT	2012	2,852
65	Celebrity Solstice	精緻郵輪	121,878 GT	2008	2,852
	Celebrity Equinox	精緻郵輪	121,878 GT	2009	2,852
	Celebrity Eclipse	精緻郵輪	121,878 GT	2010	2,852
68	Azura	P&O 郵輪	116,000 GT	2010	3,092
	Ruby Princess	公主郵輪	116,000 GT	2008	3,080
70	Diamond Princess	公主郵輪	115,875 GT	2004	2,674
	Sapphire Princess	公主郵輪	115,875 GT	2004	2,670
72	Costa Serena	歌詩達郵輪	114,500 GT	2007	3,700
74	Costa Pacifica	歌詩達郵輪	114,500 GT	2009	3,700
	Costa Favolosa	歌詩達郵輪	114,500 GT	2011	3,700
	Costa Fascinosa	歌詩達郵輪	114,500 GT	2012	3,700
77	Crown Princess	公主郵輪	113,000 GT	2006	3,080
	Emerald Princess	公主郵輪	113,000 GT	2007	3,114
79	Ventura	P&O 郵輪	113,000 GT	2008	3,092
	Carnival Splendor	嘉年華郵輪	113,300 GT	2008	3,006
81	Caribbean Princess	公主郵輪	112,894 GT	2004	3,622
82	Carnival Conquest	嘉年華郵輪	110,000 GT	2002	2,974
83	Carnival Glory	嘉年華郵輪	110,000 GT	2003	2,974
	Carnival Valor	嘉年華郵輪	110,000 GT	2004	2,974
	Carnival Liberty	嘉年華郵輪	110,000 GT	2005	2,974
	Carnival Freedom	嘉年華郵輪	110,000 GT	2007	2,974
86	Golden Princess	公主郵輪	109,000 GT	2001	2,600

表 8-3 世界巨型郵輪列表（依其總噸位大小排序，2020）（續）

Seq. 序位	Ship's Name 郵輪船名	Cruise Line 郵輪公司	GRT 總噸位	Year 年份	Capacity 容量
87	Star Princess	公主郵輪	108,977 GT	2002	2,600
88	Grand Princess	公主郵輪	108,806 GT	1998	2,600
89	Costa Fortuna	歌詩達郵輪	105,000 GT	2003	2,720
	Costa Magica	歌詩達郵輪	105,000 GT	2004	2,672
91	Carnival Victory	嘉年華郵輪	102,000 GT	2000	2,758
92	Carnival Triumph	嘉年華郵輪	101,509 GT	1999	2,758
93	Carnival Destiny	嘉年華郵輪	101,353 GT	1996	2,642

二 「Berlitz」星級評鑑

郵輪星級評鑑分類，亦有等同於陸上旅館般以星級區分標準，用以作為旅客在選擇搭乘郵輪旅遊時，提供重要之參考資訊，並作為各家郵輪公司研究改進之指標。因此，每年定期出爐之各項郵輪服務品質評鑑星級結果，最為各家郵輪船隊公司所關注與矚目。現有郵輪星級評鑑，產業界公推歷史最為悠久的《貝里茲郵輪年鑑(Berlitz Cruising & Cruise Ships)》最具權威性。貝里茲郵輪年鑑，是由現任美洲「海運評鑑集團(The Maritime Evaluation Group)」會長「道格拉斯華德(Douglas Ward)」擔任主編，定期每年更新內容版本一次。道格拉斯．華德自 1965 年起從事郵輪服務工作，分別於皇后（冠達）郵輪、P&O 郵輪等船隊郵輪上服務過，實務經驗非常豐富。直到後期擔任美洲海運評比集團總裁後，即開始帶領團隊對全球郵輪進行評鑑工作。至今已擁有超過 50 年的海上旅行經驗，每年約有 200 多天在海上度過。

1985 年《貝立茲郵輪巡航指南》第 1 版問世，而後每年固定更新版本，至 2020 年已出到第 35 版之多。本書主要評比郵輪內容分為船隊、服務、住宿、娛樂、餐飲及郵輪體驗等 6 大項目，6 大項目又再細分為 20 多種評分標準、400 多種評選目標，每種評比標準都相當公正嚴苛。因此，由於原作主編及其團隊長年所建立下來的權威形象，本書幾已被全球郵輪業、旅遊業、英語為母語消費者一致公認之為「郵輪聖經」。目前道格拉斯華德每年利用十個月以上時間，帶領或指派所屬團隊針對全球約 300 艘郵輪之硬體設施與軟體服務，採取「郵輪星級制」規格標準，由最低之「1 星級★」至最高之「超 5 星級★★★★★＋」進行評鑑，最後將結果登錄於貝里茲郵輪年鑑定期發表。

至於貝里茲郵輪年鑑「五星級制」評鑑標準，根據海運評鑑集團道格拉斯會長指出，自 2000 年度起，傳統上所謂代表郵輪最高等級之「六星級」之評鑑等級即取消，而後郵輪評等標準將修正改採「五星級制」，其評鑑方式與評鑑標準如下：

1. 星級評鑑項目

貝里茲郵輪年鑑郵輪星級評鑑，主要是針對郵輪船體、客艙住宿、餐飲供應、人員服務、娛樂活動及郵輪體驗等五大項目為主，其下再加以細分出四十題小項逐一給分，並進行星級評鑑。相關郵輪星級評鑑項目、評鑑得分所占之百分比及其得分計算範圍等，貝里茲郵輪星級評鑑項目得分表如下（表 8-4）：

表 8-4 貝里茲郵輪星級評鑑項目得分表

郵輪星級評鑑項目	評鑑%	評鑑得分
1. 船體 Ship：含船隻內外所有硬體設施及空間規劃	25%	0~500
2. 住宿 Accommodation：含空間裝潢及家具擺設	10%	0~200
3. 餐飲 Cuisine：含烹飪創意、餐飲菜色及餐桌擺設	20%	0~400
4. 服務 Service：事務、艙房、通關及遊程服務	20%	0~400
5. 娛樂 Entertainment：餘興活動、娛樂節目	5%	0~100
6. 郵輪體驗 Cruise：船上設施、遊憩活動、價值感	20%	0~400
合　計	100%	0~2000

2. 星級評鑑類型

貝里茲郵輪年鑑針對上述船體、住宿、餐飲、服務及郵輪體驗五大項目，依其所占之不同百分比例，以及服務品質之高低進行評分，最高總得分以 2,000 分為限。最後再依 501~2,000 分之間得分高低差異，憑以評定「郵輪星級」。其中，最為高級之認定標準，因目前評鑑單位已取消原有的「六星級★★★★★★」之級數，如今只保持頒給所謂的「五加一星級」或「超五星級★★★★★＋」以取代原先之「六星級」最高等級榮耀。因此，而後「四加一星級★★★★＋」應視同「五星級」、「三加一星級★★★＋」應視同「四星級」，餘此類推。郵輪如依其軟硬體設施之豪華程度及服務品質等類別，大致有如下四大類型（表 8-5）：

- 5 星級或 5+星級以上郵輪：超豪華型郵輪。
- 4 星級或 4+星級郵輪：豪華型郵輪。
- 3 星級或 3+星級郵輪：標準型郵輪。
- 2+星級以下：經濟型郵輪／基本型郵輪。

表 8-5 貝里茲郵輪星級類型表

郵輪星級類型	郵輪星級評鑑得分	郵輪星級評鑑品質等級
★★★★★＋	1,851 ~ 2,000	超豪華型郵輪 Unsurpassable Top-class Quality
★★★★★	1,701 ~ 1,850	超豪華型郵輪 Truly Excellent Quality
★★★★＋	1,551 ~ 1,700	豪華型郵輪 High Quality
★★★★	1,401 ~ 1,550	豪華型郵輪 Very Good Quality
★★★＋	1,251 ~ 1,400	標準型郵輪 Decent Quality
★★★	1,101 ~ 1,250	標準型郵輪 Reasonably Decent Quality
★★＋	951 ~ 1,100	經濟型郵輪 Average Quality
★★	801 ~ 950	經濟型郵輪 Modest Quality
★＋	651 ~ 800	基本型郵輪 Most Basic Quality
★	501 ~ 650	基本型郵輪 Absolute Bottom Quality

3. 星級評鑑排名

《貝里茲郵輪年鑑》利用 2019 年全年期間，由道格拉斯華德會長指派專人，負責針對全世界近百家郵輪船隊公司、約 300 艘商業營運中之郵輪船隊，針對前述五大項目及其下之四十小項評鑑標準，逐一進行年度評鑑給分，再依得分高低順序排定星級。茲以 2020 年貝里茲郵輪年鑑評鑑為星級前十名(World Top 10)最佳郵輪榜單如下（表 8-6～表 8-9，2020）：

表 8-6 貝里茲星級評鑑最佳前十名「小型郵輪」

排名	郵輪名稱	郵輪船隊	評鑑得分	星級
1	Europa 2	赫伯羅德郵輪	*1,864	★★★★★＋
2	Europa	赫伯羅德郵輪	*1,852	★★★★★＋
3	Silver Muse	銀海郵輪	1,660	★★★★＋
4	Silver Spirit	銀海郵輪	1,633	★★★★＋
5	Seabourn Encore	璽寶郵輪	1,628	★★★★＋
	Seabourn Ovation	璽寶郵輪	1,628	★★★★＋
7	Seabourn Odyssey	璽寶郵輪	1,624	★★★★＋
8	Seabourn Sojourn	璽寶郵輪	1,618	★★★★＋
	Seven Seas Explorer	麗晶七海郵輪	1,618	★★★★＋
10	Silver Shadow	銀海郵輪	1,597	★★★★＋
	Silver Whisper	銀海郵輪	1,597	★★★★＋

備註：Hapag-Lloyd「歐羅巴 Europa」系列郵輪，是舉世唯二獲評鑑「超五星級★★★★★＋」最高星級郵輪。

表 8-7 貝里茲星級評鑑最佳前十名「精品郵輪」

排名	郵輪名稱	郵輪船隊	評鑑得分	星級
1	Hanseatic	赫伯羅德郵輪	1,791	★★★★★
2	Sea Cloud	海雲郵輪	1,702	★★★★★
3	Sea Cloud II	海雲郵輪	1,701	★★★★★
4	SeaDream I	海夢郵輪	1,679	★★★★＋
	SeaDream II	海夢郵輪	1,679	★★★★＋
6	Royal Clipper	Star Clippers	1,512	★★★★
7	Le Bougainville	龐洛郵輪	1,505	★★★★
	Le Dumont d'Urville	龐洛郵輪	1,505	★★★★
9	Le Champlain	龐洛郵輪	1,504	★★★★
	Resolute	Polar Cruises	1,504	★★★★

表 8-8 貝里茲星級評鑑最佳前十名「中型郵輪」

排名	郵輪名稱	郵輪船隊	評鑑得分	星級
1	Viking Juniper	維京郵輪	1,691	★★★★+
2	Viking Orion	維京郵輪	1,690	★★★★+
3	Viking Sea	維京郵輪	1,689	★★★★+
	Viking Sky	維京郵輪	1,689	★★★★+
	Viking Sun	維京郵輪	1,689	★★★★+
6	Viking Star	維京郵輪	1,688	★★★★+
7	Crystal Serenity	水晶郵輪	1,687	★★★★+
8	Crystal Symphony	水晶郵輪	1,678	★★★★+
9	Riviera	大洋郵輪	1,599	★★★★+
10	Marina	大洋郵輪	1,594	★★★★+

表 8-9 貝里茲星級評鑑最佳前十名「大型郵輪」

排名	郵輪名稱	郵輪船隊	評鑑得分	星級
1	Queen Mary 2	皇后郵輪	1,681	★★★★+
2	Mein Schiff 1	TUI 郵輪	1,654	★★★★+
	Mein Schiff 2	TUI 郵輪	1,654	★★★★+
4	Mein Schiff 6	TUI 郵輪	1,626	★★★★+
5	Mein Schiff 5	TUI 郵輪	1,625	★★★★+
6	Mein Schiff 3	TUI 郵輪	1,614	★★★★+
	Mein Schiff 4	TUI 郵輪	1,614	★★★★+
8	Genting Dream	星夢郵輪	1,569	★★★★+
	World Dream	星夢郵輪	1,569	★★★★+
10	MSC Seaview	地中海郵輪	1,558	★★★★+

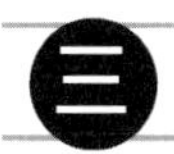 「CLIA」郵輪評鑑

國際郵輪協會(CLIA)，根據郵輪不同規格類型評鑑結果，特別是針對其空間大小之差異，歸納出微型與小型、中型、大型等三種不同類型郵輪空間之優缺點如下：

1-1. 微型、小型郵輪空間優點：

(1) 乘組人員及旅客之間容易友善互動。

(2) 旅客登輪、離船、用餐、觀劇毋須分批排隊費時等候。

(3) 提供更為舒適怡人的氣氛，並能航行到更小規模的港灣。

1-2. 微型、小型郵輪空間缺點：

(1) 提供有限的設施、活動和選擇。

(2) 僅適合近洋航行而且較不平穩。

2-1. 中型郵輪空間優點：

(1) 提供更多的設施、活動和選擇

(2) 適合遠洋航行且較平穩舒適，壯觀船體外表更能激動人心。

(3) 方便乘組員接待團隊旅客，能為更為多樣族群的旅客服務。

2-2. 中型郵輪空間缺點：

(1) 乘組人員及旅客之間較少互動。

(2) 旅客登輪、離船、用餐、觀劇必須分批排隊費時等候。

3-1. 大型郵輪空間優點：

(1) 優點多數與上述較大型郵輪無異。

(2) 船上娛樂場所及活動設施多元有趣，當今各家郵輪船隊十萬噸級以上「巨無霸型」郵輪，更在其超大型運動、休閒與遊樂等設施裝潢上爭奇鬥豔，旅客徜徉其間，享受豪華尊貴之感。

3-2. 大型郵輪空間缺點：

(1) 旅客登輪、離船、用餐、觀劇等活動，必須分批排隊費時等候。

(2) 乘組人員及旅客之間幾無互動可言，人際疏離感之不良旅遊體驗，應是此型郵輪未來改善營運方向之重要課題。

四 「Cruise Critic」郵輪評鑑

現有郵輪評鑑單位，除了前述產業界公推歷史最為悠久的星級評鑑《貝里茲郵輪年鑑》最具權威性之外，其他尚有《Conde Nast Traveler 郵輪評鑑》、《Cruise Critic 郵輪評鑑》專屬網站等兩大郵輪評鑑單位。

郵輪評論網站「Cruise Critic」(http://www.cruisecritic.com)，係以「最高檔郵輪指南 Ultimate Cruise Guide」作為號召，如今已是全球最大的郵輪資訊類網站之一。由超過 225 位專業編輯和網站成員組成的專家群，主要提供郵輪愛好者相關郵輪船隊、郵輪航線、郵輪新聞及郵輪評鑑等資訊。郵輪評鑑方式係依全球受測郵輪之甲板配備、公共空間、艙房設施、餐飲服務、通關事務、岸上遊程及郵輪體驗等之整體表現良莠指標，以 5 等級分之量表給分，最高得分 5 分、最低得分 1 分進行評量，最後再將評分結果依其高低排序定期刊登於該專屬網站。根據 2020 年「Cruise Critic」郵輪評論網站，發布的小型整體最佳前五名，中小型、中型、大型各級整體最佳前十名郵輪如下（表 8-10～表 8-13）：

表 8-10 Cruise Critic 整體最佳前五名「小型郵輪」

排名	郵輪名稱	郵輪船隊
1	Silver Galapagos	銀海郵輪
2	Paul Gauguin	龐洛郵輪
3	Wind Spirit	星風郵輪
4	L'Austral	龐洛郵輪
5	Wind Surf	星風郵輪

表 8-11 Cruise Critic 整體最佳前十名「中小型郵輪」

排名	郵輪名稱	郵輪船隊
1	Viking Sky	維京郵輪
2	Viking Sun	維京郵輪
3	Viking Sea	維京郵輪
4	Viking Star	維京郵輪
5	Viking Orion	維京郵輪
6	Crystal Symphony	水晶郵輪
7	Pacific Princess	公主郵輪
8	Seven Seas Voyager	麗晶七海郵輪
9	Seaborne Odyssey	璽寶郵輪
10	Seven Seas Explorer	麗晶七海郵輪

表 8-12 Cruise Critic 整體最佳前十名「中型郵輪」

排名	郵輪名稱	郵輪船隊
1	Riviera	大洋郵輪
2	Balmoral	Fred. Olsen Cruise Lines
3	Coral Princess	公主郵輪
4	MSC Sinfonia	地中海郵輪
5	Grandeur of the Seas	皇家加勒比郵輪
6	Zuiderdam	荷美郵輪
7	Queen Victoria	冠達皇后郵輪
8	Oosterdam	荷美郵輪
9	Marella Celebration	馬雷拉郵輪
10	Discovery	馬雷拉郵輪

表 8-13 Cruise Critic 整體最佳前十名「大型郵輪」

排名	郵輪名稱	郵輪船隊
1	Celebrity Equinox	精緻郵輪
2	Allure of the Seas	皇家加勒比郵輪
3	Celebrity Eclipse	精緻郵輪
4	Harmony of the Seas	皇家加勒比郵輪
5	Celebrity Reflection	精緻郵輪
6	Regal Princess	公主郵輪
7	Symphony of the Seas	皇家加勒比郵輪
8	Celebrity Summit	精緻郵輪
9	Nieum Amsterdam	荷美郵輪
10	Oasis of the Seas	皇家加勒比郵輪

 「Conde Nast Traveler」郵輪評鑑

《Conde Nast Traveler 郵輪評鑑》，有別於前述貝里茲郵輪年鑑以郵輪星級為評鑑指標，其評鑑方式係以讀者票選方式進行甄選，通常依據受測郵輪整體表現之良莠，將之分為優秀(Excellent)、最佳(Very Good)、尚佳(Good)、普通(Fair)、最差(Poor)等不同等級評鑑，最高得分為 100 分。最後評分所得結果，定期刊登於該評鑑之月刊及專屬網站 http://www.cntraveler.com。茲將《Conde Nast Traveler 郵輪評鑑》評鑑標準、2017 年世界前十名最佳精品、小型、中型及大型郵輪公司等評鑑結果，條列分述如下：

（一）《Conde Nast Traveler》評鑑標準

1. **評鑑項目**：針對受測郵輪之硬體設施、軟體服務、餐飲品質、娛樂活動、岸上遊程等五大項目，逐一進行讀者票選甄審。
2. **評鑑量表**：依受測郵輪表現之良莠程度，分為最優、最佳、尚佳、普通、最差等單選量表，進行讀者票選調查評分，最高分 100 分。
3. **評鑑排名**：最後依各受測郵輪得分之高低，以「排行榜」順序方式排定其排名。

（二）《Conde Nast Traveler》世界最佳郵輪公司

茲以 2020 年度出刊發行之美洲版《Conde Nast Traveler 郵輪評鑑》為例，當年經由讀者問卷調查甄審 2019 年全球船隊郵輪，給予分別評分後，選出年度「最優河輪、小型、中型、大型郵輪公司品牌」，並歸納其獲獎各級郵輪前十名品牌排行榜結果如下（表 8-14～表 8-17）。

表 8-14 2019 最佳前十名「河輪公司」(River Cruise)

排名	河輪公司	河輪船隊	評分
1	Viking River Cruises	維京河輪	97.37
2	Crystal River Cruises	水晶郵輪	97.24
3	Uniworld Boutique	Uniworld Boutique	97.13
4	Tauck	Tauck	96.94
5	Aqua Expedition	Aqua Expedition	96.65
6	Delfin Amazon	Delfin Amazon	96.27
7	Avalon Waterways	Avalon Waterways	95.72
8	American Queen	American Queen	95.60
9	Ama Waterway	Ama Waterway	93.97
10	Scenic	Scenic	88.42

表 8-15 2019 最佳前十名「小型郵輪公司」（<500 載客容量）

排名	郵輪公司	郵輪船隊	評分
1	Crystal Cruises	水晶郵輪	96.46
2	Windstar Cruises	星風郵輪	96.22
3	Lindblad Expeditions	Lindblad Expeditions	95.75
4	Paul Gauguin Cruises	保羅高更	95.52
5	Regent Seven Seas Cruises	麗晶七海	95.42
6	Seabourn Cruise Line	璽寶郵輪	95.38
7	Ecoventura	Ecoventura	94.61
8	Quasar Expedition	Quasar Expedition	94.38
9	Metropolitan Touring	Metropolitan Touring	93.09
10	Australis	Australis	93.06

表 8-16 2019 最佳前十名「中型郵輪公司」（500～2,000 載客容量）

排名	郵輪公司	郵輪船隊	評分
1	Crystal Cruises	水晶郵輪	96.06
2	Viking Ocean Cruises	維京海洋	95.14
3	Seabourn Cruise Line	璽寶郵輪	93.29
4	Regent Seven Seas Cruises	麗晶七海	92.10
5	Oceania Cruises	大洋郵輪	87.92
6	Silversea	銀海郵輪	87.92
7	Azamara Cruise Line	精鑽郵輪	87.90
8	Holland America Line	荷美郵輪	87.38
9	Cunard Line	冠達皇后郵輪	86.85
10	Celebrity Cruise Line	精緻郵輪	86.10

表 8-17 2019 最佳前十名「大型郵輪公司」（>2,000 載客容量）

排名	郵輪公司	郵輪船隊	評分
1	Disney Cruise Line	迪士尼郵輪	94.25
2	Cunard Line	冠達皇后郵輪	89.63
3	Celebrity Cruises	精緻郵輪	88.76
4	Princess Cruises	公主郵輪	88.01
5	Holland America Line	荷美郵輪	87.46
6	Norwegian Cruise Line	諾維真郵輪	86.41
7	Royal Caribbean International	皇家加勒比	84.58
8	Carnival Cruise Line	嘉年華郵輪	84.33
9	P&O Cruises	P&O 郵輪	82.17
10	MSC Cruises	地中海郵輪	80.07

郵輪安全規範

Safety & Security

09

CHAPTER

Safety, Safety, Safety Comes First !

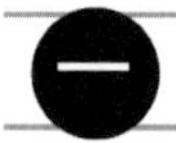

一 郵輪安全法規

為了確保海上航行之安全，郵輪在精確導航、海上避碰、減免暈船、預防海盜及環境保護等軟硬體設施之要求上，均有一套嚴格之配套規範。根據國際海事組織《國際海上人命安全公約(Safety of Life at Sea)》（簡稱 1974 SOLAS），內容涵蓋船體結構安全、航行設備安全、旅客與海員生命安全、航海人員訓練、發證及航行當值標準國際公約及其修正案(STCW 1978)及海洋環境汙染防治等法規。SOLAS 嚴格規範郵輪在開航同時，全船人員必須實施救生演習，以確保萬一船舶遇難或需棄船時，具備完成疏散所有旅客及乘組員的專業能力。此外，當今全球世局紛爭不斷，加上近年某些海域海盜猖獗出沒，郵輪海上航行安全的確不容忽視。根據國際海事組織 1974 SOLAS 法規，內容涵蓋旅客與海員生命安全、航行設備安全、船體結構安全、海洋汙染防治等法規。同時，其他與郵輪航行安全相關法規，亦均有嚴格的明文規範。因此，本篇章所要探討的內容，主要在於郵輪安全相關規範單位、法規及航運機務安全配套措施等如下：

（一）聯合國海洋法公約(UNCLOS)

聯合國海洋法公約(United Nations Convention on the Law of the Sea; UNCLOS)，主要在於制定與輪船航行最為息息相關的國際海域主權之界定。1982 年，聯合國通過海洋法公約決議條文，明文界定各國之領海、公海及專屬經濟區等重要概念。該公約即負有指導與裁決全球各處的領海主權爭端、海上天然資源管理、水域汙染處理等之作用。茲參照「海洋法公約」海洋水域主權之各項規定，簡介如下：

1. **領海基線(Territorial Waters Baseline)**：領海基線之規範，目前全球各沿海國家大都以海灣大潮低潮線(Low-water line)作為基準，或直接以直線劃分基線，以直線連接這些點劃定領海基線。

2. **領海(Territorial Waters)**：領海基線之外 12 海浬（約 22 公里或 14 英哩）以內的水域範圍，稱為領海。領海國得依海洋公約或自訂法規管理並運用各自之海洋資源。外國船舶在各該國領海享有「無害通過權」(Innocent Passage)。此外，外國軍事船舶也得在領海國許可下，進行過境通過(Transit Passage)。

3. **公海(International Waters; High Seas)**：適用於各國領海範圍以外之任何國際海域或大型海域生態系統水域(Large Marine Ecosystems)，例如北極海、日本海、東中國海、南中國海、北海及阿拉伯海等。同時，公海也適用於某些封閉、半封閉海域或河口水域，例如地中海、亞德里亞海、黑海、裡海、芬蘭灣、孟加拉灣、墨西哥灣等。航行公海之所有船隻，接受各該懸掛船旗國管轄(Flag State)。但如遭遇海盜侵襲事件與販賣奴隸案件時，全球任何國家皆可介入管轄。

4. **專屬經濟區(Exclusive Economic Zones; EEZ)**：專屬經濟區，是指由各國領海基線起算，不超過 200 海浬（約 370 公里）之內的海域。此概念最早源於漁權爭端，1945 年後隨著海底石油開採之逐漸盛行，終於引進專屬經濟區之觀念。專屬經濟區所屬國家具有探勘、開發、使用、水域自然資源的權利，以及人工設施建造使用、科學研究、環境保護等權利。不過，其他國家仍然享有船舶航行及航空器飛越的自由權。

（二）國際海事組織(IMO)

國際海事組織(International Maritime Organization; IMO)，為聯合國附屬國際組織之一，正式成立於 1958 年，專責國際海事安全的立法與規範。該組織相關海事安全公約規則，擇要簡介如下：

1. **國際海上人命安全公約(SOLAS)**：1974 年，國際海事組織制定簡稱 SOLAS 的《國際海上人命安全公約(International Convention for the Safety of Life at Sea)》，針對商船航行安全鉅細靡遺之規範。

2. **國際海上避碰規則(COLREG)**：1972 年，國際海事組織制訂國際海上避碰規則(International Regulations for Preventing Collisions at Sea; COLREG)，條文包括海上瞭望、安全速限、避碰措施、狹窄水域、船舶相遇，以及船舶燈號等海上避碰規則。

3. **防止船舶汙染國際公約(MARPOL)**：1978 年，國際海事組織制訂防止船舶汙染國際公約(International Convention for the Prevention of Pollution from Ships; MARPOL)，針對海上船舶作業所產生之油類物質汙染行為進行規範之國際公約。

4. **港口監督機構(Port State Control; PSC)**：主要是由世界各國港口監督審查官員依據國際海事組織所制定之 SOLAS、COLREG、MARPOL 等公約規則，查核測試輪船船長和其船員的安全維護專業，是否合乎國際安全法規之規範要求。

（三）國際船級社協會(IACS)

國際船級社協會(International Association of Classification Societies; IACS)，簡稱船級社，又稱為國際驗船協會(Classification Society; Class)，負責在船舶建造及運營期間進行持續檢查，以確認船舶及其設備是否符合安全規格。目前，全球最為知名的船級社，有英國勞氏船級社、美國船級社及挪威船級社等（表 9-1）。

表 9-1 國際船級社一覽表（依成立年份順序排列）

成立	Class	英文名稱	中文名稱	備　註
1760	LR	Lloyd's Register	英國勞氏船級社	1760 年成立於倫敦；與 ABS、DNV 並列世界三大船級社。
1828	BV	Bureau Varitas	法國船級社	1828 年成立於安特衛普，1832 年總部遷至巴黎。
1861	RINA	Registro Italiano Navale	義大利船級社	1861 年成立於熱內亞。
1862	ABS	American Bureau of Shipping	美國船級社	1862 年成立於紐約。
1864	DNV	Det Norske Veritas	挪威船級社	1864 年成立於奧斯陸。
1867	GL	Germanischer Lloyd	德國船級社	1867 年成立於漢堡。
1899	NK	Nippon Kaiji Kyokai	日本海事協會	1899 年成立於東京。
1913	RS	Russian Maritime Register of Shipping	俄羅斯船級社	1913 年成立於聖彼得堡。
1951	CR	China Register of Shipping	中國驗船中心（台灣）	1951 年成立於台北。
1956	CCS	China Classification Society	中國船級社	1956 年成立於北京。
1960	KR	Korean Register of Shipping	韓國船級社	1960 年成立於釜山。

（四）美國海岸防衛隊(USCG)

美國海岸防衛隊(United States Coast Guard)，屬美國三軍系統之一，專責海事交通運輸安全規範。規定任何船舶安全設施，例如救生艇、救生筏、救生衣、滅火器、信號燈等，均須事先取得海岸防衛隊審核批准始得裝配。此外，依據海上人命安全公約之規定，任何初次航行美國任何海域之郵輪，海岸防衛隊有權在美國鄰近 12 浬領海及國際海域臨檢船隻，檢驗項目包含救火演習、緊急救難設備、船體結構及船舶機具等。任何郵輪如經發現有任何有安全顧慮之缺失，海岸防衛隊有權要求該船立即停駛，或接受包括當場扣留船隻之處分，直到經過檢修改善並再次通過檢驗合格，始准該輪航行進出美國海域。

（五）國際郵輪協會(CLIA)

國際郵輪協會(Cruise Line International Association)，1975成立，是世界上最大的郵輪協會，專責郵輪產業之推廣行銷及安全之關注。該協會有鑑於近年來郵輪安全事故頻傳及服務質量不周等狀況，特別於 2013年制定『郵輪旅客權益法案(Cruise Industry Passenger Bill of Right)』，作為會員郵輪公司遵循之承諾書。該法案主要重點，包括如遇郵輪不能提供足夠的食物、水、廁浴等基本供應或醫療設施時，旅客有權要求離船；郵輪行程因機械故障而取消時，旅客有權要求全額退款。

二 郵輪安全規範

郵輪船隻根據《SOLAS 國際海上人命安全公約》規範，必須配備足額之救生艇、救生筏、救生衣及救生圈等救生設備。同時，全球各《SOLAS 公約》締約國所屬船舶，均需通過國際船級社驗船師(Class Surveyor)逐項檢驗，完全符合公約附則之要求，並取得合格證書始得從事國際航行。尤有甚者，郵輪、客輪及滾裝渡輪等裝載客貨輪船，在船體穩定性、船艙結構、機電設備、通訊設備、防火結構、消防設施，以及救生設備等之安全規格，必須比一般貨輪之要求更為嚴格。郵輪主要安全規範要求如下：

（一）航海安全規範

1. **救生船艇配備**：郵輪須嚴格遵守《1974 SOLAS 國際海上人命安全公約》救生規範要求，郵輪必須配備足以應付兩倍於乘客與船員所需數量之救生艇、救生筏、救生衣及救生圈等設備。

2. **船體平衡翼**：為了減免船體受到風浪影響而產生的搖擺，中大型郵輪通常都會加裝平衡翼(Stabilizer; Fin)。甚且如郵輪真正遇到海上天候巨變時，船方通常會採取改變航向甚或暫時停航之安全因應措施。

3. **衛星導航系統(Satellite Navigation System)**：衛星導航系統，是非常先進的郵輪導航系統之一，乃透過全球定位系統(Global Positioning System; GPS)衛星自動導航操作，同時又兼具有海上自動避碰之重要安全作用。

4. **防火規格配置**：自 1997 年 10 月以來，IMO（International Maritime Organization，聯合國國際海事組織）規定所有郵輪空間均須設置「自給式火警封閉區」，舉凡客艙、通道、梯間及公共設施等處所，依規定均應配備煙霧偵測、防火灑水、防災隔艙及指示逃生路徑低腳燈光等消防安全設備。因此，郵輪對消防防火要求特別嚴格，船體客艙本體、艙壁、甲板、家具等，均需採用不可燃防火建材建造。所有防火區間通道，均需有隔艙防火門之配置。

（二）救生演習規範

郵輪產業受到 1912 年鐵達尼號沉船事故的慘痛教訓之後，於 1914 年引入聯合國海上人命安全公約(SOLAS, Safety of Life at Sea)，而後不斷修訂更新以資完善。1974 年版 SOLAS 公約除嚴格規範郵輪救生設備、精確導航、自動避碰以及減免暈船等配備與規格之外，同時規定在郵輪每一航次離港起航前，必須強制性召集乘客參加救生演習，每位旅客均有義務試穿救生衣並謹記救生艇編號、集合地點，不參加演習的乘客有可能會被要求離船。相關救生演習實施範例如下。

1. **救生艇集合定點**：救生船艇為船上最為重要的設施之一，旅客有義務事先了解其相關位置所在。因此，郵輪於每一航次開航同時，依規定都要進行全船人員救生演習。演習時，船方以『七短聲、一長聲』鳴笛示意，所有旅客均須攜帶救生衣，依船員指示至指定救生艇集合定點(Lifeboat Station; Muster Station)。

2. **救生演習廣播**：（以公主郵輪為例）

(1) 郵輪開航前半小時，將會舉行全船救生演習，每位乘客均應全程參加。

※ 以下為演習時廣播內容之中文對照，提供您做為參考，實際內容請以船上為準。演習當中請旅客保持肅靜，切勿奔跑嬉鬧或高聲交談。

(2) 各位女士、先生們，午安：

* 請注意收聽以下有關緊急情況救生演習之內容。緊急警報是由七聲短鳴和一聲長鳴之汽笛聲所組成，當聽到上述緊急警報時，請前往指定之救生集合區集合。
* 當您聽到救生警報後，應立刻回到自己的船艙，穿上個人保暖衣物，並攜帶救生衣及平時需服用的藥品，前往指定之救生集合區。
* 請牢記前往救生集合區最近的路線，請勿搭乘電梯，因為緊急情況發生時電梯將會因停電而停止使用。乘坐輪椅的乘客將由救生人員協助前往救生集合區。

* 請讓女士孩童優先，依次排隊，所有走道及救生通道必須保持暢通無阻，萬一緊急情況實際發生時，所有的救生艇和救生筏將從甲板上放下，並讓旅客分區乘坐撤離。
* 請注意救生人員示範如何正確穿戴緊急救生衣。首先請將救生衣繞過頭部、由後方往前扣置於頸部，讓扣環朝外，然後將佩帶繞過後方，再從正面穿進扣環且拉緊佩帶，救生衣需貼身穿戴。請注意救生衣上附有一個哨子，在緊急情況下吹哨子能引起他人注意，增加生存機率。緊急救生衣上燈泡遇海水會自動發光。
* 另外要提醒各位貴賓特別注意大自然環保問題，請勿將任何東西扔進大海，以確保蔚藍海洋的潔淨，也為我們的後代子孫留下一片無汙染的大自然空間。請將垃圾扔進郵輪上的垃圾箱或菸灰缸內，若有任何疑問，請向救生人員詢問。
* 再次感謝您的配合與注意，祝您旅遊愉快！

（三）船卡安全規範

郵輪旅客上下郵輪，均應接受有如國際機場通關般規格之安檢，乘組員及旅客亦不得接待任何外來訪客登輪。郵輪船卡(Cruise Card)，又稱登輪卡(Boarding Card)，係旅客於辦理登輪手續時取得之船卡，以作為其上下郵輪、進出艙房、消費記帳及救生艇編號等多重用途之磁卡。當代國際郵輪慣例，一律設有高標準的安全把關政策，旅客報到上船同時先以拍照存證方式製作郵輪卡，該卡即等同於航行身分證。郵輪公司嚴格實施出入管制，乘客上下船時務必攜帶郵輪卡，工作人員會刷卡識別登記，以嚴防閒雜人等混入船上。此外，客艙除全面改用電子郵輪卡開啟門鎖外，房內亦大多裝置室內保險箱(In-room Safe)，以確保旅客住宿與個人財物之安全。

（四）防疫安全規範

每當旅客登輪時，一律均需通過安全掃描偵測、檢查攜帶物品，嚴禁乘客從陌生人處接受行李、包裹、物品等登船。同時，為因應各國檢疫要求，嚴禁旅客攜帶任何水果與蔬菜上下船，以有效阻絕非法登輪及傳染疾病狀況發生，並確保航行安全。此外，郵輪每間餐廳門口例都設有消毒設備，洗手間裡也有告示文字，叮嚀乘客如廁後須仔細洗手，若船上有乘客染傳染性疾病，也會執行適切的隔離措施。

（五）警報系統規範(Alarm Signals)

依照海上人命安全公約規定(SOLAS)，郵輪萬一出現諸如消防、落水、堵漏或棄船等緊急狀況時，應立即發出如下警鈴或氣笛警報信號示警，緊急通告全船人員週知並協助採取應變措施。

1. **消防警號**：警鈴或氣笛連續發出短聲，持續一分鐘之後，另加發火警位置指示警號。一短聲表示在船艏、二短聲表示在船舯、三短聲表示在船艉、四短聲表示在機艙、五短聲表示在上層甲板。
2. **落水警號**：警鈴或氣笛連續發出三長聲，持續一分鐘。
3. **堵漏警號**：警鈴或氣笛連續發出兩長一短聲，持續一分鐘。
4. **棄船警號**：警鈴或氣笛連續發出七短一長聲，持續一分鐘。
5. **解除警號**：各類緊急應變狀況解除時，警鈴或氣笛連續發出一長聲，持續 4~6 秒鐘，或以口頭宣告解除狀況。

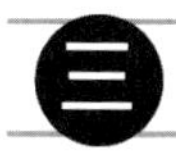

郵輪航運安全

（一）航海人員公約(STCW 1978)

國際海事組織制訂「1978 年航海人員訓練、發證及航行當值標準國際公約」(International Convention on Standards of Training, Certification and Watchkeeping for Seafarers; STCW 1978)，係針對 500 總噸位以上任何於近岸與遠洋國際航行的商船船員所制訂，作為相關訓練、發證、資格及設置等之標準規範。簡言之，亦即國際海事組織針對各締約國，所設置之航海人員訓練、發證及航行當值的最低標準。因此，船上所有航運與機務職級船員，均需依其船舶噸位、工作部門、服務年資、健康狀況、培訓資格、考試合格等規定辦理發給證照，方能正式執行航運業務。以台灣為例，依據航海人員相關法規，船員資格應符合航海人員訓練、發證及當值標準國際公約與其他各項國際公約之規定，並經航海人員考試及格或船員訓練檢覈合格，並領有船員服務手冊者，始得在船上服務。

依據 1978 年航海人員訓練、發證及航行當值標準國際公約及其修正案之規定(STCW 1978)，輪船航運與機務高級職級船員之職級分類（圖 9-1）。行政總指揮為船長，負責執行船舶航務、日常事務、公共關係及安全維護等職責。中大型以上郵輪船長配置，除負責前述例行船長職務之總船長外，還設有行政副船長(Staff Captain)，負責輔佐總船長執行船舶航務、日常事務、公共關係及安全維護等重責大任。輪機長職級僅次於船長，為船舶動力機艙輪機部最高負責人，船舶機艙所有輪機員之總指揮，也是船舶主機、副機等機具設備正常運轉的關鍵技術人員。同時，為了確保旅客的安全健康無虞，郵輪船隊設有醫務中心(Medical Center)、安全保防(Safety and Security)等部門，以防範任何偶發狀況。郵輪航運機務安全人資組織主要職掌、人事配置等，擇要簡介如下：

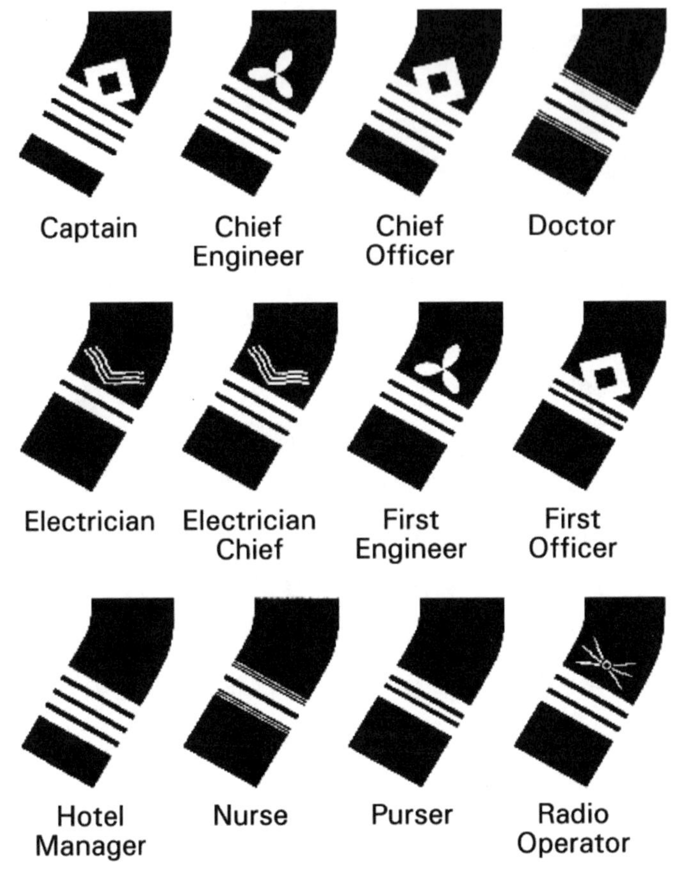

圖 9-1　郵輪高級船員職級臂章圖

（二）郵輪甲板部門(Deck Department)

郵輪航行部門又稱為艙面部門或者甲板部門，屬於郵輪航行安全之中樞部位所在。甲板部門工作人員統稱為海員或船員(Sailor; Seaman; Mariner)，泛指由船長帶頭指揮於船上服務之人員，而船員(Seafarers)則包括船長及所有海員之船舶上之人員總稱。郵輪航行部門人力主要負責航行安全事務主管如下：

1. 船長(Captain; Master)：船長是船上擁有航行執照中最高階的航海指揮官、輪船的總負責人，執行船舶航務、日常事務、公共關係及安全維護等之職責，職權兼具「海上司法官」之身分，至於武裝船隻如軍艦及海巡船艦的船長，通常稱之為「艦長」。船長的職責，在於維護全船的安全及有效的航行運作，包括乘載貨物的管理維護、海上航行、船員管理及確保船舶符合港口國及國際公約之規定，以執行船籍國與船東的政策。船長負有在船舶發生事故或是旅客、船員發生諸如生病、受傷或死亡等事故時，提出書面報告及提供有關案件的說明與證明之責任。
2. 船副(Officer; Mate)：船副係屬於船舶甲板部門之甲級海員（或稱高等船員），為船舶之主管人員。船副依據船長指令進行值勤並管理，負責船舶航行當值、主管航運事務、督導有關海員等工作。船副之工作職責及工作時數，均需依據國際海事組織制定之相關國際公約規定，制於其他特殊船舶則另訂有其相關規範。
3. 報務長(Radio Officer/Radio Operator)：報務長則負責船舶對外之通訊聯繫工作，同時亦需監督及指導其他工作人員安裝、保養及維修精密電訊儀器、電子航海輔助儀器、發電機組、自動控制儀器及所有船舶上的通訊輔助儀器。郵輪報務長主要負責監管室內衛星電視節目之接收，船舶到岸上之呼叫聯繫，以及所有其他的郵輪通訊系統工作。
4. 安全保防部(Safety & Security)：郵輪安全官(Safety Officer)，負責船上安全與事故預防，協調機組人員實施救生安全演習，並任命人員進行安全指導工作。安全保防人員職掌郵輪人員出入安全勤務之管理與執行、貴賓安全維護事宜、消防滅火安全之監控、救生演習之執行等保安勤務，安全保防室人員職稱如下：

(1) 安全官(Safety Officer)。

(2) 保防室主任(Chief Security Officer)。

(3) 環保監控官(Environmental Compliance Officer)。

(4) 消防員(Fireman; Firefighter)。

(5) 保全員(Security Guard)。

5. **醫務中心(Medical Center)**：依據 STCW 1978 規定，所有載有超過 100 名乘客的郵輪，都必須配備一名合格醫生，同時配備至少一名護理師隨船擔任醫護服務工作。醫務中心人員配置如下。

(1) 船醫(Ship Doctor/Physician)：船醫工作職責主要是負責照顧郵輪旅客和員工的健康狀況。

(2) 護理師(Ship Nurse)：護理師工作職責主要是輔佐船醫照顧郵輪旅客和員工的健康狀況。

（三）郵輪輪機部門(Engine Department)

輪船輪機部門，是負責船用主機及輔機之運轉、管理及維護等海事專業技術部門，也是必須接受國際公約規範的專業技術部門。現代商船輪機部輪機人員，包括郵輪輪機部門船員，均需依據 STCW 1978 規定依其船舶噸位、工作部門、服務年資、健康狀況、培訓資格、考試合格等之規定辦理發給證照，方能正式執行業務。輪船機務部門負責機務安全主管之職級分類，大致如下：

1. **輪機長(Chief Engineer)**：輪機長職級雖形式上與船長平行，但仍須聽命於船長之總指揮，充當船舶輪機部機具之運轉、管理及維護等之督導管理工作。

2. **輪機員(Engineer)**：輪機員輔佐輪機長執行機艙機具操作與人員管理。大管輪專責船舶主機正常運轉與維修保養。二管輪專責副機正常運轉與維修保養；三管輪專責船舶管系及泵浦正常運轉與維修保養。電機長專責輪船電機正常運轉與維修保養。

（四）船副當值法規(Watch Keeping)

依據 STCW 1978 規定，船舶航行途中，甲板部船副及輪機部輪機員依職責均需輪流擔任航行當值工作(Watch Keeping)。當值排班與工作時間，通常採用「三八制」方式排定，每人每天必須輪值工作 8 個小時（每日輪值兩班，每次當班 4 小時）。不過，如遇船舶錨泊港灣或靠泊港口時，船副機員當值工作時數，則調整為 12 小時（每次 6 小時輪班制）。駕駛台船副與機艙輪機員當值人員之正常當值排班，以及靠泊港口時之當值時段及規定如下：

1. 正常航行當值時段(Sea Watching)

(1) 大副、大管輪：04 時～08 時；16 時～20 時。

(2) 二副、二管輪：00 時～04 時；12 時～16 時。

(3) 三副、三管輪：08 時～12 時；20 時～24 時。

2. 靠泊港口或錨泊港灣當值時段(Security Watching)

(1) 大副、大管輪：負責督導裝卸貨物或機具維修，無須額外當值。

(2) 二副、二管輪：00 時～06 時；12 時～18 時。

(3) 三副、三管輪：06 時～12 時；18 時～24 時。

四 郵輪旅遊保險

郵輪公司和旅行社經常有出售旅遊保險的成規，由於除外責任條款繁多，建議旅客必須仔細閱讀「乘客船票條款」相關事項，以保障個人權益。郵輪旅遊保險應注意事項，簡述如下。

（一）旅遊保險涵蓋事項

1. **遊程中斷保險(Trip Interruption)**：例如旅客於旅途中遭逢意外傷病而中斷行程。
2. **遊程取消保險(Trip Cancellation)**
3. **遊程延誤保險(Trip Delay/Missed Connection)**
4. **行李延誤／遺失保險(Baggage Delay/Loss)**
5. **旅行社財務糾紛保險(Financial Default by a Travel Provider)**
6. **醫療費用保險(Medical Expenses)**：例如旅客於旅途中遭逢意外傷病所需之醫療費用。
7. **緊急後送／遣送保險(Emergency Evacuation/Repatriation)**：例如旅客於旅途中遭逢意外傷病，而需要緊急後送／遣送所需處理費用。
8. **戰亂或恐怖主義保險(War or Terrorism)**：例如旅客於旅途中遭逢戰爭、恐怖攻擊或罷工事件，也可能包括在保險項目當中。

（二）旅遊保險未涵蓋事項

1. **惡劣天候(Weather)**：例如旅途中遭逢暴風等不可抗力之惡劣天候狀況時，旅遊保險並未涵蓋也不保證提供保險索賠。
2. **航程變更(Itinerary Changes)**：例如旅途中遭逢暴風等惡劣天候狀況，船方有權改變航程，但不保證提供保險索賠。

（三）旅遊保險應注意事項

1. **承保範圍**：旅客投保郵輪旅遊保險之前，務必要先確認清楚承保範圍，例如保險內容中是否有特別不保事項，海外急難救助是否包含在內等。

2. **投保額度：**保險額度須參考旅行地區的消費水平及安全性等，假設旅遊航程是歐美等醫療費用較高的地區，則醫療險的保額就要提高。

3. **保險品牌：**如在網上購買旅遊涵蓋保險項目，請仔細檢查該公司承保該保險專案的憑證。慎選完善的旅遊保險品牌，而不是選擇似乎是最便宜的保險。

4. **核閱條款：**旅客應仔細閱讀合同，並確保已確切明白其所涵蓋的所有項目。同時，要求保險公司詳細解釋所有除外責任、附加和限制條款，不允許保險公司加入未明確說明的除外責任條款。

5. **延誤保險：**如果旅客自行購買航空機票，請檢查保險單是否涵蓋旅程延誤保險條款，例如航空公司班機延遲或者惡劣天候會否阻礙準時登船等。

6. **例外狀況：**旅客應特別當心從事「危險性活動」的保險例外狀況，包括岸上旅遊活動期間從事諸如騎馬、騎單車、划艇、滑水或鋼索滑越河谷等可能具危險性的活動。

五 旅客安全事項

(一) 搭乘注意事項

1. **登輪事項：**郵輪乘客必須準備具有半年以上有效期之護照，辦理登輪手續。同時乘客須在郵輪正式啟航前三小時登船，逾時不候，亦不退費。

2. **救生演習：**乘客有義務參加救生演習，除需瞭解如何在緊急情況下抵達救生艇站或集合點的逃生路線，並需學習如何正確穿上救生衣。

3. **行程變更**：郵輪航程如因氣候、政經狀況造成郵輪停航或遭遇其他不可抗力之變動，郵輪公司為維護航行安全與乘客利益，依據國際慣例保留行程更動權，旅客不宜以「集體霸船」手段爭取權益。

4. **平安保險**：旅客搭乘郵輪如發生意外或因病或車禍死亡時，將根據保險條款及郵輪公司的條例作為解決依據。其他旅遊保險相關事宜，請檢視自行購買的平安旅遊保險額度是否足夠。

（二）醫療注意事項

1. **醫療收費**：郵輪配備醫務室及醫務人員，乘客如在搭乘期間因病需要醫治，將酌收合理醫藥費，但幾乎所有的郵輪公司都提供醫藥費保險配套。

2. **特殊需求**：如有需要特別醫護照料、行動不便或其他身體障礙者（包括視障或聽障），在預訂時應據實告知，否則有可能會被拒絕登輪。

3. **乘坐輪椅**：幾乎所有郵輪均提供便利乘坐輪椅旅客無障礙友善設施。但因船舶只攜帶有限數量或僅限醫院使用輪椅，建議自行備帶輪椅。

4. **上岸接駁**：郵輪如遇無法直接停靠碼頭時，需要搭乘上下岸接駁船。但該接駁操作並不太適合乘坐輪椅者使用，請事先自行評估此一風險。

5. **孕婦規定**：預產期在旅行結束三個月內的孕婦不得參加，若從出發當日算起已懷孕 24～28 週，需取得醫生健康證明以確定適宜旅行。

(三)安全注意事項

1. **甲板安全：**旅客搭乘郵輪時，不宜攀爬或倚靠甲板欄杆拍照。在某些舊式輪船上，注意不要在通向甲板的門道上絆到門檻。同時，郵輪外層甲板潮濕時請小心行走，以免滑倒受傷。
2. **艙房安全：**旅客滑倒，絆倒和墜落，往往是在郵輪船上受傷的主因。郵輪艙房設有升高的門檻，將衛生間和睡眠區域分開，請隨時注意以避免腳趾或頭部受傷。
3. **吸菸安全：**當今幾乎所有郵輪公共空間及艙房都全面禁菸，旅客如在開放甲板指定吸菸區吸菸，也不要將點燃的香菸或雪茄屁股扔到船邊，以免引發火警。
4. **火警或意外逃生：**旅客登輪進到艙房同時，請立即仔細檢查最近的緊急出口及逃生路線。如不幸遇火警或意外時，千萬不要使用電梯，並依指示鎮定逃生。

六 郵輪安全顧慮

近年來在全球各大海域，幾乎都有傳出輪船遭遇海盜襲擊事件，尤其是東南亞的南中國海、馬六甲海峽、孟加拉灣，以及非洲索馬利亞一帶等附近海域尤甚。2012 年初，某郵輪集團巨型郵輪在義大利海岸，發生觸礁以致船體翻覆的部分沉沒事件，發生船上 4,232 名乘客中至少有 32 人死亡事件，事後該船船長被以疏忽、誤殺，及在乘客未完全疏散前棄船逃跑等罪名而被起訴。2014 年 4 月間，美國有兩艘豪華郵輪接連爆發三次大規模的集體傳染病事件。此外，巨型郵輪所產生的各式海上廢棄物，所造成的海洋環境生態汙染問題之處理，也已是郵輪產業極為迫切並需面對的一大課題。前述種種，雖然有些或係屬偶發事件，但郵輪安全顧慮仍然是亟需面對與關注的議題。

1. **海盜猖獗事件**：近年來，全球各大海域尤其東南亞的南中國海、馬六甲海峽海域，以及非洲索馬利亞一帶的印度洋海域，出現為數不少具有科技化及集團化特徵的武裝海盜出沒，以優勢武力洗劫船隻、擄船勒索，行徑凶殘令海運各界聞之喪膽，此為郵輪安全顧慮之一。列舉全球海盜最常出沒海域如下：
   (1) 非洲索馬利亞、亞丁海域。
   (2) 非洲幾內亞灣、尼日利亞海域。
   (3) 南美洲東海岸、西海岸沿岸海域。
   (4) 印度洋斯里蘭卡、孟加拉灣海域。
   (5) 東南亞麻六甲海峽周邊新、馬、印等國海域。
   (6) 東南亞南中國海周邊菲、越、泰、印等國海域。

2. **巨輪安全顧慮**：近年新造巨型郵輪，動輒裝載為數近萬的旅客人數，加以為數高達三千左右人數的基層船員專業安全訓練非常不易。因此，部分郵輪安全專業人士指出，各超級巨輪如以現有之緊急應變逃生設施或技術專業，可能尚不具在突發緊急情況之下，具備迅速安全撤離近萬旅客暨乘組員之應變能力，此亦為高承載量巨型郵輪安全顧慮之一。

3. **傳染疾病顧慮**：目前 COVID-19 新冠肺炎已然成為全球郵輪產業公認之法定傳染疾病，本書擬以第 13 章「郵輪疫情防制」專章討論，此節不贅。2014 年 4 月間，根據美國有線電視新聞報導，有兩艘豪華郵輪接連爆發三次大規模傳染病事件。傳染病疑似源於具有高度傳染性，俗稱為「郵輪病毒」的諾羅病毒(Norovirus)。同時，當郵輪發生諾羅病毒感染事件時，船上人員會立即採取嚴格消毒措施。例如，消毒所有可能接觸的物體表面，自助餐廳取菜須由服務員幫忙盛取。爰此，諾羅病毒大規模傳染病事件，亦屬郵輪安全顧慮之一。

4. **環保生態顧慮**：新造巨型郵輪之趨勢方興未艾，動輒裝載近萬之眾乘組員與旅客的超大型郵輪，所產生的各式生活廢棄物之處理已是極為迫切的一大課題，亦屬廣義的郵輪環保安全顧慮之一。1990 年代，早期的郵輪船隊會以看似合法但卻並不環保的方式，處理船上大部分的廢棄物。例如，在國際公海排放汙水、清理廢棄物，後引來國際環保團體與媒體的諸多非議。近年來，郵輪業者也在國際輿論壓力的驅使之下，開始加強在郵輪上裝設汙水與廢棄物處理設備，並減少在公海拋棄垃圾或排放汙水等行為。

郵輪產品行銷

Cruise Marketing

10

CHAPTER

Greeting / My name / How may I help you?

一 郵輪產業行銷組織

近年來由於郵輪旅遊市場本身之激烈競爭，加以諸如不同季節、縮短航程、船舶星級、內外艙房及接駁遠近等區隔價位因素之影響，郵輪旅遊產品價格也有逐漸降低趨勢。例如一向以標榜「最適合初次搭乘者」之麗星郵輪船隊，即以遠低於一般旅遊產品之平價收費招攬旅客，因而聞名於整個亞太旅遊市場。傳統郵輪旅遊產品通常予人價格高昂之固定形象，如今得以透過縮短航程、船舶星級、季節時段、團體折扣、預約候補、內外艙房等等價位區隔，郵輪旅遊產品價格漸已轉趨大眾化。茲就郵輪旅遊產品行銷相關之郵輪產業行銷組織、郵輪旅遊產品行銷、郵輪消費客群類型、預訂郵輪產品要訣、郵輪產品折扣優惠、郵輪旅遊銷售流程、媒體文宣行銷、常客口碑行銷等議題，條列簡述如下：

（一）國際郵輪協會(CLIA)

美國國際郵輪協會(Cruise Line International Association)，成立於1975 年，目前是全世界最大的郵輪協會組織，現有會員包含 63 郵輪公司成員、13,500 家旅行社團體會員、50,000 旅行社個人會員，以及 250 執行合夥人（港口管理部門及海事行業供應商）。該協會 2006 年與國際郵輪產業委員會(International Council of Cruise Lines, ICCL)合併，總部設華盛頓特區。美國國際郵輪協會，主要功能為加強郵輪產品行銷，提供通過驗證旅行社人員之專業培訓課程，執行郵輪公關和促銷活動體驗。監管機構、政策制定者和其他合作夥伴相關之法規立法，以促進郵輪產業順利的持續增長。同時，國際郵輪協會亦積極推動海洋生態保護運動，以確實保護日益瀕臨外來威脅的海洋生物和海洋環境，不致受到郵輪大量廢棄物處理不當之破壞汙染。

（二）郵輪產業協會(World Cruise Industry Associations)

值此舉世郵輪產業榮景正旺的時刻，世界各地紛紛成立郵輪產業協會，以持續推動郵輪產業行銷發展。目前公認以美洲「國際郵輪協會(CLIA)」最具有代表性，而 2008 年正式成立的「亞洲郵輪協會」，則是最為新進的此類協會。郵輪產業協會成立之主要功能，在於代表郵輪航商就相關法規與政府或港口單位進行協商，同時代表郵輪航商就共同行銷事宜與旅行業者、保險業者、觀光單位等進行協調合作，以維護相關各方共同之利益。此外，郵輪協會另外的重要角色，在於培育訓練旅行業者專業技能，攜手共同行銷郵輪旅遊產品。茲將全球最為知名各級國際郵輪產業協會，彙整列表如下（表 10-1）。

表 10-1 全球郵輪產業協會列表

地區	組織名稱	類別	備註（網址）
世界	Cruise Lines International Association (CLIA) 國際郵輪協會	A	www.cruising.org
歐洲	Association of Cruise Experts (ACE) 英國郵輪專家協會	A	www.cruiseexperts.org
	European Cruise Council (ECC) 歐洲郵輪協會	A	www.europeancruisecouncil.com
	IG River Cruise 歐洲內河郵輪協會	A	www.igrivercruise.com
	Passenger Shipping Association (PSA) 英國旅客航運協會	A	www.the-psa.co.uk www.discovercruises.co.uk
	Cruise Europe 歐洲郵輪產業發展協會	B	www.cruiseeurope.com
	Medcruise 地中海國際郵輪協會	B	www.medcruise.com
	Cruise Baltic 波羅地海國際郵輪協會	B	www.cruisebaltic.com
	French Atlantic Ports of Call 法國郵輪協會	B	www.frenchatlanticports.com
	Cruise Scotland 蘇格蘭郵輪協會	B	www.cruisescotland.com

表 10-1 全球郵輪產業協會列表（續）

地區	組織名稱	類別	備註（網址）
歐洲	Cruise Wales 英國威爾斯郵輪協會	B	www.cruisewales.net
	Cruise Britain 英國郵輪協會	C	www.visitbritain.com
	Cruise Norway 挪威郵輪協會	C	www.cruise-norway.no
美洲	Florida-Caribbean Cruise Association (FCCA)美國佛羅里達加勒比海郵輪協會	A	www.f-cca.com
	Alaska Cruise Association 美國阿拉斯加郵輪協會	A	www.akcruise.org
	North West Cruise Ship Association 美洲西北（含夏威夷）郵輪協會	A	www.nwcruiseship.org
	World Ocean & Cruise Liner Society 世界海洋郵輪協會	A	http://wocls.org
	Cruise Atlantic Canada 加拿大大西洋郵輪協會	B	www.atlanticcanadacruise.com
	Cruise Saint Lawrence 加拿大聖羅倫斯郵輪協會	B	www.cruisesaintlawrence.com
	Great Lakes Cruising Coalition 美洲大湖區郵輪協會	B	www.greatlakescruisingcoalition.com
亞洲	International Cruise Council Australasia 澳亞國際郵輪協會	A	www.cruising.org.au
	Asia Cruise Association 亞洲郵輪協會	A	www.asiacruiseassociation.com
	Japan Passenger Boats Association 日本旅客船協會	A	www.jships.or.jp
	Japan Long Course Ferry Association 日本長途渡輪協會	A	www.jlc-ferry.jp
	Japan Oceangoing Passenger Ship Association 日本外航客船協會	A	www.jopa.or.jp
	Korea Shipping Association 韓國海運產業協會	A	www.haewoon.co.kr
	Korea International Cruise Institute 韓國國際郵輪研究所	A	https://www.facebook.com/BusanCruise/

表 10-1 全球郵輪產業協會列表（續）

地區	組織名稱	類別	備註（網址）
亞洲	Cruise ASEAN 東南亞國協郵輪產業發展組織	B	www.cruiseasean.com
	Kaohsiung International Cruise Association 高雄國際郵輪協會	B	www.khcruise.asia
	International Cruise Council Taiwan 台灣國際郵輪協會	B	www.icctw.com.tw
	Association for Cruise Development of Taiwan 台灣遊輪產業發展協會	B	www.acdt.org.tw
	Cruise Japan 日本郵輪產業發展協會	C	www.japan-cruise.com
	Cruise Korea 韓國郵輪產業發展協會	C	www.visitkorea.or.kr
	Singapore Cruise Centre Pte. Ltd. (SCCPL) 新加坡郵輪中心	C	www.singaporecruise.com
	Cruise Indonesia 印尼郵輪產業發展協會	C	www.cruiseindo.com
	China Cruise and Yacht Industry Association (CCYIA) 中國交通運輸協會郵輪遊艇分會	D	www.ccyia.com
類別說明	A：主要由郵輪航商所組成或推動成立的協會，以持續推動郵輪產業發展，目前公認以美洲「國際郵輪協會 CLIA」最具有代表性。 B：主要由區域政府、港口單位、觀光協會或旅遊業者所共同組成的協會，為半官方目的地行銷組織，行銷對象涵蓋郵輪航商與一般消費旅客。 C：主要由觀光主管部門（觀光部、觀光局、觀光委員會）主導成立的「次品牌」行銷組織，行銷對象涵蓋郵輪航商與一般消費旅客。 D：中國交通運輸協會郵輪遊艇分會，隸屬於中國大陸最高經濟建設計畫單位「國家發展改革委員會」的產業協會，屬於半官方組織，可跨領域綜合協調各政府部門政策與行政規章。		

資料來源：台灣國際郵輪協會(2021)

二 郵輪旅遊產品行銷

美國國際郵輪協會(CLIA)專用郵輪行銷宣言「**不搭郵輪、虛度此生！**You haven't lived until you have cruised」，直截了當的道出郵輪旅遊產品的無比魅力。如前所述，郵輪旅遊產品是一種很有特色的時尚旅遊趨勢產品，自 20 世紀末期以來，一直都能維持在每年平均約 8%的高成長率，如今更已成為世界旅遊市場發展最為穩定的品項之一。諸多文獻探討顯示，此一獨特的旅遊產品應仍有頗大的發展空間。本章節將簡要就郵輪旅遊產品行銷議題相關之 4P－產品(Product)、價格(Price)、通路(Place)、推廣(Promotion)，產品特性、市場需求、行銷趨勢以及郵輪產業與旅行業行銷之共生體系等，逐一探討如下。

（一）郵輪旅遊產品特性

郵輪旅遊產品除具有眾所周知之多元目的地型休閒旅遊、浮動渡假村旅館(Floating Resort)等之特性之外，尚有如下各式獨特屬性。

1. **郵輪旅遊體驗特性：**旅客在搭乘海上郵輪旅遊之後，最主要感受到郵輪旅遊全程住宿固定艙房，不必每天搬進搬出；其次是利用郵輪之旅得以放鬆疲憊的身心，並得以避開日常生活環境工作壓力，享受郵輪全日 24 小時不斷供應美食，以及郵輪行駛當中得以參與體驗船方精心規劃之豐富多元的娛樂活動、設施服務以及觀賞大自然景物變化等之另類旅遊體驗。
2. **郵輪旅客族群特性：**研究指出，郵輪旅客旅遊動機對人口統計屬性「年齡」變項具有顯著影響特性，傳統上郵輪旅客以中老年人從事長天數、較豪華昂貴之海上環遊居多，甚至直至 1990 年代初期老年人仍屬郵輪市場之主力客群。如今，世界各大郵輪船隊公司，乃著手推出較短天數、較低價位航線產品，以設法滿足較年輕族群之需求，期能吸引更多不同年齡層旅客。

3. **郵輪產品價格特性**：根據諸多文獻指出，郵輪旅遊產品價格會比一般旅遊產品價格略有偏高，主要乃因郵輪旅遊始終堅持全部套裝「一價全包」(All Inclusive Concept)的概念所致。舉凡來回接駁機票、全程往返接送、海陸交通住宿、全日供餐、船上活動、娛樂節目，甚或連港口稅捐、服務小費等，均全數包含於套裝費用之內。因此其價格比一般旅遊產品略有偏高之狀況，也就理所必然而不足為奇。

（二）郵輪市場需求特性

行銷之父 Kolter 探討觀光旅遊服務業行銷概念時，特別強調顧客需求導向之重要屬性。近年來國內外針對郵輪市場行銷需求動機進行如下之探討，明顯可見其調查結果各異其趣。

1. **國外市場需求動機**：根據美國旅遊週報(Travel Weekly)曾針對在三年內曾搭乘郵輪旅遊的成年美國旅客，以「選擇搭乘郵輪主要因素」為題進行複選問卷調查。研究結果顯示「多元目的地」(68%)、「合理產品價格」(64%)與「豐富的套裝產品」(55%)等，為「選擇郵輪主要因素」之前三大需求動機選項。

2. **國內市場需求動機**：台灣學者曾分別針對北太平洋海域以及南歐地中海域郵輪旅客消費行為，進行「旅客選擇搭乘海上郵輪旅遊動機」問卷調查，得出最主要的搭乘郵輪旅遊動機，分別是「遠離日常壓力」、「定點旅遊輕鬆」、「享受餐點美食」以及「欣賞自然景物」等為主要旅遊需求動機選項。

3. **旅客購買產品通路**：國際郵輪業協會(CLIA)曾針對已購買郵輪旅遊產品的受訪者進行訪談，有關使用網路查詢亦或透過代理旅行業者查詢訂位等問項之調查。結果顯示，雖然由於資訊科技發達以致使用網路查詢的受訪者比例呈現倍數成長，然而仍有 80%以上的受訪者最後仍然係透過旅行業者購買郵輪產品，而非直接進行網上交易。

（三）郵輪市場行銷體系

全球郵輪旅遊產品行銷各方合作關係，多數概由國際郵輪協會(CLIA)負責居中協調整合。整體郵輪旅遊產品市場行銷體系簡述如下。

1. **旅行業代理銷售**：根據美國旅遊週報針對旅遊供應商市場占有率及透過旅行業代理銷售訂位比例研究結果顯示，近年郵輪業年度市場總產值，雖然僅占有整體旅遊供應商市場之 20%左右，但透過旅行業代理訂位卻高達 90%之絕大多數比例。因此，郵輪旅遊產業與旅行業之共生體系幾已完全確立。

2. **郵輪產品價格趨勢**：值此競爭日益激烈的郵輪產業市場，加以諸多例如不同季節、縮短航程、船舶星級、內外艙房及接駁遠近等影響價位之因素，郵輪產品價格已有逐漸調降之趨勢。除此之外，消費者得透過及早預訂、季節時段、團隊人數等議價手段，郵輪旅遊產品價格亦有各類折扣優惠之可能。

3. **郵輪產業行銷展望**：國際郵輪協會近期發布《2018 郵輪產業展望》報告，預測 2020 年將達 3,000 萬郵輪旅客，見諸於 2003 年突破 1,000萬、2011 年突破 2,000 萬郵輪旅客人次、2019 直逼 3,000 萬郵輪旅客人次，其成長速度的確頗為驚人。如此，除可看出消費者對於郵輪旅遊產品的接受程度日益提升之外，在各方多年持續不懈的行銷推廣，加以郵輪公司的服務更加全面產生推波注瀾效果，以致「郵輪即是旅遊目的地」的概念更加名符其實，在在都顯示出郵輪旅遊產業的蓬勃榮景值得寄予期待。

（四）郵輪旅遊文宣手冊

郵輪旅遊文宣手冊不僅是提供資訊的工具，同時也可視為郵輪產品銷售的行銷輔助工具之一。文宣手冊文案部分內容，通常會詳盡介紹包含郵輪航線行程與船舶資訊細節。例如，船舶離開、到達港口時間、港口航線地圖、甲板樓層設施圖，以及收費標準等。遊程內容細則，則應包含航空機票、來回接送、保險、繳費及退費細則等。文宣手冊行銷，大致可分為如下四大類型。

1. **集大成式手冊(All-In-One Brochure)**：此類型手冊內容，包含郵輪船隊全部航線行程與船舶資訊，此類手冊通常非常厚重。
2. **特定單船式手冊(Specific Ship Brochure)**：此類型手冊內容，通常以單一郵輪航線行程與船舶資訊為主。
3. **特定單區式手冊(Specific Region Brochure)**：此類型手冊內容，通常以單一海域郵輪航線行程與船舶資訊為主。所謂單一海域，主要分別有加勒比海、阿拉斯加、地中海、西北歐洲、墨西哥灣，以及亞太海域等為主。
4. **季節性手冊(Seasonal Brochure)**：此類型內容，則依各郵輪航行海域適航季節之不同，提供當季郵輪航線行程與船舶資訊。

三 郵輪旅遊產品消費

（一）郵輪旅客消費型態

如以郵輪旅客的客群屬型角度觀之，大致可分為從未搭乘郵輪的客群、偶而搭乘郵輪的客群、常常搭乘郵輪的客群三大類。銷售代理必須鉅細靡遺多加探詢旅客需求，以探究查明消費客群的屬性類型，然後再依個別屬性研擬最切合其需求之適當行程。尤其針對時常搭乘郵輪的客群，此類客群多數心中已有定數，銷售通常往往只是價位的高低而已。茲就與郵輪旅遊規劃相關之不同類型消費型態略述如下，以作為行銷、販售或郵輪旅客進行出遊規劃之參酌（依最大到最小客群排序）。

1. 忙碌顧家的前嬰兒潮(Restless Boomer)：50 歲左右，主客群。
2. 熱切有勁的後嬰兒潮(Enthusiasm Boomer)：40 歲左右，副客群。
3. 成熟儉省的消費群(Consummate Shopper)：60 歲左右，精算者。
4. 成熟而奢華的消費群(Luxury Cruisers)：60 歲左右，享樂者。
5. 成熟而好奇的消費群(Explorer Cruisers)：60 歲左右，探索者。
6. 資深的郵輪旅遊玩家(Ship Buffs)：70 歲左右，郵輪愛用者。

（二）郵輪旅客消費要訣

拜當今科技與網際網路的蓬勃發展之賜，郵輪旅遊產品行銷與銷售，也隨之進入網路銷售的時代。但令人驚異莫名的是，郵輪旅客通常只會利用網路訂購機票，而他們大多數仍透過代理旅行社去預訂郵輪旅遊產品（船票）。國際郵輪協會(CLIA)探究發現，就中主因乃在於多數郵輪消費者認為，機票僅只是一種商品(Commodity)，而郵輪旅遊卻是一種體驗(Experience)。兩者之間的最大差異，乃在於消費者通常認為購買機票時，搭乘不同航空公司所感受的服務品質，通常不致於會有太大的差異。

郵輪旅遊體驗所牽涉之內涵，卻不只是商品價位的高低而已，一趟能令人感受值得回味的郵輪之旅，必須是令人感到歡樂、全然放鬆、受到細心呵護(Pampering)的遊程體驗，因此人們選擇透過代理旅行社去預訂郵輪旅遊產品，以茲慎重。郵輪旅遊產品之預訂管道，雖然乍看五花八門、非常多元，但根據 CLIA 研究發現旅客透過代理旅行社預訂遊程，仍以超過 80%的絕大多數比率而獨占鰲頭。旅客尋求國內外各個專業郵輪代理旅行社，除用以取得相關郵輪旅遊資訊之外，亦得特別注意如下各要項，以免出現所託非人或誤上賊船之困境。

1. **專業代理**：所謂「貨比三家不吃虧」，旅客應多方查詢各大郵輪代理旅行社，以作為最終選定之參考。欲辨識一家旅行社是否專業，其方法其實非常簡單，只要隨性的查詢如下數個問題，作為檢驗旅行社人員專業度之標準。尤其如個人先前已有搭乘郵輪之經驗，則真人面前更不容許說假話。
   (1) 請問你本人已搭過幾次郵輪？最深刻的印象是什麼？
   (2) 請問貴公司與別家有什麼不同？最強的優勢有哪些？
   (3) 請問貴公司代理這家郵輪多久？產品的特色有哪些？
2. **口碑相傳**：旅客多方打聽搭過郵輪親朋好友之現身說法，參閱報章雜誌相關報導，或者參考公正權威之郵輪旅遊資訊媒體或網路等口碑相傳，應該是最為保險可靠，也最為省時省事去選定郵輪產品的參考。
3. **預算考量**：郵輪玩家警告說：「搭乘郵輪，小心上癮！」。因此，旅客宜採漸進方式預訂郵輪產品，先行選定價格較為廉宜的短線行程，作

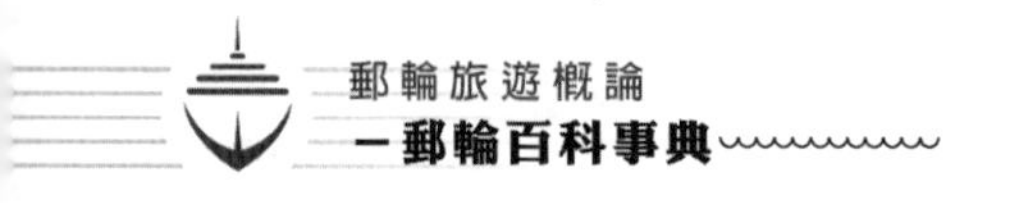

為試探個人適應性的踏腳石。等到深入悟得個中三昧，再嘗試選取較高價位的長線航程。

（三）郵輪產品折扣優惠

郵輪旅遊產品如透過及早預約，因其航程長短、船舶星級、季節時段、團體折扣、預約候補、內外艙房，以及接駁遠近等因素，而有不同價位區隔之議價空間，以確保個人應得之權益，也可能得到額度不一的折扣與優惠。近年來由於郵輪旅遊市場本身之激烈競爭，加以諸如不同季節、縮短航程、船舶星級、內外艙房，以及接駁遠近等區隔價位因素之影響，郵輪旅遊產品價格卻也有逐漸趨向大眾化的趨勢。例如一向以標榜「最適合初次搭乘者」之麗星郵輪船隊，即以遠低於一般旅遊產品之平價收費招攬旅客，因而聞名於整個亞太旅遊市場。諸多文獻指出，透過及早預約、不同季節、不同時段、人數多寡等議價手段，郵輪產品價格亦有如下各類折扣優惠之可能。

1. **早鳥折扣(Early Bird Discount)**：郵輪公司鼓勵消費者及早訂位，而提供較優惠之價格。通常越早預約艙位，則期折扣越大。此外，早鳥折扣另有一些不同說法，有時又稱之為「Best Fare」或「Book Early & Save Today」，其實其意涵與 Early Bird Discount 並無任何差異。

2. **淡季折扣或離峰折扣(Off Season Fare)**：郵輪產品通常會有不同的淡旺季訂價，而且有時其間的高低差異頗為顯著。例如每年七、八月是阿拉斯加航線旺季，避開此一時段，則無論船票、機票均便宜許多。

3. **候補折扣或最後折扣(Stand-By Fare or Last Moment Fare)**：郵輪公司通常在某航線開航前一個月之內，如遇有尚未售出或有旅客臨時取消訂位，為了減輕郵輪空位所造成之損失，通常會以遠低於訂價的折扣價出售船票。

4. **團體折扣(Group Fare)**：郵輪公司除慣例給予代理銷售旅行社量販優惠價(Agent Incentive)，對於機關團體之訂位，同樣也有特別折扣優惠。雖然郵輪產業尚未有類同航空業 GV10（10 位以上成團）之成規，但近年來風行之「Charter 包船」操作模式，團體折扣已出現頗大的議價空間。

5. **換季折扣(Repositioning Fare)**：郵輪公司的所有優惠折扣中，此類折扣應屬最為便宜的一種。每當某一郵輪海域季節航線終了時，郵輪即會以「空船移轉」(Repositioning)方式，轉移到下一個海域季節航線繼續營運。此刻，郵輪公司通常會以極低之售價賣出船位，以挹注因空船航行之損失。

6. **常客折扣(Repeater Club Fare; Frequent Cruiser Fare)**：郵輪公司提供常客折扣優惠，頗為類似航空公司之常客累積哩程優惠。郵輪公司對再度惠顧的之忠實顧客，同樣也會提供相對之折扣優惠，以為回報。常客口碑推薦，宜屬愛用者對該郵輪產品的一種肯定，也是郵輪旅遊產品行銷之最高境界。因此，常客推薦其他旅客參加郵輪行程產品時，如季節、航程或權限許可，銷售人員得以如下「Up Grade 升等」手段以增加銷售附加價值，同時也得加強建立消費者口碑或日後續購之忠誠度。
   (1) 艙房升等。
   (2) 附加保險。
   (3) 酒水招待。
   (4) 機場、港口免費接送。
   (5) 附送登輪前、離船後套裝遊程(Pre- or Post Cruise Tours)。

四 郵輪產品銷售流程

郵輪銷售部門或旅行社人員進行面對面銷售時，通常也可利用電腦螢幕顯示郵輪旅遊產品銷售網站，作為輔助工具進行銷售。但如進行電話或 e-mail 銷售時，則應指導客戶利用電腦螢幕郵輪旅遊銷售網站，或者參考國際郵輪協會(CLIA)網站專業行銷資訊進行網路銷售預訂。茲將郵輪旅遊產品銷售流程(Sales Process)，簡述如下：

（一）面對面銷售：微笑彎腰，眼明手快！

1. **起身迎客**：眼明手快、起身迎客，應特別講究「第一印象最為關鍵」(First Impression Last)、「六秒鐘，定緣分」(Most people decide if they like you in 6 seconds)的銷售要訣。
2. **目光接觸**(Eye Contact)：目光接觸屬非語言溝通的一種形式，被認為是代表誠懇、尊重的社交行為，尤其對產品銷售成敗有很大的影響。
3. **微笑應對**：服務業，請微笑。微笑不只給自己好心情，也會給顧客留下良好印象。
4. **互相介紹**：善用「Ice-break（打破隔閡）」技巧話術互相介紹，建立良好的第一印象。
5. **熱情握手**：雖國際禮儀規範握手力度要適中，不宜太大力或太細力。但銷售人員不妨稍用點力握手，以展現個人熱情與歡迎之意。
6. **避免相對**：邀請客人與銷售人員緊鄰就座，避免相對而坐。

（二）電話銷售：八秒之內，接起電話！

1. **運用四步驟話術**：「問安／某某旅行社／敝姓某某／可以為您服務嗎？」(Greeting/Agency name/My name/How may I help you?)。
2. **微笑應對**：你的微笑，電話那端的客人可以感覺得到。
3. **熱情應對**：將心比心，務必以假設自己就是消費者的心態應對。

（三）完成銷售(Case Close)

1. 完成銷售係銷售人員之天職，除培養好學精神多方涉獵銷售專業之外，敏銳察言觀色、機智應變能力，均屬完成案件銷售之不二法門。
2. 同時亦可利用提早訂位或優惠時段折扣做為誘因，預收訂金以提升完成銷售之可能性。

（四）後續追蹤(Follow Up)

1. 尚未成交銷售案，需於 24~48 小時內持續追蹤。
2. 已成交銷售案件，後續行程細節亦須妥善照應。
3. 旅客遊程結束回程後，亦須電詢追蹤其滿意程度。
4. 明年此時持續問候旅客，或許又是另一郵輪旅遊銷售案之可能。

五 克服銷售障礙話術(Barrier Overcome)

當面對旅客購買郵輪旅遊行程之迷思與阻礙狀況時，銷售人員之應對方法與克服銷售障礙話術，分別條述如下（其他相關郵輪旅遊問答集，請參本書附錄：郵輪旅遊 Q&A）。

（一）郵輪旅遊產品是非常昂貴的？

1. 引用「每日費用成本」說法，每日費用與總價比較會顯得較為友善。
2. 分析郵輪套裝旅遊和陸上套裝旅遊行程之間，內容、費用與成本差異。
3. 強調郵輪套裝旅遊內容之含金量及卓越的附加價值。
4. 推薦參加最適合客人預算能力範圍的郵輪套裝全備行程。
5. 建議搭乘「郵輪換季航線(Repositioning; Relocation)」，最經濟實惠。

（二）郵輪旅遊過程是無聊的？

1. 展示內容豐盛的【每日活動總表】。
2. 強調多數客人最鍾愛的活動內容。
3. 引述郵輪愛好者的現身說法與證言。
4. 推薦參加活動內容最為熱情有勁的郵輪行程。
5. 傳達郵輪社群特具熱絡的人際社交互動特質。

（三）郵輪旅遊產品只適合年長者？

1. 推薦參加較受年輕船客族群喜好類型之郵輪。
2. 強調郵輪旅遊文宣手冊較具年輕形象之圖片。
3. 早期郵輪客群年數偏高狀況，如今郵輪客齡平均已降為 45 歲上下。
4. 引述與消費者年齡相仿的郵輪愛好者之現身說法與證言。

（四）郵輪船上餐服禮儀太過正式？

1. 推薦參加較少要求旅客穿著正式服飾之郵輪行程。
2. 解釋郵輪安排正式晚宴時，也會安排便服餐廳備用。
3. 強調如今大眾郵輪很少甚至沒有規定晚宴正式服裝。

（五）郵輪旅遊活動是經過嚴格控制的？

1. 推薦參加帆船郵輪、探險郵輪或教育郵輪等較為輕鬆高檔的行程。
2. 強調郵輪旅客享有「優游自在、適其所適(Do-it-all or Nothing-at-all)」之特質。
3. 強調如今某些大眾郵輪很少甚至沒有規定晚宴輪流就座規定，或任何時間限制(Open Seating)。
4. 建議安排於登輪前、離船後，參加各式陸上套裝遊程(Pre- or Post-cruise Tour)。

（六）搭乘郵輪，沒有足夠時間在港口停留？

1. 推薦參加停留港灣時間較充裕之郵輪行程。
2. 建議多參加「岸上遊程(Shore Excursion)」以增加對郵輪停靠港埠城市之認識。
3. 建議安排於登輪前、離船後，參加各式陸上套裝遊程(Pre-cruise Tour or Post-cruise Tour)。

（七）郵輪船上的活動空間是受限的？

1. 推薦參加具有較高「空間比(Space Ratio)」的郵輪行程。

2. 推薦住宿具較佳視野的「海景艙(Ocean-View Cabin)」或「陽台艙(Veranda Cabin)」。

3. 推薦住宿較為寬闊且具較佳視野的「海景套房艙(Ocean-View Suite)」。

4. 強調郵輪旅遊特別具有「巨型海上渡假村(Large Floating Resort)」之特質。

（八）我不想被迫與人進行交際？

1. 強調郵輪客享有「優游自在、適其所適(Do-it-all-or-nothing-at-all)」之優雅特質。

2. 澄清其實如今某些郵輪公司，很少甚至沒有規定晚宴共同就座規定，或有任何時間限制(Open Seating)。

3. 推薦住宿較具有個人私密性且視野較佳的「陽台艙(Veranda Cabin)」。

（九）我曾經是海軍，我最不想做的事，就是坐船旅行？

1. 強調郵輪旅遊特別具有「巨型海上渡假村(Large Floating Resort)」之特質。

2. 提醒客人海軍軍艦並沒有郵輪的休閒遊憩設施，甚或如郵輪般呵護備至之服務。

（十）我可能會吃太多且體重增加？

1. 強調如今郵輪餐廚服務也會強調健康、均衡、營養餐點之提供。

2. 強調郵輪全景環繞步道、陽光甲板、球場、泳池及健身房等設施。

（十一）我搭乘郵輪真的安全嗎？

1. 強調聯合國海上人命安全公約(Safety Of Life At Sea, SOLAS)之嚴格安全規範。

2. 強調郵輪嚴格的安全駕駛規定、全球衛星定位自動導航系統(GPS)等安全措施。

（十二）我非常擔心恐怖攻擊？

1. 說明郵輪公司極端重視船隻航行、乘組員及旅客安全之確保。

2. 說明郵輪航線都會刻意避開有安全顧慮，或可能會有海盜或恐怖分子出沒之水域。

3. 強調郵輪特有的嚴格管控進出的安全措施，能夠有效防止海盜、恐怖分子矇混上船。

（十三）坐飛機飛到郵輪所在的港口是非常遙遠的？

1. 設法釐清疑慮並讓消費者認知郵輪旅遊體驗是非常有價值的。

2. 推薦消費者一個比較靠近港口的目的地，以減少其飛行時間。

3. 強調越是地處偏遠的郵輪目的地，通常郵輪停靠時間也越長。

（十四）我會擔心暈船／感冒／生病？

1. 強調當代新型郵輪必定會裝置「平衡翼(Stabilizer)」，以減免航行中船身之橫搖。

2. 針對特別容易有暈船困擾的旅客，建議事先徵求醫生開立防暈藥劑處方備用。

3. 針對特別容易有暈船困擾的旅客，建議先參加內河航行郵輪(River Cruise)以先行適應。

4. 強調當代郵輪特別重視衛生安全之保障，以及針對法定傳染疾病之預防措施。

5. 強調當代郵輪絕大多數郵輪均設有專業的醫療照護中心，以照護或減緩遊客身體不適狀況。

（十五）我對郵輪旅遊產品不夠瞭解？

1. 提供更大量的郵輪旅遊資訊，必要時得出借影視碟片供旅客攜回家慢慢觀賞。

2. 銷售人員應認知「嫌貨才是主顧客」的道理，以耐心、細心、同理心提供詳盡的郵輪產品資訊。

郵輪港埠經濟

Cruise Port Economy

Port of Call / Home Port / Turnaround /
Close-looped / Open Jaw

一 港埠碼頭概述

所謂郵輪港埠(Cruise Ports)，指的是位於海洋、河川或湖泊沿岸，具有特定的設備條件，足以提供各式郵輪船隻停靠、維修、補給及裝卸客貨的場所。而所謂郵輪產業經濟(Cruise Economics)，指的則是透過郵輪產業的經營運作，進而帶動郵輪港埠周邊相關產業的發展，自然形成郵輪產業鍊共同發展的一種經濟現象。廣義而言，郵輪經濟包括郵輪船隻之建造及其維護、郵輪航遊營運業務及郵輪泊靠港口碼頭之運轉等相關產業。簡言之，郵輪經濟所牽涉之範疇，涵蓋郵輪船隻啟航前、啟航後、抵埠前、抵埠後及停靠港口碼頭期間，所引發的一系列與郵輪旅遊產業有關聯的產品與服務之交易活動。百年以來，郵輪旅遊產業一直起起落落，直至近二十年來才得以出現難得的榮景。單單郵輪船舶本身，急需龐大的資本投資，經營成本因此相對提高。一旦遭逢訂位下滑的不景氣狀況，郵輪船隊公司的財務即可能出現岌岌可危。關聯郵輪產業經濟之上中下游行業組織、設施環境與周邊配套整合，亦屬發動產業群聚效應的驅動環節。

港埠又稱為海港、港口或港市，指的是一處讓各式船隻、船艇得以彎靠停泊的所在，再結合其周邊的市鎮、城區甚或市中心區等配套而成。而港埠之設施，又可區分為基礎設施(Infrastructure)及上層設施(Superstructure)兩大類。港埠基礎設施，主要指的是碼頭、泊位、棧道等公共設施。上層設施則另指針對旅客所需並彌補基礎公共設施不足之設備與服務，例如裝卸貨物起重機、露置堆積場、倉儲及水平搬運作業之貨物處理機具等。茲將與郵輪碼頭息息相關之港灣口岸、港口碼頭、規劃港埠設施應行考量之條件因素等，逐一探討如下：

（一）港埠規劃條件

1. **港區地形條件**：考量港區地表如有山丘及其他自然障礙存在，必須於工程之前將其移除；地上次表層承載特性及排水問題，均需於事先詳查。
2. **港區水文條件**：探究查明沿碼頭所在之海底特性，是否適合進行打樁工程，鄰近地帶淺灘存在之可能性，以及所需竣深之海床等詳情。
3. **港埠氣候條件**：探究查明有關港埠所在區域性之恆風，或其他是否足以影響船舶靠泊碼頭及客貨裝卸效率之氣候特性。
4. **港灣海洋條件**：港灣海浪、海湧和海流對碼頭結構物之影響，諸如基樁和船舶靠碼頭之穩定性與安全性，以及防波堤之設置等。

（二）港灣口岸類型

如前所述，輪船靠泊之港灣口岸，稱為港口。而港口之形成，大致也可以分為天然形成與人工建造兩大類別。實務上，如再將港口與港灣加以細分，則港口應是一個可讓客貨船舶裝卸客貨的所在，而港口通常則包含於港灣範圍。茲依輪船港口形成因素、地理位置與機能用途等三大類型分類，表列簡述如下（表 11-1）：

表 11-1 港口形成類型

港口形成類型	形成因素	適用案例
天然港	海岸向內曲折而成港灣，外圍由半島、海岬、岩礁等地形屏蔽而成。	基隆、香港、東京、紐約
人工港	人工開闢而成的港灣，大多位於缺乏自然海灣的沙岸地帶。或原為河口，經過填海疏浚形成為人工港。	台中、高雄、天津、上海
不凍港	不凍港是指在中高緯度地區，冬季不會結冰之港口，極具戰略價值。	俄羅斯海參崴

（三）港埠碼頭類型

碼頭(Wharf, Pier, Dock, Marina)，指的是水岸邊作為泊船的建物，較大型的碼頭稱為渡頭，而較小型的碼頭則稱為埠頭。碼頭通常是一條由岸邊伸往水中的長堤，也可能只是一排由岸上伸入水中的樓梯，多數是人造的土木工程建築物，但也可能是天然形成。人類利用碼頭，作為輪船泊靠、上下旅客及裝卸貨物之用，有時還可能吸引遊人參觀或成為人們約會集合的地標。碼頭區周邊，常有輪船、小艇、倉庫、海關、浮橋、海鷗、漁市、車站、餐廳或商場等之建物或景觀組合。茲依常見之碼頭設計、碼頭用途兩大類型，分類略述如下：

1. 碼頭設計類型

(1) 突堤碼頭：又稱為「突堤式」碼頭，設計呈現一條由岸邊伸往水中的長堤，屬於最為傳統的碼頭設計方式，通常是三邊皆可停靠船舶。優點是在一定的水域範圍內，可以建立較多的泊位。但缺點是有時無法符合較大型化船舶的停靠需求。

(2) 一字碼頭：又稱為「順岸式」碼頭，設計呈現一條與岸邊平行的一字型，也可能只是一排由岸上伸入水中的樓梯式碼頭。一字碼頭為目前較為普遍的設計方式，在河港、河口港、中小型海港中最為常用。優點是碼頭陸域寬敞、交通方便、工程量也較少。

(3) 凹字碼頭：又稱為「挖入式」碼頭，設計呈現三面均有岸壁圍繞、人工開挖形成的凹字型，主要因應大噸位集裝箱貨櫃船舶而設計，其最佳功能在於方便船隻快速進行裝卸作業。

2. 碼頭用途類型

(1) 客運碼頭(Passenger Wharf)：客運碼頭主要是讓旅客上下船的處所。小型的客運碼頭可能只可以供船艇、快艇等小型船隻靠泊，而大型的客運碼頭如郵輪碼頭，則可供大型郵輪或渡輪靠泊。

(2) 貨運碼頭(Cargo Wharf)：貨運碼頭主要是用作貨輪裝卸貨物，如以用途及其使用權分類，可分作普通貨運碼頭、集裝箱貨櫃碼頭、油品礦物碼頭等貨運碼頭。

(3) 汽車碼頭(RO/RO Wharf)：汽車碼頭多是供特製較大型「駛上／駛下滾裝式(RO/RO)」之類的貨輪或渡輪靠泊而建置，以方便大小客運汽車或載貨車輛駛上／駛下之用。

(4) 遊艇碼頭(Yacht Marina)：遊艇碼頭多是提供遊艇或載客小型船艇泊岸的專用碼頭，因此通常又稱之為 Yacht Marina，多數是由某些遊艇俱樂部所專屬擁有。

(5) 漁人碼頭(Fisherman Wharf)：專指以漁村風貌、風情作為概念的碼頭區域或旅遊景點。漁人碼頭通常會有各式食肆酒吧、海鮮市場、特色商店等設施，讓各國遊客以不同方式體驗傳統的漁港。漁人碼頭，最初起源於美國加州舊金山，其後在世界各地港埠城市陸續出現。

(6) 郵輪碼頭(Cruise Wharf)：從碼頭結構上來講，郵輪碼頭與普通貨運碼頭並無不同。有些港口的郵輪也常臨時停靠貨運碼頭，利用郵輪自帶的棧橋作為旅客上下船的通道。但對於郵輪母港而言，則必須設有專用的郵輪碼頭泊位、上下船通道、候船大廳及停車場等設施。

二 郵輪港埠碼頭

所謂郵輪港埠(Cruise Ports)，指的是位於海洋、河川或湖泊沿岸，具有特定的設備條件，足以提供各式郵輪船隻停靠、維修、補給及上下旅客的場所。國際郵輪產業發達的港口城市，都需具備現代化的碼頭設

備、停泊設施甚或郵輪航站等配套設施，這是發展郵輪經濟最起碼的條件。實務上，客輪可概分為渡輪(Ferry)及郵輪(Cruise)兩大類。渡輪係以載送兩地間旅客或貨物為主之定期航線船舶，而國際郵輪旅運市場則不單純只滿足旅客交通上需求，更需講究集消費、觀光、旅館、休閒於一身的特質。因此，由於兩種客輪型式及其作業屬性之不同，國外港口多將其碼頭專用及旅客服務中心各自區別、獨立作業。質言之，發展郵輪產業的重要基礎，除應有設施充裕的港口客運中心、硬體建設之規劃外，亦應顧及其周邊如交通、食宿、旅遊、活動等相關的配套措施，同時考慮平衡區域發展，以優化資源之配置。因此，確有必要針對郵輪港埠設施條件進行評估分析，以提供後續規劃之參考。茲將與郵輪港埠條件息息相關之港埠、港口、碼頭等面向，逐一探討如下：

（一）郵輪港口類型

1. **郵輪港口類型**：傳統上，郵輪港口大致分為母港(Home Port; Base Port)與掛靠港(In-transit Port; Port of Call)兩大類型。郵輪母港碼頭，指的是具備提供多艘大型郵輪停靠、進出所需之綜合服務設施與設備條件，亦即能夠為郵輪經濟發展提供全程、綜合及配套服務。郵輪母港同時也是郵輪基地的所在地，郵輪可在此進行旅客集散、燃油添加、物資供應、物料補給、廢物處理甚至維護修理等作業。郵輪公司通常在母港所在地，設立公司總部或地區總部。郵輪港口分類如按該港口是否設有專用碼頭設施、固定出發航線、穩定旅客來源及設置公司總部等因素進行分類，大致可分為母港、基地港、掛靠港、非基地港等四種類型（表 11-2）。

表 11-2 郵輪港口類型

郵輪港口類型	停靠港口狀況	適用案例
母港 Home Port / Turnaround Port	郵輪定期掛靠停泊的港口，需有專屬碼頭、固定航線及公司總部等。	邁阿密、溫哥華、紐約、倫敦、巴塞隆納、上海、新加坡
基地港 Base Port	郵輪與班輪定期掛靠停泊的港口，多為較大港埠，但未達母港等級。	洛杉磯、雪梨、香港、東京、大阪、天津、基隆、高雄
掛靠港 Port of Call / In-transit Port	郵輪與班輪定期掛靠停泊的港口，但無專屬碼頭、固定航線等。	全球多數港口屬之
非基地港 Non-Base Port	郵輪與班輪不定期掛靠停泊港口，多為較小港埠，供臨時或短暫靠泊。	全球少數港口屬之

2. **世界主要郵輪港口**：世界主要郵輪港口多不勝數，請參照「世界主要港口對照表」網頁：http://www.cdnsp.com.tw/box/wrdpt-az.htm。

3. **亞太主要郵輪港口**：如前所述，亞太主要郵輪市場計有大洋洲澳紐海域、東北亞海域及東南亞海域等三大區塊，其中當以海峽兩岸各主要港口所圍繞而成的新郵輪經濟圈，最為受到全球郵輪產業的矚目。因此，亞太地區主要郵輪港口，也就當仁不讓的多數落在台灣海峽兩岸各個主要港口，以及其周邊的日本、韓國、新加坡、馬來西亞、澳大利亞等重要港埠（表 11-3）。

表 11-3 亞太主要郵輪港口一覽表

項目 / 港口	郵輪泊位 (Berth)	水深 （約 m）	長度 （約 m）	最大噸位 (Tons)	郵輪航站 (Terminal)
台灣基隆港	3	9~10	800	140,000	1
台灣高雄港	3	9~10.5	750	140,000	1
中國上海港	8	10	880	140,000	2
中國天津港	2	11.5	625	110,000	1
中國廈門港	2	17	460	110,000	1
中國香港	4	10~13	1,550	225,000	2
馬來西亞巴生港	3	12	660	70,000	1
新加坡港	4	11.5	940	225,000	2
日本橫濱港	4	12	900	110,000	1
雪梨港	2	9.9~10.4	676	140,000	2

（二）郵輪港埠條件

郵輪港埠功能之規劃，必需朝向兼具商業與遊憩之多角化發展。舉例來說，美洲地區的紐約、邁阿密、西雅圖、溫哥華及洛杉磯長堤港等，即將港區碼頭與港埠觀光休閒規劃建置為複合港區，包括貨櫃港區、郵輪港區、遊憩專區等，結合觀光娛樂產業以有助於當地的經濟發展。至於，規劃郵輪港埠所需要件，根據學者 Gibson (2006)針對最適發展郵輪靠泊的港埠條件研究指出，若要建設成為一座優良的郵輪港埠，則必須具備下述諸項特質與條件：

1. **港口規模尺度**：郵輪港口最佳低水位(Low Tide Line)必須至少有 10 公尺以上深度，而最佳碼頭泊位長度應至少為 320 公尺，以具備足夠容納巨型郵輪（指載客量 2,000 人以上 Mega-liner）之實力。

2. **港埠對外交通**：郵輪港埠區位附近必須有國際機場之設置，以具備國際交通運輸之可及性；而且，港口前往周邊旅遊景區、景點之交通，亦需具備易達之特性。

3. **港埠景觀資源**：郵輪港口或港埠本身，必須具備較為開闊的景觀視野，如能加上某些特定的景區、景點設計規劃，則可增益港埠本身景觀資源之吸引力。

4. **港口服務設施**：郵輪港口最好提供各項免稅的優惠措施，並需配備舒適、方便、安全、專業的第一線 CIQS 國境通關服務。同時須設有專用的郵輪碼頭泊位、上下船通道、候船大廳、停車場與倉儲設施等。

5. **周邊景區配套**：針對某些較為小型的島嶼郵輪港口，由於受到本身景觀規模先天上之限制，則需設法結合周邊具有多元特色的景區、景點吸引力之配套。

6. **藝文展示功能**：郵輪港口本身客運碼頭或客運中心(Terminal)等之硬體建設，必須規劃具有在地特色之藝文展演空間，室內則應兼具藝術文物展示功能。

7. **岸上遊程規劃**：郵輪港埠必須具備岸上遊程規劃與接待操作實力，尤其必須特別講究食宿交通、接待導覽之品質。此外，若港埠被定位為郵輪母港，則其周邊最好能有刺激有趣的夜生活去處。

8. **動靜皆宜內涵**：郵輪港埠地區須具有舒適晴朗、四季皆宜的氣候條件。同時，當地既能有悠久歷史文化內涵，並得以安排動靜皆宜、活潑多樣之休憩活動。

（三）郵輪母港條件

近年來，世界郵輪發展重心向東方轉移，亞洲郵輪市場潛力巨大。據統計，整個亞洲地區 2018 年郵輪乘客已從 2005 年的 110 萬人次上升至 450 萬人次，成為未來全球郵輪市場增長的主力。至於與郵輪旅遊產業經濟發展息息相關之郵輪母港基本條件，本章節參考學者楊杰(2012)、潘勤奮(2007)等針對最適郵輪母港的發展條件研究，若要建設成為一座優秀的郵輪母港，則必須具備下述包括地理位置、港口設施、交通運輸、旅遊資源、商業服務、物質供應與金融保險等基本條件。

1. **地理位置**：郵輪巡航的氣候條件，直接影響到旅客的舒適度和安全性。郵輪公司選定母港時，往往避開如比斯開灣、好望角、孟加拉灣和北大西洋等較易出現極端天候的海域港灣。其次，郵輪航線規劃取決於觀光資源之豐富程度，例如囊括歐亞非古文明遺跡景觀的地中海區域，選取西班牙巴塞隆納、威尼斯等作為郵輪母港，宜屬理所必然之最佳例證。

2. **港口設施**：國際郵輪經濟發達的港口城市，必然都具有現代化的碼頭、停泊設施和郵輪港埠等配套設施。郵輪母港港口所需設施，無非需具備專用的泊位、上下船通道、候船大廳及停車場等基礎設施。其他必備之配套尚包含餐飲酒店、交通運輸、休閒娛樂等設施服務。

3. **交通運輸**：國際郵輪經濟發達的港埠城市，都有方便快捷的對內、對外交通網絡。因此，郵輪母港交通運輸具體可分兩部分，第一是港埠城市對內的交通聯繫，其次是港埠城市對外交通聯繫。而對外交通聯繫指的是郵輪母港所在城市的對外交通，具體包括公路、鐵路、航空、水運等。

4. **旅遊資源**：郵輪產業對港口後方觀光旅遊資源條件，要求非常嚴格。凡是郵輪產業發展較快的地方，附近必定都是著名的旅遊景點。旅遊資源是否豐富、景區、景點分布是否合理密集、海陸空交通是否發達、與周邊城市聯繫是否緊密等，都是制約一個港口成為郵輪母港的重要因素。
5. **商業服務**：郵輪旅客到港消費，主要有餐飲、住宿、零售及其配套服務。所以，作為一個郵輪母港，起碼要在其周邊發展大型商業設施，以滿足旅客高質量的餐飲和住宿需求。同時，郵輪母港對服務業的要求也非常高，目標市場同步鎖定當地消費者，以廣開商業服務通路。
6. **物資供應**：郵輪母港的物資供應，包括郵輪自身的補給與維修、油料添加、生活必需品採購、淡水添置等。因此，身為專業接待國際郵輪的母港，理應充分滿足郵輪旅客集散、燃油添加、物資供應甚至郵輪船舶保養維修等之需求。
7. **金融保險**：金融保險業對郵輪經濟的發展至關重要，如船舶本身和旅客的財務及平安保險等。而具國際標準且服務功能完善的金融體系，也是發展郵輪母港的必要條件之一。

三 郵輪產業經濟

所謂郵輪產業經濟(Cruise Economics)，指的是透過郵輪產業的經營運作，進而帶動郵輪港埠周邊相關產業的發展，自然形成郵輪產業鍊共同發展的一種經濟現象。廣義而言，郵輪經濟包括郵輪船隻之建造及其維護、郵輪航遊營運業務和郵輪泊靠港口碼頭之運轉等相關產業。簡言之，郵輪經濟所牽涉之範疇，涵蓋郵輪船隻啟航前、啟航後、抵埠前、抵埠後及停靠港口碼頭期間，所引發的一系列與郵輪旅遊產業有關聯的產品與服務之交易活動。此外，除產業條件與硬體設施之外，區域地理位置與經濟優勢，亦將扮演決定性的角色。

發展郵輪產業將帶來諸多經濟效益，郵輪港埠一旦成為母港，所產生的效益又將更為可觀。郵輪產業所帶來的效益，除了港口收費等直接經濟效益外，亦包括物料及相關支援服務等的開支、乘客和船員的消費，以及創造相關周邊餐飲、住宿、交通、船務、保險等行業之就業機會。但如僅只屬郵輪掛靠港口，則郵輪多屬朝至夕離，短暫停留的過客，靠泊時間多在 8~12 小時以內，對地方觀光產值效益相對有限。值此亞太郵輪市場正蓄勢待發，郵輪旅客人次在 2019 年以前均維持年成長率在 6~9%之間，而成長最為顯著者尤其集中在大陸、日本、台灣、新加坡及印度等亞太市場。因此，確有必要針對郵輪港埠經濟進行評估分析，以作為後續發展郵輪產業尤其是郵輪母港之參考。

茲此參照各家學者之觀點，就發展郵輪經濟尤其母港經濟效益、影響因素與發展條件等相關面向特性，逐一探討如下：

（一）經濟群聚性

郵輪產業型態 20 世紀 50 年代發祥於歐洲，直至 60 年代後期成形於北美，其經濟群聚性(Economy Clustering)主要呈現於兩個方面，其一是相關郵輪旅遊服務之各類機構組織和相關產業，例如陸空交通、餐飲旅館、金融商業、代理服務、協會組織等等，大都聚集於郵輪停靠港口周邊及其鄰近區域，以便得以快捷方便的提供郵輪及旅客服務，而較為發達的港埠城市甚至形成繁華的商務中心區塊。另一則指一座優良的郵輪母港，不但可以吸引更多的郵輪群聚，而且也因大量郵輪的聚集而帶動起當地的經濟活動。郵輪產業經濟群集效應最佳之例證，則以美國佛羅里達州境內及其周邊港灣之羅德岱堡(Fort Lauderdale)、邁阿密

(Miami)及卡納維爾角(Cape Canaveral)等三大港灣為準，其郵輪旅客年度吞吐總量超過約占全球 40%的市場占有率，而且也使得該地區順理成章的成為全球郵輪產業經濟中心。

（二）母港經濟效應

諸多研究顯示，郵輪母港對所在地的經濟具有較強的推動力，而母港的經濟收益一般是停靠港的 10~14 倍。郵輪產業所形成的消費效益，主要有郵輪帶來的旅客消費包括餐飲住宿、商品採購、景點門票、陸空交通等三項。郵輪本身到港的消費，則包括碼頭泊位使用費、進出港引航費用、海上必需的食品採購及日用消費品等及郵輪船舶維修的消費包括油料添加、淡水添置等項目。前述三大項目消費，自然形成一個非常明顯的經濟價值鏈，對於郵輪母港而言尤甚。從世界各相關郵輪停靠港埠城市分析，郵輪產業構成的經濟價值鏈效應非常顯著。因此，若港埠被定位為郵輪母港，則對於該區域所產生之經濟效應影響，大致有如下五個方面（王諾，2008；楊杰，2012）。

1. **刺激本地消費**：對於郵輪母港而言，郵輪船舶之抵達與離去，可以帶來數以萬計的旅客，在本地進行休閒娛樂、餐飲購物。同時，外來遊客之消費行為，亦可直接或間接刺激本地的消費。

2. **賺取外匯收入**：研究顯示，一位郵輪旅客在郵輪停靠時，平均消費能力為每小時 30~40 美元之間，以最低花費 30 美元／小時計算，1 萬名遊客在母港區域停靠 10 小時，會帶來約 300 萬美元的外匯收入。

3. **促進港埠就業**：郵輪公司通常必定在母港所在港埠，設置規模較大的總部或代表處，招聘一定比例的船務人員，可為港埠直接提供一定數額的就業職位。

4. **提升服務水準**：郵輪在母港靠泊，添加補給、油料、淡水與處置廢品、接受服務、維護修理，都給港口帶來新的產業、新的商機，同時刺激提升服務的水準。

5. **提升港埠形象**：綜觀各已開發國家的港埠城市，例如邁阿密、溫哥華、紐約、倫敦、巴塞隆納、上海、新加坡等，均無不以擁有郵輪母港頭銜為傲，對提升港埠國際形象很有助益。

（三）發展郵輪經濟條件

郵輪旅遊產業經濟發展，如今已被舉世公認為一極具發展潛力的朝陽產業。根據國際郵輪協會最新統計資料顯示(CLIA, 2020)，2019 年郵輪產業全球經濟總體收益(Global Economic Impact)高逾千億美元，提供世界各地總共逾 775,000 個就業機會，發出薪資額度高達 330 億美元。國際郵輪經濟發展的實績顯示，發展郵輪經濟確已是刻不容緩之要務。茲此參照各方學者之觀點，針對相關發展郵輪產業經濟所必須具備之條件探討如下（潘勤奮，2007；王諾，2008；CLIA, 2020）。

1. **雄厚的綜合經濟實力**：發展郵輪經濟的建設和發展，需要強大的經濟實力支撐。首先，郵輪設計與建造的需要投人大量資金，現代郵輪以其豪華和設施配套先進而著稱，一艘新造郵輪下水，平均造價約在 4 億美元左右，而此亦即郵輪旅遊巨大吸引力的所在。其次，郵輪配套基礎設施與郵輪建設客源形成，都需仰賴於一個國家或區域的綜合經濟實力。所以，傳統郵輪經濟發達地區主要都分布在歐美各國，其中緣由至為明顯。

2. **完善的基礎配套設施**：國際郵輪經濟發達的港口城市，大都具有現代化的碼頭、停泊設施和港埠配套設施。郵輪碼頭依其重要程度，大致可分為母港碼頭、停靠港碼頭兩大類別。郵輪母港也稱郵輪基地港，提供較為全面的服務，郵輪多在母港設置公司總部或地區總部。郵輪可能會在母港過夜、進行上下旅客、維修補給和廢料處理等。停靠港碼頭一般停靠時間為當天到離，停留時旅客可上岸觀光。

3. **發達的對外交通網絡**：對外交通網絡是發展郵輪經濟的一個重要條件，具體可以分為兩個部分，其一是港口城市的內部交通系統，交通工具包括大型巴士、計程車、地鐵捷運等。另一則為港口城市的對外交通聯繫，包括公路、鐵路、航空甚或水路交通等配套(Air-Sea-Land Mix)。因此，交通規劃必需綜合考量各種交通方式的便捷銜接，以形成交通樞紐。由於郵輪乘客來源廣泛，單艘郵輪的載客量可能就達到大型客機近 10 倍容量，往往對航空銜接運輸之要求較高。因此，需要建置郵輪中心，負責港口與機場間交通、管理、票務等無縫接軌。

4. **豐富的觀光旅遊資源**：綜觀國際郵輪經濟發達的港口城市，通常本身大都是國際著名的旅遊目的地之一，有的聚集大量的歷史人文古蹟，有的具有深厚的文化旅遊資源，有的則是公認的世界購物天堂。同時，如以郵輪港埠碼頭為中心，再聯結周邊眾多的特色旅遊城鎮，自然可以形成一日和半日往返的各色旅遊線路。

5. **充足的郵輪旅遊客源**：來源充足的郵輪旅遊客源，是發展郵輪經濟的重要條件之一。建設一座功能完善的郵輪母港，首先必須要有眾多的本地郵輪旅遊客源作為支撐。2017 年世界郵輪乘客達到 2,670 萬人次，北美市場以占世界總數的 54%以上高逾 1,440 萬人次居首，邁阿密、溫哥華、紐約、洛杉磯等港埠即以此來源充足的郵輪客源，而自然形成北美洲的主要的郵輪母港群。如今，國際郵輪在中國開闢的第一郵輪母港上海，正是看中了中國沿海人數眾多的潛在郵輪消費客群之所致。

6. **國際化的郵輪經濟政策**：郵輪經濟的發展，需要一個良好的運行環境，港埠所在當地政府也扮演積極主導作用的角色。因為，只有在政府負起主導作用的責任情況下，才會全面支持郵輪經濟作為優先發展項目，以加強促成其足夠的競爭力。美國、加拿大、新加坡、香港各國或當地政府，對發展郵輪經濟制定積極鼓勵的政策，相關聯之旅遊、交通、港口、海關、口岸等多個職能部門，相互配合、通力合作，如今均已成為國際化郵輪經濟政策的典範。

7. **高檔的郵輪專業人才**：由於郵輪經濟特有的國際化屬性，針對運作郵輪經濟專業人才的要求相對也較高。例如，郵輪碼頭需要具備港口管理和配套服務的人才；郵輪補給、維修需要船舶工程技術人才；郵輪海上旅遊，需要酒店、餐飲、娛樂的管理和操作技術人才；旅客上岸後食宿、交通、旅遊、購物、娛樂，都需要專業的旅遊管理人才。而且，還須具備較高的專業技術與外語能力，缺一不可。

8. **健全的郵輪人才培育**：總而言之，郵輪港埠碼頭接待服務人才之專業水準，將直接關係到郵輪母港與區域郵輪經濟之發展。因此，人才培育已是發展郵輪經濟的當務之急，加上東亞地區郵輪經濟剛剛起步，郵輪專業人才十分缺乏．必須多向國際郵輪經濟發達國家取經學習。首先，最快可以解燃眉之急的是，通過大力引進境外的高級郵輪專業管理人才，邊作邊學同時加強區域郵輪專業人才的培訓體制，在相關院校和培訓機構開設相關專業或課程，盡速培育郵輪旅遊服務和郵輪市場營銷等方面的專業從業人員。

（四）郵輪產業管理模式

目前，國際郵輪產業的營運與行銷管理，主要以追求規模經濟、趨向大型化蔚為主流。再則，由於郵輪停靠所需之硬體設施，例如碼頭或郵輪航站的投資規模非常龐大，有時且需長達 10~20 年才有可能回收投資，其投資管理主要則以引進外資或尋求政府資助方式經營。茲此參考產學界觀點，就國際郵輪經濟投資管理及郵輪營運模式探討如下：

1. **引進外資、參與建設**：郵輪碼頭的基礎設施，理論上都應由港口所在城市自行建設，但因郵輪碼頭投資規模巨大，某些港口城市難以獨力完成。郵輪公司為延伸產業網絡，在某些港口城市獨資或合資建設郵輪碼頭，並委由郵輪公司經營管理。此外，郵輪碼頭所在港埠在引進外資時，還可以引進較高的郵輪管理經驗。例如，2014 年 6 月，美國皇家加勒比郵輪集團與台灣港務公司簽署合作意向書，共同投資 10 億元興建澎湖郵輪碼頭，並在岸上興建休閒娛樂設施、商店街、國際休閒渡假村。
2. **政府投資、企業經營**：政府投資建設郵輪碼頭基礎設施，建成後由港務部門提供海關、安檢等相關設施服務。郵輪碼頭的經營管理，則交由郵輪公司與旅遊等企業經營管理。在郵輪市場培育初期，可以較低優惠租金進行租賃經營，待市場逐步成熟後再調整租金，以減免碼頭經營企業的風險。美國奧蘭多、舊金山郵輪碼頭等，均屬採用政府投資、企業經營方式的例證。
3. **國外註冊，本國經營**：當前郵輪營運市場實務顯示，全世界超過 60% 以上的郵輪營運，儘管郵輪總部多數設在美國本土，但卻幾乎都以巴哈馬、巴拿馬或賴比瑞亞等國為註冊地。此等郵輪通過懸掛權宜國籍方便旗模式(Flag of Convenience)，在其他較低稅負國家註冊，以逃避美國勞工法、環境法甚至繳交高額稅賦的約束。

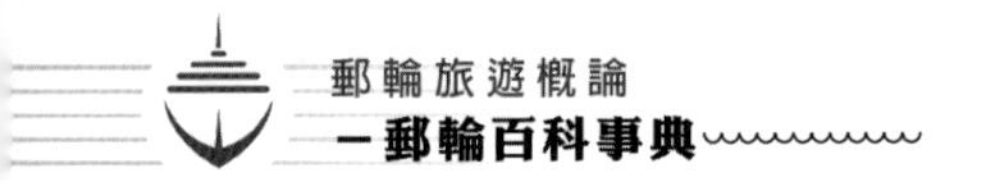

4. **創新降價，刺激消費**：郵輪企業持續創新開發鮮明主題、新型設施產品、娛樂服務項目，不斷向消費市場灌輸新的消費概念。同時，在「All Inclusive Concept（一價全包）」全部內含套裝遊程概念，盡可能壓低船票售價，以刺激消費。而後，在全球郵輪公司重要盈利來源，例如 Casino（賭場）、飲料銷售、岸上遊程及藝術品拍賣等經營項目加強行銷，以最大限度增加旅客在船的消費。

郵輪產業趨勢

Cruise Industry Trend

12

CHAPTER

Transformational / Sustainability / Healthy / Skip-Gen Cruising

一 郵輪產業現況

國際郵輪協會資料顯示（CLIA, 2020），自 20 世紀 90 年代迄今，郵輪產業發展概以平均每年約 7.2%的速度增長。2003 年郵輪旅客人次總數首次突破 1,000 萬人次之後，即以每年約 100 萬人次的等加比率增長，2011 年郵輪旅客人次總數突破 2,000 萬人次，接著 2019 年全球郵輪旅客再次攀高達到 3,000 萬人次（圖 12-1）。CLIA 國際郵輪協會近期公布《2020 全球郵輪市場前瞻》報告顯示，郵輪產業仍持續推動全球經濟成長，且全球郵輪旅遊正以穩定的速度繼續增長（備註：COVID-19 新冠肺炎疫情已然對郵輪業造成一定的負面衝擊，不過諸多研究顯示，各界仍然對國際郵輪產業發展深具信心，因為它畢竟是一種能夠彈性因應時勢，且能不斷適應創新的高端旅遊產業）。

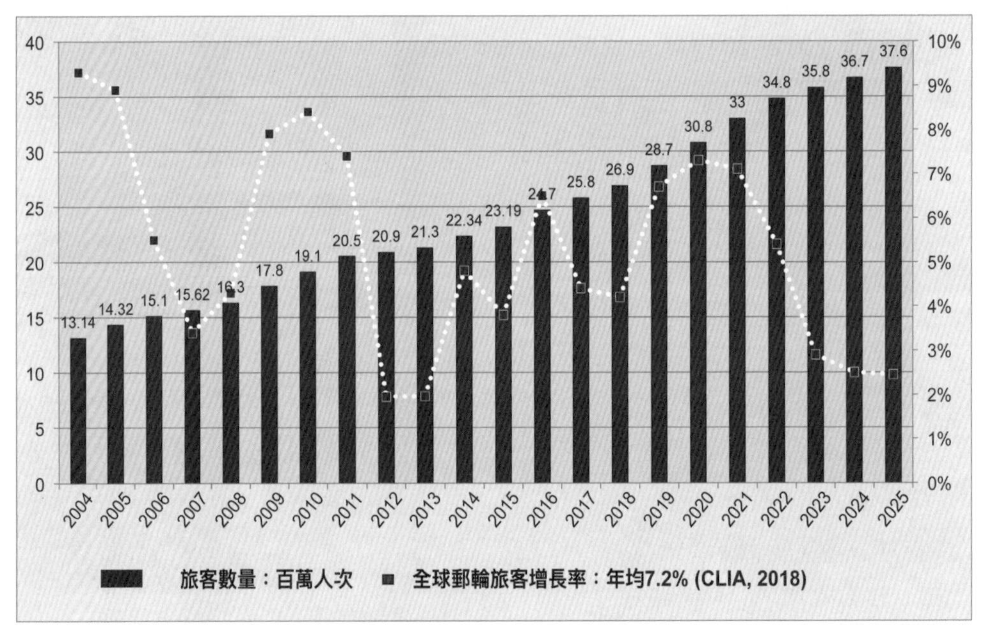

圖 12-1　全球郵輪產業年度增長圖(2004~2024)

(一)產業市場現況

1. **郵輪航線市場現況：**郵輪旅遊產業市場，是當今全球觀光旅遊市場中成長最為快速的主力產業之一，儘管全球景氣偶有呈現衰退現象，郵輪市場卻依然持續處於成長趨勢狀態。CLIA 針對全球郵輪市場做出趨勢預測與分析，自 2014 年起全球前三大郵輪航線市場，即均以加勒比海、地中海、亞太等三大地區為主力。加勒比海仍是船公司布署最多船隊的區域，占 35.4%，其次是地中海，占 15.8%，值得一提的是，2012~2017 年間，亞太郵輪市場占比成長超過一倍以上(6%~16.4%)，成為全球成長最為急遽的郵輪市場(表 12-1)。尚且亞太郵輪市場滲透率(搭乘郵輪人數／地區總人口數)僅及極低的 0.12%，相對亦深具成長空間，如今也已成為郵輪公司全球投放船隊前四大的市場之一。

表 12-1 2012~2017 年全球前五大郵輪航線市場占比表

郵輪市場區域 Region	2017	2016	2015	2014	2013	2012
加勒比海 Caribbean	35.4%	38.4%	39.9%	42.2%	39.5%	39.3%
亞太地區 Asia/Pacific	16.4%	13.5%	10.4%	9.1%	8.0%	6.0%
地中海 Mediterranean	15.8%	16.1%	17.9%	17.7%	19.6%	20.9%
西北歐洲 North/West Europe	11.3%	9.2%	8.5%	9.0%	9.4%	8.2%

資料來源：CLIA (2017) Asia Cruise Trends 2017

2. **郵輪旅客市場現況：**世界郵輪市場在 1990 年代期間，每年平均約有 7%~8%的成長，主要旅客來源亦以歐美人士為大宗。直到 1990 年代末期，整個郵輪產業年度載客量均維持於八百萬、九百萬人次。直到 21 世紀初以來，郵輪產業整體之年度載運量，終於 2003 年首次突破 1,000 萬旅客人次之後，即以每年約增加 100 萬人次之速率穩步成長(表 12-2)。

表 12-2 2011~2019 全球郵輪載客量（單位：百萬人次）

年度	2011	2012	2013	2014	2015	2016	2017	2018	2019
客量	20.5	20.9	21.3	22.3	23.0	24.7	26.7	27.2	30.0

資料來源：CLIA (2020)

3. **郵輪客源市場現況**：如以郵輪旅客來源論之，雖然目前全世界搭乘郵輪旅客來源，多數仍集中於北美、歐洲地區，但自 2012 年以來，亞太地區尤其是中國大陸及澳洲市場，無論是在郵輪船席鋪位、旅客來源等方面，均顯著呈現兩位數字之成長跡象。2017 年，亞太地區中國（全球第 2，2019 退至全球第 4）、澳洲（全球第 5），雙雙擠身全球郵輪客源市場前五名之列（表 3-7）。根據國際郵輪協會(CLIA, 2018)研究資料顯示，整體觀察自 21 世紀初以來的全球郵輪市場，發現北美市場之占有率雖然仍位居全球各區域之首。值得關注的是，北美市場除了增長速度呈現逐年趨緩跡象外，北美旅客整體市場的占有率也呈同步下滑狀況，證諸亞太市場近年來的穩步成長，恰好得以印證全球郵輪市場確已出現彼消我長的板塊東移現象（表 12-3）。

表 12-3 北美市場旅客總數與市場占有率下滑趨勢

年份	2000	2002	2004	2006	2008	2010	2012	2014	2016	2018
旅客總數	7.21	8.64	10.46	12.01	13.01	14.82	17.20	16.60	14.42	14.00
市占率	91%	86%	84%	83%	77%	72%	68%	65%	54%	52%

資料來源：CLIA (2018)（*單位：百萬人次）

（二）產業東移現象

1. **全球郵輪航線市場消長**：2008 年，全球經濟受到金融風暴影響之後，北美郵輪產業市場已漸呈逐步趨緩甚至略有衰退，進而造成整個產業出現「板塊東移」的跡象。素來多以歐美市場為營運主力的國際郵輪船隊，近年也已紛紛轉向亞太尤其是東北亞中、日、韓、臺等地區擴展市場。自 2000~2017 年的 18 年期間，全球郵輪產業市場運量持續成長將近三倍。然而，長期位居全球郵輪主力市場的北美市場卻逐漸出現衰退的現象（加勒比海-30%、阿拉斯加-40%、其他市場-50%），但傳統歐洲市場與新興的亞太市場則以很高的成長比率(+30%; +400%)，適足以彌補整體產業市場的缺口（表 12-4）。

表 12-4 全球郵輪航線市場（2000 年／2017 年）

航線市場	主要停靠國家地區	2000	2017	18 年± %
美洲 加勒比海	東加勒比海：維京群島、波多黎各、多明尼加 西加勒比海：牙買加、墨西哥、Grand Cayman 南加勒比海：委內瑞拉、哥倫比亞、ABC Islands 北加勒比海：巴哈馬、百慕達	52%	35.4%	-30%
美洲 阿拉斯加	加拿大（溫哥華）、美國（阿拉斯加）	7%	4.3%	-40%
美洲 其他市場	美東、美西、加拿大東部、墨西哥、巴拿馬運河	13%	7.3%	-50%
歐洲 地中海	西北歐洲諸國 東地中海：希臘、義大利、土耳其、埃及 西地中海：義大利、法國（蔚藍海岸）、西班牙	22%	29.4%	+30%
亞太市場	中國、臺灣、香港、日本、韓國、新加坡、泰國、馬來西亞、澳洲、紐西蘭	4%	16.4%	+400%
世界 其他市場	印度洋、非洲、越大西洋等海域	2%	7.2%	+150%
合　計		100%	100%	---

資料來源：CLIA (2016)

備註：自 2000 年至 2017 年的 18 年期間，全球郵輪產業市場運量成長將近三倍，雖然北美市場出現衰退現象(30%, 40%, 0%)，但傳統歐洲市場(+30%)、新興的亞太市場(+400%)以及非洲印度洋等其他市場(+150%)，則恰好以強勁的高成長率，來彌補北美洲產業市場衰退的缺口。

2. **國際郵輪船隊進駐東北亞市場**：2010 年代初期，受到早前 2008 年全球金融風暴、中國迅速崛起之雙重影響。出現『美洲消、歐亞長』產業東移趨勢，中國於短期內躍升成為世界郵輪第二大客源國。全球各大郵輪公司，紛紛派遣船隻進駐中、港、臺、日、韓等各主要港口營運。自 2010 年以來，受到全球郵輪產業東移影響，東北亞暨兩岸郵輪供給量大幅增加並相繼進駐的各家船隊大致有：歌詩達郵輪維多利亞號(Victoria)、大西洋號(Atlantica)、賽琳娜號(Serena)。皇家加勒比郵輪海洋航行者號(Voyager)、海洋水手號(Mariner)、海洋量子號(Quantum)。公主郵輪黃金公主號(Golden)、太陽公主號(Sun)、藍寶石公主號(Sapphire)、鑽石公主號(Diamond)、盛世公主號(Majestic)。雲頂香港麗星郵輪寶瓶星號(Aquarius)、處女星號(Virgo)、雙子星號(Gemini)、雙魚星號(Pisces)、天秤星號(Libra)、星夢郵輪雲頂夢號(Genting Dream)、世界夢號(World Dream)、探索夢號(Explorer Deam)以及維諾真郵輪喜悅號(Norwegian Joy)等郵輪船隻之進駐。

（三）亞太市場面臨問題

1. **專業人才稀缺**：人力資源管理是郵輪產業發展的主要關鍵因素之一，郵輪產業尤其對從業人員在知識素質、語言能力等方面要求很高。再者，郵輪就像一座漂浮海上的一座小城市，由航海、娛樂、餐飲、通關、法規、通訊、醫療等眾多部門組成，需要相關的專業人士來組織管理、協調運作。因此，郵輪旅遊產業管理者既須是通才，亦須是專才，然而這樣的人才在亞洲地區尚屬稀缺狀態，此一現象有待相關產官學界協力面對並設法提出解決方案。

2. **法規與政策限制**：郵輪旅遊在亞洲地區尚屬新生事物，各國對出入境管理和口岸管理，還是採用一般的出入境管理模式，造成郵輪出入口岸甚為不便，難以與國際接軌，更難以滿足旅客快捷、方便、舒適等通關要求。事實上，郵輪旅遊作為高端的、國際性的旅遊品項，所涉及的不僅僅是出入境法規，還涉及到海關、貿易等一系列的法規問題。各國相關法規與政策限制，必然導致過境簽證、外埠採購等方面的問題層出不窮。

3. **港口輔助設施不夠完善**：郵輪停靠需要專業的港口碼頭設施，其設施分為基礎設施和輔助設施，基礎設施是為滿足大型郵輪停靠的必備設施，輔助設施則包括購物、餐飲、住宿、維修等。目前雖然亞洲各大港埠都在建設郵輪專用碼頭。但仍有諸多港口城市尚未建成郵輪專用碼頭。國際郵輪抵達各國港口時，只能借用其他貨運碼頭或使用郵輪自備舷梯，旅客上下船和後勤補給都很不方便。同時，有些港口缺乏配套的購物、餐飲、住宿等設施，相對其所獲得的郵輪經濟效益也就十分有限。

二 郵輪產業趨勢

全球性郵輪產業組織的國際郵輪協會(CLIA)，是一個通過倡導、教育和行銷推廣等方式，全力協助全體協會成員達成共同利益為目標的組織。同時，該協會長期致力專注郵輪旅遊產業發展趨勢研究，茲條列郵輪產業趨勢焦點議題如下。

（一）郵輪產業增長趨勢

根據 CLIA 統計，每年平均約有 10 艘海輪新船下水，平均將加多約 3 萬個鋪位，而郵輪公司每年在建造新船的投資平均超過 65 億美元，郵輪產業持續增長趨勢至為明顯。預計從 2017~2026 年之間，新造郵輪海輪、河輪市場保持增長，提供越多的新造郵輪船舶等於提供旅客越多的選擇（表 12-5）。CLIA 也從從經濟面來探討郵輪產業的發展，2019 年全球郵輪產業吸引約 3,000 萬人次的旅客，創造超過 100 萬個工作機會，發出總值 40 億元的薪水與獎金，且郵輪旅客平均每天支出約 130 美元，郵輪產業在 2019 所創造的經濟產值高達 1,200 億美元。

表 12-5 2017~2026 年新造郵輪海輪、河輪訂單表

年份	海輪	河輪	訂單小計	鋪位
2017	13	13	26	30,006
2018	15	2	17	29,448
2019	20	2	22	51,824
2020~2026	32	0	32	119,510
訂單合計	80	17	97	230,788

資料來源：CLIA (2017) Cruise Industry Trend 2017

（二）郵輪大型化革新趨勢

隨著全球郵輪旅遊市場一直延續穩健增長的態勢，現代郵輪也有船舶大型化和功能革新化之趨勢顯現。研究分析顯示，20 世紀 80 年代建造的郵輪，單船噸位平均約達 2.6 萬總噸、776 個鋪位，20 世紀 90 年代建造的郵輪，單船噸位平均約達 4.6 萬總噸、1,205 個鋪位，2000 年後建造的郵輪，單船噸位平均約達 7.66 萬總噸、1,815 個鋪位，非常明確點出郵輪船舶大型化之新趨勢。

至於郵輪功能革新則轉向多樣化的方向發展，除了傳統固有的餐廳、酒吧、咖啡廳、免稅商店、夜總會、健身中心、圖書館、會議中心、青少年中心以及基本醫療中心之外，現代郵輪還設置豪華賭場、游泳池、高爾夫球練習場、保齡球館、籃球館、排球館、滑浪池、攀岩牆、滑冰場、滑水道、極限運動、高空觀景台等大型遊樂設施。茲略舉三艘新造郵輪趨向大型化、革新化趨勢為例，簡述如下。

1. **皇家加勒比海洋量子號 Quantum of the Seas**：總重 168,666 噸、載客量 4,905 位，2014 年下水的海洋量子號是郵輪造船業的劃時代飛躍，這不是一艘簡單意義上的新船，她已是高科技與奢華的創新結合。以吊臂高高升於海面 300 英尺之上的北極星 360°觀景台，讓大海和量子之景一覽無遺。甲板跳傘飛翔體驗、機器人調酒師、極度震撼觀景廳、海上碰碰車等遊樂設施，都讓遊客驚呼連連、歎為觀止（圖 12-2、圖 12-3）。

圖 12-2　海洋量子號北極星 360°觀景台

資料來源：https://www.royalcaribbeanpresscenter.com

圖 12-3　海洋量子號遊樂設施

資料來源：http://cruiseweb.com

2. **皇家加勒比海洋交響號 Symphony of the Seas**：全球最大總重 228,000 噸、載客量 6,300 位。這艘 2018 年全球最為聲名大噪的郵輪，除配備有類似前述海洋量子號的嶄新設施外，還裝設有讓乘客從第 10 層甲板滑下的超高滑水道「終極深淵」（The Ultimate Abyss，圖 12-4）。

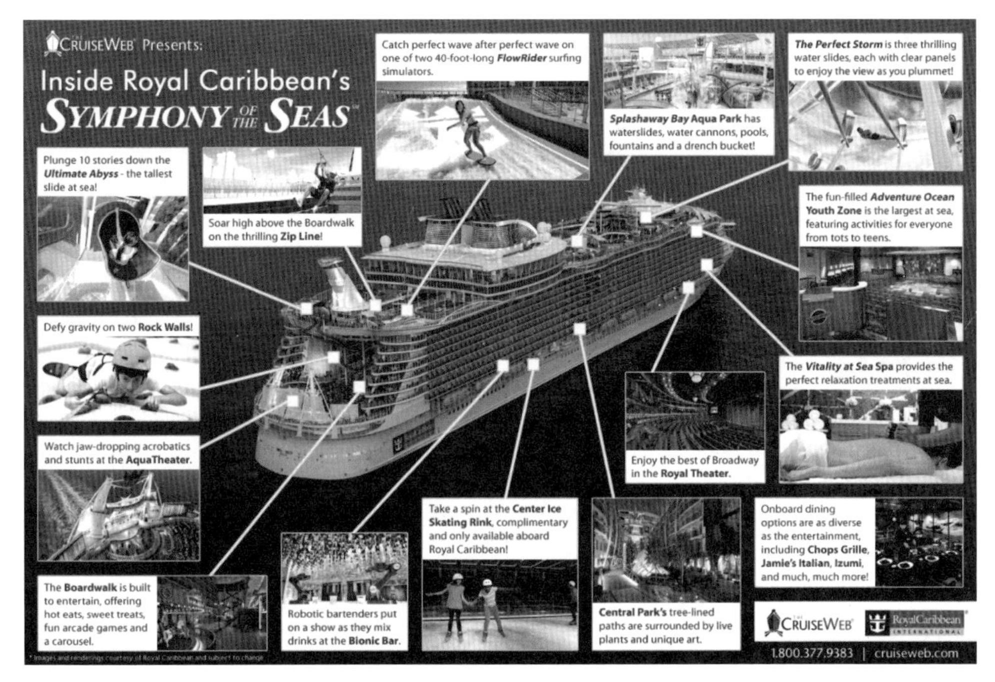

圖 12-4　海洋交響號遊樂設施

資料來源：https://www.royalcaribbeanblog.com

3. **嘉年華願景號 Carnival Vista**：總重 133,500 噸、載客量 4,000 位，標誌著嘉年華船隊公司之「Fun Ship 歡樂郵輪」歐洲世代的來臨。提供首個海上 Imax 電影院以及首個海上空中軌道腳踏船纜車(Skyride)等遊樂設施（圖 12-5）。

圖 12-5　嘉年華願景號遊樂設施

資料來源：http://cruiseweb.com

（三）郵輪客群年輕化趨勢

根據 CLIA 郵輪市場研究報告，北美市場的主要消費群體平均年齡，出現越來越年輕化的趨向，年齡分布自 30~39，50~59，60~74 歲的區間內分布，按 1/15 的比例依次減少。同時根據 CLIA 觀察，出生於西元 1966~2000 年之間介於 16~40 歲的新世代旅客，將比過去同年齡的人有更高的比例選擇搭乘郵輪旅遊。此外，超過三分之一的遊客年收入在 100,000~199,000 美金之間，28%年收入在 60,000~69,000 美金之間，樣本總體平均家庭年收入為 114,000 美金。

另據最新調查結果，郵輪目標客群約在 25 歲以上，家庭年收入約高於 40,000 美金。旅客人均消費約為 2,200 美金，是整體旅遊行業人均消費的 1.8 倍。大約 20%的消費者會選擇與五個人以上的團體一起出遊，80%的旅客會與配偶一起出遊，25%的遊客選擇帶自己的孩子一起參加郵輪旅遊項目。同時，從產業趨勢來看，產業創導「郵輪本身就是旅遊目的地 Cruise as Destination」嶄新體驗，在郵輪上打造提供越來越多的貼心服務與遊樂設施，開發更多元的航程並引進更多目的地碼頭的文化，以滿足現代旅客對於郵輪旅遊的諸多渴望。

（四）全球聚焦亞洲市場趨勢

2017/2018 年期間，中國旅客約各 240 萬／235 萬人次、澳洲旅客約各 133 萬／134 萬人次，雙雙分別躍升至全球 10 大百萬郵輪大國之第 2 名、第 5 名。其中尤其是中國郵輪旅客 10 年內旅客人數成長增加約十倍之多，霎時讓全球各郵輪船隊集團公司聚焦亞洲、中國。此外，郵輪公司更尋求與亞太地區諸多旅遊業、網路業甚或異業知名品牌合作，以達到雙贏的推廣行銷效果。

根據國際郵輪協會資料顯示(CLIA, 2020)，延續 21 世紀初以來郵輪產業不斷的成長趨勢，全球近 1,000 港口、逾 300 艘各式豪華郵輪，吸引著世界各國郵輪旅客的前往搭乘。其中，特別是在快速成長中的亞太郵輪市場，為數約有 18 個國家、168 個港口，陸續加入國際郵輪產業暨客源市場行列。2012 年至 2019 年，亞太地區郵輪客運量從 77 萬人到 400 萬人，複合年均成長率約達 35%，成為最受全球矚目且增長最快的市場（圖 12-6）。

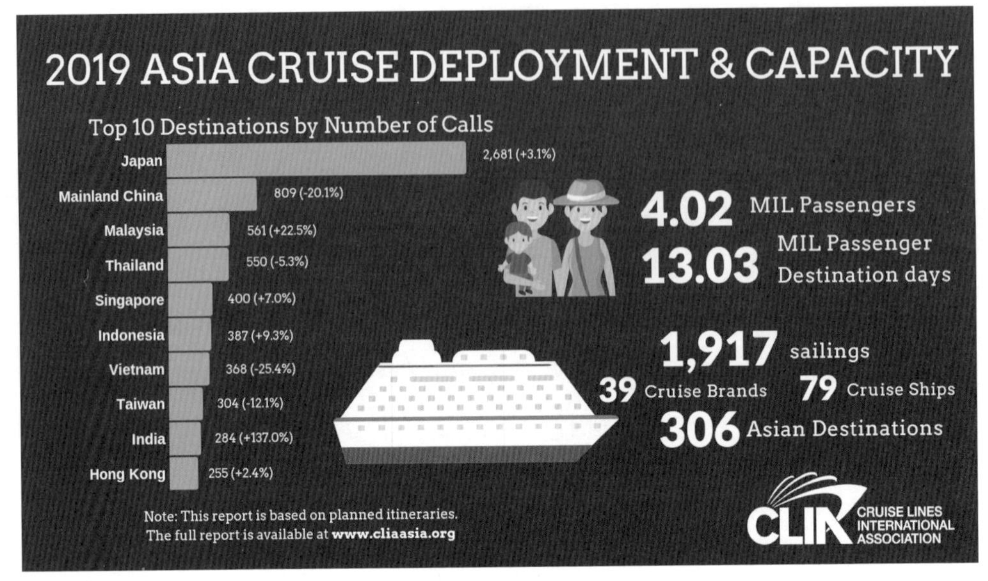

圖 12-6　亞洲郵輪靠泊國家現況

資料來源：CLIA (2020)

（五）中國市場盤整趨勢（摘錄自 2018/08《財經》特別報導）

在經歷長達七年的爆炸增長後，中國郵輪產業將在 2018 年首次出現負成長現象，2019 更出現高達-18.6%的衰退數據。不正常的低價包船模式、旅行社殺價「切艙」、郵輪多點掛靠以及旅客傾向觀望的消費習慣等等問題，都在阻礙郵輪市場潛能進一步釋放，導致中國市場很快的進入盤整階段。在近年來連續維持高增長態勢之後，中國郵輪市場出入境人次在 2016 年達到 88%的最高點，但在 2017 年卻突然出現驟降至 8%的異常低點。如此盤整趨勢在 2018 年不但沒有好轉，2019 年反而繼續惡化。根據航次安排計算，2018 年中國的郵輪接待遊客總人數，在歷史上首次出現負增長（預估值-20%），2019 年的情況更是變本加厲出現更大的跌幅（表 12-6）。最後，導致各大郵輪船隊只得採取「以小代大、減量供應」策略，以容量較少的船隻取代大型郵輪營運，謹慎樂觀的繼續經營中國市場。目前，中國郵輪市場面對盤整之因應之道及其勢發展與，非常值得相關產官學界寄予更多之關注。

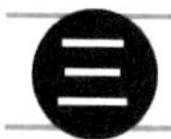
表 12-6 中國郵輪市場盤整趨勢表（2010~2019 年）

年　　份	旅客人次成長率	±%
2010~2015	40~50%平均值	40~50%平均值
2016	88%	+38~48%
2017	8%	-80%
2018	-1.6%	-9.6%
2019	-18.6%	-20.2%

三 郵輪市場整體趨勢

國際郵輪協會(CLIA, 2019)公布最新《2018 年全球郵輪展望與趨勢分析》報告，列舉全球郵輪未來發展的八大趨勢，包括產業持續蓬勃成長、新造船訂單穩定、市場走向亞太化、引進名廚到海上主持餐廳、與旅行業和航空公司異業結盟行銷、在世界各主要港埠增加更多交通方便的母港等趨勢。同時，種種跡象顯示郵輪已不再是銀髮族的專利，如今也已日漸受到年輕族群的喜愛，成了新型態的旅遊方式。最後，茲此參照 2018~2019 年國際郵輪協會(CLIA)就郵輪市場展望與整體趨勢研究結論，條列探討如下。

（一）郵輪市場展望 Cruise Market Outlook (CLIA, 2018)

1. **最高成長率產業(The industry is a most exciting growth category)**：依據 2018 年度報告指出全球郵輪快速成長的態勢，預測 2020 年全球郵輪旅客將有可能達成 3,000 萬人次的市場展望，證諸與 10 年前(2007)的 1,580 萬人次相比，市場成長幅度倍增。

2. 新造船需求增幅(New cruiseship demand increases)：2018 年全球郵輪公司將新造 13 艘海輪、13 艘河郵，新船的總投資額超過 68 億美元。整體預測，2017~2026 年間全球郵輪業預計將增加 97 艘新郵輪，當中包括 80 艘海輪與 17 艘河輪。

3. 港埠易達性需求(Drivable port location in favor)：郵輪公司為了增加客源，將來會在越來越多港口推出登船服務，讓旅客不必搭機遠道至另一個母港城市甚或海外港口，亦即可能開車就能直抵郵輪碼頭，這對想體驗郵輪旅遊又顧及消費預算的人來說，將會是一大誘因。

4. 旅運業密切結盟(It has close relationship with travel agency)：在當今網路銷售風行，旅運業尤其航空公司與旅行社關係越來愈薄弱的時代，卻仍有 8 成以上的旅客是透過旅行社來預訂郵輪產品，也突顯出郵輪產品的多樣複雜性，仍然需要藉由專業的旅行社服務人員來介紹的特性。

5. 市場快速亞太化(Cruise market is strong across Asia Pacific, China)：CLIA 報告指出，亞洲郵輪市場自 2010 年以來之迅猛增長，中國無疑是亞洲增長速度最快的市場。2017 年的中國母港郵輪供給量的增長大約是在 70%左右（與 2016 年相比），其中除原先的歌詩達、公主、皇家加勒比、雲頂香港等郵輪船隊之外，包括全球最新下水的豪華郵輪：皇家加勒比旗下的海洋量子號和海洋贊禮號；公主郵輪旗下的盛世公主號，還有新進入中國的諾唯真郵輪的喜悅號、地中海郵輪的輝煌號，都於近期內陸續投入中國市場營運。

6. 郵輪客層年輕化(New generation take to the water)：根據 CLIA 觀察，出生於西元 1966~2000 年之間介於 16~40 歲的新世代旅客，將比過去同年齡的人有更高的比例選擇搭乘郵輪渡假，而且對郵輪旅遊的評價，也高於陸地上的各種旅遊產品，包括渡假村、露營等，打破以往郵輪總給人一種高齡、退休、有錢有閒的人才搭得起的刻板印象。

7. **新客源多元傾向(New customer will take to the sea)**：除了前述年輕化趨勢外，家庭出遊也將成郵輪消費新客源主力。數據顯示，2016 年郵輪備受中年遊客的青睞，40 歲以上的遊客占比超過五成以上。業內人士認為，隨著親子遊市場的崛起，越來越多的家庭遊客，計畫將郵輪作為全家或祖孫同遊度假的新選擇。

8. **海上享美食主義(Lure of celeb chefs)**：郵輪公司不斷引進陸地上知名餐廳及其主廚到海上郵輪。絕大部份喜歡搭郵輪的旅客，都因慕名船上的餐飲美食體驗而來，郵輪公司為吸引這一票饕客上船，自然把腦筋動到陸地上的知名餐廳及其名廚，不惜重金禮聘上船大展廚藝。

   ＊ 案例分享：星夢郵輪邀請到澳洲三頂廚師帽名廚馬克貝斯特(Mark Best)，在海上推出同名餐廳，為郵輪量身設計菜色。皇家加勒比國際郵輪與英國名廚傑米奧利佛(Jamie Oliver)合作，旅客能在傑米海上的餐廳品嘗到他的招牌菜。公主郵輪與真人秀《帥哥名廚到我家》的名廚柯提史東(Curtis Stone)則攜手推出特製菜單。嘉年華郵輪找來美國 Food Network 的知名主持人古伊費艾里(Guy Fieri)，在船上推出他的漢堡等特色小吃。水晶郵輪網羅日本名廚松久信幸（Nobuyuki Matsuhisa，暱稱 Nobu），讓旅客在海上也能滿足舌尖上的渴望，嘗盡海上各種美食饗宴。

（二）產業趨勢展望 Cruise Trend Outlook(CLIA, 2018)

1. **旅客消費普及化(All Budgets Will Cruise)**：研究發現在過去三年當中，有 33%的郵輪旅客的家庭年收入低於 8 萬美元。

2. **旅客巡遊型態轉變(Transformational Cruise Travel)**：巡遊型態包含文化沉浸、自主旅遊以至於極限探險，而且多數搭乘過郵輪返回的人，將有新的人生視野與成就感。

3. **海洋生態永續旅遊(Sustainability at Sea)**：近年來，郵輪產業各界都能更加深入地關注海洋生態永續郵輪旅遊，並且預計將加強實施永續旅遊之實踐與程序。

4. **千禧世代喜愛河輪(Millennials Take to the River)**：內河巡航河輪日益吸引各式旅行者，也是千禧世代的最愛。

5. **祖孫郵輪旅遊(Skip-Gen Cruising)**：預計在 2018 年及其之後，郵輪旅遊將日益受到隔代祖孫同遊旅客的歡迎。

6. **寒帶旅遊者日增(Travelers Warm to Chilly Destinations)**：預計未來將會出現喜愛涼爽寒帶旅遊者日益普及的現象。

7. **注重養生郵輪之旅(Healthy Doses)**：郵輪將會為越來越多注重健康的旅行者量身定制遊程－從健康講座和養生食譜的選擇。

8. **智能旅行科技遊程(Smart Travel Technology)**：2018 年及其之後預計會增加旅行者友善的智能旅行科技遊程，以增強旅客旅行體驗。

9. **旅行代理商積極銷售(Tapping Travel Agents)**：旅行業者持續關注到消費者，在規劃和執行郵輪假期方面的穩定需求。

郵輪疫情防制

Cruise Pandemic Prevention

COVID-19 Guidance and Protocol for Cruise Travel

一 新冠疫情期間台灣率先復航跳島郵輪航程

2019 年底新型冠狀病毒(SARS-CoV-2)導致的嚴重特殊傳染性肺炎(COVID-19)席捲肆虐全球，包括觀光旅遊在內的各大產業皆受到沉重的打擊。根據聯合國世界觀光組織(UNWTO)報告指出：新冠疫情對旅遊服務產業的衝擊最為直接，舉凡航空業、酒店業、餐飲業、旅行業以及郵輪業等之旅客數量暨國際旅遊營收均造成極為巨大的損害，其虧損幅度竟是 2009 年全球金融風暴經濟危機時期的數倍之多。

其中，尤以郵輪因兼具有可單獨操作的獨立性 Isolated 與群聚性 Cluster 雙重特性，兼又因其空間區域相對擁擠且屬半封閉之狀態，群體感染疫情並迅速蔓延的風險相對較高。一旦遇到郵輪旅客在船上發生染疫現象，全船旅客恐皆將陷入群聚感染危機之中。例如，2020 年 2 月第一艘發生重大疫情的「鑽石公主號」郵輪，全船 3,500 餘位船員及旅客當中約有 730 位被感染確診，並造成其中 12 位死亡的不幸事件。截至 2020 年 4 月，已有超出 30 多艘郵輪傳出船上有新型冠狀病毒確診個案發生。因此，各國政府以及港口單位立即採取緊急應變措施，嚴令禁止任何國際郵輪停靠，全球郵輪公司亦都暫停運營以減緩疫情蔓延。

2020 年 7 月 26 日，雲頂集團星夢郵輪探索夢號於新冠疫情期間，在台灣政府相關各部會如交通部、衛福部等主管機關督促輔導之下，於基隆港率先復航並展開跳島暨環島郵輪旅遊航程。值此國家防疫能力就是展現國力的時代，台灣因有賴於疫情控制得當，不但已然成為國際矚目的防疫典範，同時更因率先全球復航台灣跳島暨環島航線而聲名大噪。探索夢號為防範新冠肺炎做足準備，除裝置新通風系統、負壓隔離艙房、謹守安全社交距離與用餐看劇人流控管之外，全船架設上百支酒精噴霧器以及十幾台洗手機嚴格防疫，並通過台灣衛福部疾管署各項防疫標準認證，堪稱為全球防疫郵輪的典範指標。星夢郵輪疫情防範措施「健康與安全防護作業準則」《Outbreak Prevention and Response Plan》，防控疫情內容簡述如下：

（一）登船離船篇

1. 所有人員登船前，須進行健康申報和體溫檢測，旅行出行歷史記錄／高危地區過境記錄、人員接觸史／實時身體健康狀況。
2. 登船舷梯口及廊橋，配備紅外線體溫監測儀，進行高頻率與次數的消毒殺菌清潔。
3. 對所有登船人員旅客可通過在線值船系統，獲取分時段登船通行證，快速辦理登船流程，減少碼頭等待集聚。
4. 增加郵輪上下船集合點數量，安排人員旅客分批離船。

（二）客房區域篇

1. 客房全面提高消殺清潔等級，並使用專業醫療使用級消毒劑進行消殺清潔，客房和客房通道擦拭消殺清潔每天 2 次。
2. 客房浴室使用專用鹼性清潔劑和消毒劑進行消殺清潔。
3. 及時更換客房床務備品，並對床品進行專業清潔和高溫殺毒。
4. 下水道中注入稀釋消毒劑，保證管道暢通避免滋生細菌病毒。

（三）公共區域篇

1. 全船公共區域均採用專業醫療級消毒劑進行消毒滅菌清潔工作，霧化和擦拭雙重消毒清潔。

2. 消毒清潔適用範圍及頻次：電梯客廂每 2 小時清潔 1 次、公共區域設施設備每日 2~10 次、水療中心區域設施每日 2 次等。

3. 公共區域提升消毒清潔頻率每日 2~4 次，對高度接觸面如電梯按鈕、門戶及扶梯把手、欄杆、桌面等每小時消毒清潔 1 次。

4. 公共區域廣泛放置消毒免洗洗手液，在主要通道和場所入口，服務人員主動提供洗手液，並提醒旅客使用。

（四）食品衛生篇

1. 餐廳、酒吧和後廚等餐飲區域，進行專業消殺清潔 3 次／日。
2. 安排旅客分時分區用餐，並按需提供用完即棄之免洗餐具。
3. 暫停自助取餐服務，由穿戴口罩和可拋棄手套的船員協助取餐。
4. 嚴禁採購使用野生動物及其製品，保證採購物資食材安全性。

（五）活動演出篇

1. 劇院均進行消殺清潔，3D 眼鏡（如配備）須進行專業清潔消毒。
2. 兒童活動遊樂區設備及玩具，使用專業醫用級消毒劑消清。
3. 免稅店及娛樂場所，使用專業醫用級消毒劑消殺清潔每天 2 次。
4. 娛樂遊藝場設備，使用專業醫用級消毒劑進行消殺每 2 小時 1 次。
5. 活動場所及劇院，觀眾須保持安全間距、維持社交距離。

（六）新通風系統篇

1. 全船每間客房及公共區域均配備 100%新鮮室外空氣循環系統。

2. 船內或客房間空氣不回流、不交叉。

3. 全面深入檢查及清潔空氣過濾器和冷卻器。

（七）醫療設施篇

1. 醫療中心設有隔離病房，部分客房可根據需要轉換為隔離室。

2. 汙染醫療物品及病患棄物，按安全健康操作標準統一密封處理。

3. 使用專業醫療級消毒劑，針對醫用垃圾桶高頻消殺清潔每日 2 次。

4. 參與疑似病例高危工作的相關人員，必須穿戴足夠個人防護用品（面罩、護目鏡、一次性手套和可棄防護外衣）。

二 全球郵輪針對新冠疫情管控策略

2020 年影響全球最大的災難事件，當非肆虐全球的新型疫情莫屬，首當其衝受害的包括郵輪業在內的旅遊服務產業。為了保住此一每年超過 3,000 萬搭乘人次、年產值超過 460 億美元的郵輪產業，也希冀產業能從停滯不前的困境中衝出一片生天，郵輪業者遂依照各國疾病管制當局規範(CDC; Centers for Disease Control)，從郵輪本身「環境衛生」、「疫情防制」以及「衛生教育」三個面向擬出疫情防治措施，並對疫情管控擬定具體執行方案，茲分別簡述如下。

（一）環境衛生

定期與不定期檢查、固定與不固定次數之全船環境衛生、飲用水及各項用水檢測、醫療用品與設備更新、公共區域與客房的空氣循環系統改善（空調空氣來源自內循環採風更改成外來新鮮空氣導入之空調系統）、公共區域（例如接待大廳、劇場、公共活動場域等）與非公共區域（例如駕駛台、機艙、船員住艙等地）定時消毒清潔、旅客下船後客艙艙房與周邊徹底消毒與清潔等，意味著加重郵輪安全官(Safety Officer)環衛檢查的責任。

（二）疫情防制

主要針對「登輪前與離輪後」、「客房區域」、「公共區域」、「餐廳區域」、「空調系統」、「醫療設施」等面向，制定疫情防制因應措施。

1. **登輪前與離輪後防制措施：**要求完成「所有旅客體溫檢測並採檢陰性」、「所有旅客填寫健康申報表」、「所有船員及旅客體溫檢測」、「事前預約分時段報到並加速登船流程，減少候船室旅客群聚時間」、「高頻次執行舷梯及登船通道的清潔工作」、「登船人員旅行證件嚴格檢查」、「接待旅客人數限制」等作為。

2. **客房區域：**做到「使用消毒劑進行客房全面清潔」、「全面擦拭消毒客房通道扶手」、「使用專用清潔劑和消毒水對客房與浴室進行消毒殺菌清潔」、「客房床單及備品定時更換」等作為。

3. **公共區域：**完成「全面使用消毒劑進行清潔全船公共區域」、「全船地板消毒清潔」、「高頻率接觸點如電梯按鈕、扶手欄杆、扶梯把手、門把手、桌面等處所的消毒清潔」、「增加公共區域消毒洗手液置放」、「主動提供、提醒旅客使用消毒液」、「兒童遊樂設備定期消毒清潔」、「公共活動場所管制旅客人數與流量」、「採行預約制度以控制使用設備和設施的人數」等作為。

4. **餐廳區域：**落實郵輪「餐廳餐具消毒清潔」、「旅客使用消毒液」、「分時段、分區用餐」、「停止旅客自助取餐」、「服務人員配戴口罩並用可拋式手套」、「限制共桌人數、用餐流量」、「禁止採購來自疫區食品食材、野生動物及加工製品」等策略。

5. **空調系統**：更改與改裝郵輪「各客房獨立空氣循環系統」、「公共區域配備室外空氣循環系統」、「全面加裝高效濾網(HEPA)過濾空調系統」、加強「檢視空氣過濾器」等措施。

6. **醫療設施**：建立「郵輪與在岸大型醫療機關建構遠距醫療與緊急醫療運送機制」，或在既有船醫制度下，另行「聘用大型在岸醫療機關醫護人員，協助並擔任疫病防治工作諮詢專家」職務，建構「郵輪醫療中心隔離病房」、「緊急時客房改設成為隔離病房的機制與能力」、「妥慎處理廢棄醫療廢棄物品」等作為。

(三)衛生教育

1. **員工**：嚴格執行「人員體溫檢測」、「提供消毒用品時須全程佩戴口罩，嚴格要求完整穿著可拋棄式之防護用具」、「加強員工衛生教育訓練」、「教導正確洗手程序並監督養成習慣」、「設立專屬安全衛生檢測標準及程序」、「統合督導郵輪安全衛生」等策略。

2. **旅客**：要求旅客遵守「全面接受施打疫苗」「登船前提供三日內核酸檢驗證明書」、「落實旅客登船前之體溫檢測」、「須全程佩戴口罩」、「落實 1.5 公尺社交安全距離」、「宣導個人衛生概念」、「發生身體不適情事，主動告知醫務人員」、「加強郵輪危害通識宣導工作」等規定。

三 美國疾管局疫情防制指導方針 (CDC Guidance on COVID-19)

自 2020 年中截至 2021 年初之新冠疫情期間，美國疾管局特別向郵輪業發布新的指導方針，內容包括要求接種 COVID-19 疫苗，才能核准恢復郵輪航行。根據路透社報導，新的技術性指導方針是 2020 年 10 月以來首次更新，包括將通報 COVID-19 病例與人員不適的頻率從每週增加到每日、根據郵輪疫情狀態對所有船員進行例行性採檢，以及制定讓船員與港口人員接種疫苗的計畫與時間表。

疾管中心表示：COVID-19 疫苗接種行動對於安全恢復郵輪營運十分重要，有條件復航令的下一階段措施將包括模擬航行，讓船員與港口人員和志工一同熟習新的防疫程序之後，才可恢復讓旅客登船。儘管業界呼籲 2021 年 7 月初之前讓郵輪業分階段復航，疾管中心並未說明美國港口恢復郵輪營運的確切日期。疾管中心表示，CDC 致力於讓郵輪業與港口夥伴合作，遵循 2020 年 10 月有條件復航命令規劃的階段性作法，在能安全旅行時才能讓郵輪復航，且郵輪復航前將再發布更多指導方針。

代表嘉年華集團(Carnival Corp)、挪威郵輪公司(Norwegian Cruise Line)與皇家加勒比郵輪公司(Royal Caribbean Cruises)等業者的美國國際郵輪協會(CLIA; Cruise Lines International Association)，2021 年 3 月 24 日發布聲明說，「疾管中心沒有採取任何行動，等同於在全球最大郵輪市場禁止航行」。國際郵輪協會表示，去年 10 月發布的有條件航行命令已經過時，無法反映郵輪業在全球其他地方經過證實的進展與成功營運成果，也沒有考量到已有疫苗問世，如此針對郵輪業太不公平。郵輪航線應該跟其他旅遊、觀光、餐旅與娛樂業一樣，受到平等對待。

編按：國際郵輪協會(CLIA)發布的《2021 年郵輪業發展前景報告》指出，儘管 2020 年充滿挑戰，但在未來幾年內預計將有 74%的郵輪恢復航行。調查顯示，多達 2/3 的旅客願意在接下來的一年內參與郵輪旅遊，58%的無郵輪旅遊經歷旅客願意在未來幾年內嘗試郵輪旅遊。自 2020 年 3 月中旬全球郵輪暫停營運後，在歐洲、亞洲和南太平洋的部分地區，郵輪已於 2020 年 7 月陸續開始恢復營運。7 月上旬至 12 月中旬全球郵輪航行次數已超過 200 航次（台灣復航 58 航次名列前茅）。報告預測 2021 年將有 19 艘新船首次亮相，總共將有 270 艘 CLIA 成員公司郵輪陸續投入營運。

因受到新型冠狀病毒肆虐，造成郵輪產業的業務崖降(Cliff Fall)，郵輪群被迫集中於外海執行無載客碇泊或是直接送往拆船廠解體求售。更有甚者，各國政府在邊界關閉(Border Lock-Down)政策下，屢屢發生拒絕船員登岸導致船員無法返鄉的情形。因此，全球各郵輪公司遂不約而同發展出新的作業準則(Operational Protocols)，以因應新冠肺炎並憑之爭取各國政府復航核准。

以遠洋郵輪為例，探討全球各郵輪公司為因應復航而建立並執行的新作業準則，歸納簡述如下（編按：依據 ABC 字母順序排列，計有 AIDA 愛達郵輪、Bahamas Paradise Cruise Line 巴哈馬天堂郵輪、Costa Cruise 歌詩達郵輪、CroisiEurope 泛歐遊輪、雲頂集團 Crystal Cruise 水晶郵輪、Dream Cruises 星夢郵輪、Star Cruises 麗星郵輪、Hapag-Lloyd Cruises 赫伯羅德郵輪、Hurtigruten 赫提格魯登郵輪、Maine Windjammer Cruises、MSC Cruises 地中海郵輪、Norwegian Cruises 諾維真郵輪、Oceania 大洋郵輪、Princess Cruises 公主郵輪、Paul Gauguin 保羅高更郵輪、Ponant、Regent Seven Seas Cruises 麗晶七海郵輪、Saga、Silversea 銀海郵輪、TUI 途易郵輪、UnCruise Adventures、Victory Cruise Line、

Variety Cruises、Virgin Voyages、Windstar Cruises 星風郵輪等等郵輪公司)。

1. **施打疫苗準則**：美國疾管局要求所有郵輪工作人員，必須接種 COVID-19 疫苗，郵輪才能獲准恢復營運航行。同樣的，各家郵輪公司也明文規定，所有旅客須遵守在出發前完成 COVID-19 疫苗接種、登船前提供疫苗接種證明、核酸檢測陰性證明、接受體溫檢測、公共區域佩戴口罩、保持安全社交距離等規定。
2. **防疫作業準則**：各家郵輪公司多引進防疫作業準則範本，要求所有人員在公共區域必須配戴口罩、定期接受體溫檢測、全船加強清潔衛生與消毒措施、配備聚合酶連鎖反應(Polymerase Chain Reaction, PCR)病毒快篩系統，降低人員間過於密集之接觸。
3. **減少旅客乘載數量準則**：各家郵輪公司強制維持人與人間的社交距離，以最大旅客乘載量之六成為銷售上限，導入線上報到系統以降低群聚感染機率，定時清理客艙並將閒置客艙以噴霧方式消毒，管制商店區以及娛樂區人潮，不得多於 50 人為上限。
4. **加裝 HVAC 空調系統準則**：各家郵輪公司禁止郵輪空調再循環，以確保全船空氣之新鮮程度，同時多加裝 HVAC 暖氣、通風、空調系統（Heating, Ventilation, and Air Conditioning，或稱暖通空調系統）、全新的空氣清淨過濾網等，以確保室內空氣符合健康標準。
5. **改變供餐模式準則**：各家郵輪公司多取消提供自助餐服務，並安排以兩梯次用餐方式提供餐點，避免共用餐具產生交互感染之風險。此外，全時段的旅客在自己船艙內用餐、各桌次間保持社交安全距離的間距，以及遵守其他相關郵輪供餐的安全規章等。

附錄 郵輪旅遊 Q & A

資料來源：

雄獅旅遊 http：//www.liontravel.com/comm/2trs/hotsale/25/qa/

可樂旅遊 http：//www.colatour.com.tw

郵輪生活－基礎篇

Q1：我從來沒參加郵輪行程，要如何選擇適合我的行程呢？

A：郵輪沒有參加門檻，只要考慮個人的需求，從旅遊天數、地區、價格等選擇適合自己的行程即可。

Q2：郵輪的船艙是否都是 2 人 1 室呢？

A：郵輪的船艙有 3 或 4 人艙房，因為數量不多，一般需要提早跟船公司提出需求。

Q3：郵輪的船艙可以接受加床嗎？

A：郵輪船艙空間有限，沒有辦法加床（有 3 或 4 人艙房），且無論大人、小孩每人都要有床，不可以 2 人艙房住 3 人或 4 人。

Q4：郵輪航線各有什麼適合的季節區分呢？

A：郵輪因地區和經緯度不同以及郵輪公司船隻多寡政策問題，大致可區分如下：阿拉斯加每年（5~9 月）、地中海（4~11 月）、北歐波羅的海（5~9 月）、加勒比海（11~4 月）、紐澳（11~3 月）、中南美洲（10~4 月）、夏威夷&大溪地（11~4 月）、東南亞（12~4 月）、東北亞（4~10 月）。

Q5：我想要全家大小一起旅行適合嗎？

A：郵輪適合各種年齡的消費者，包括全家一起旅行。

Q6：我不會說英文，適合參加郵輪旅遊嗎？

A：郵輪上因多數為外籍人士，一般以英文為主要溝通語言，有些航線尤其亞太地區現在也有說中文的工作人員。團體行程旅行社會派說中文的領隊。

Q7：參加郵輪的行程，我須如何準備衣服呢？

A：以旅遊地區溫度準備所須服裝，海上假期應準備三種服裝：白天的便裝、晚間正式服裝、上岸觀光採購的便服（適合行走）。郵輪旅遊期間，郵輪上將舉行各種精彩的娛樂節目及高級社交活動，乘客之服裝衣著標準也因活動性質而有所規定，請您務必配合，例如船長的歡迎酒會及特定的豪華晚宴等，所有乘客皆需穿著正式晚禮服參加（女士請穿著洋裝，男士請穿深色西裝打領帶及深色襪子），我們建議您至少準備一套正式晚禮服。您所參加的是豪華郵輪旅遊系列之一，因此郵輪上進餐時亦有服裝規定，早餐與午餐您可穿著休閒服裝（但請勿著泳裝、赤足或打赤膊入餐廳）。除了特定的豪華晚宴須穿著正式晚禮服外，晚餐時請著便服（請勿穿著短褲、拖鞋與T恤等）。

Q8：參加郵輪的行程，我須帶幾雙鞋子呢？

A：郵輪岸上觀光需穿著適合行走鞋子，及參加宴會的正式鞋款，因郵輪上無提供拖鞋，因此建議您可自備拖鞋供您在艙房內活動使用，但請注意，拖鞋僅能於艙房內穿著。

Q9：參加郵輪的行程，我須如何準備行李呢？

A：郵輪假期，白天是休閒的，不論你在船上或岸上。在夜晚或是舉辦晚宴時你最好著較正式的服裝（ex：深色西裝、晚禮服...等）

Q10：郵輪上的設施是否都是免費呢？

A：您所繳交之費用已包含船上所提供之餐點、表演、住宿及船上大部分的公用設施，所以船上各項娛樂及運動設施皆歡迎充分利用（ex：游泳、電影、健身房、卡拉 OK…等）。另特別提醒，飲料、飲酒、醫療、洗衣…等項目則需另行付費（含艙房內的瓶裝水及汽水）。

Q11：是否有郵輪的菜單及節目表可提供呢？

A：船上每日之活動節目表皆會自動配發給每個旅客船艙，菜單則陳列於餐廳內。

Q12：郵輪上的菜單及節目表都是英文的嗎，有中文的可提供嗎？

A：亞太地區郵輪大致都有中文服務。但如果您是要自己登船旅行，基本的英語溝通能力是一定需要的。或者強烈的建議您參加旅行公司為您包裝好的套裝行程，由專業的領隊隨行，並且也擔任各位旅客的翻譯人員，並將每日船上的活動節目表翻譯成中文，並建議參加您適合的活動，並為您做任何言語上的溝通。

Q13：郵輪上的消費都是必須以信用卡付費的嗎？

A：當您登船時請至櫃檯填妥個人資料手續，服務人員即會給予您一張「郵輪卡」Cruise Card、SeaPass，您在船上的消費都將會紀錄於「郵輪卡」之上，在您下船時只要至櫃檯確認您的總消費明細，屆時你可選擇使用信用卡或是現金做支付即可。

Q14：郵輪上的消費是以美金計價的嗎？

A：不一定，計價方式將依船公司及航程地域不同而有所差異，但您放心，大部分郵輪上消費計價皆是以美金、港幣或歐元為主，而每筆消費都會紀錄於您的「郵輪卡」上。

Q15：孕婦適合參加郵輪的行程嗎？

A：孕婦必須出示醫師證明適合在船上旅遊，且不接受乘客在航程開始或航程進行中，會進入或已進入懷孕第三期〈懷孕 27 週〉的孕婦。實際週期規定，依各郵輪公司而有所不同。

Q16：行動不便的人適合參加郵輪的行程嗎？

A：行動不便或需要服用藥物之乘客都必須自行攜帶妥當，或請人陪伴共同出遊，以便能適時的提供必要的幫助。

Q17：郵輪上有提供輪椅的服務嗎？僅限在郵輪上使用嗎？

A：如有使用輪椅之乘客，務必於出發前先行通知，船上備有無障礙艙房，因數量有限須即早訂位！另船上備有少量的輪椅設備供旅客預定，但僅限使用於郵輪上，如欲岸上觀光則必須自備輪椅，請注意！因某些地區至港口需以接駁船方式登陸，為基於安全考量，使用輪椅之乘客可能無法獲得登陸。

Q18：郵輪上設有無障礙艙房嗎？

A：郵輪上備有少數的無障礙艙房，因數量有限，需及早做預定。

Q19：手機在郵輪上都可使用嗎？計費會很高嗎？

A：郵輪上皆備有衛星電話供旅客做撥打，撥打的方式為：國際碼＋海洋碼＋該船電話號。若您由船上撥出，則可由艙房直撥至世界各地。請注意，衛星電話費率比一般國際電話要高出許多，每分鐘約美金 4.95 元左右。（計費方式依船隊不同，而有所差異）。

Q20：郵輪上有網路可使用嗎？計費會很高嗎？

A：郵輪上皆設有網吧與 24 小時無線上網服務，如您攜帶之手提電腦備有無線上網裝置亦可使用，相關計費方式將因船公司不同而有所差異。

Q21：我會不會暈船呢？

A：郵輪航程的線路都是經過專門設計的，讓遊客在一年中最合適的時間享受世界上最美麗和最平靜的大海。我們的郵輪使用最現代的技術設計和建造，具備複雜的平衡系統，甚至可以在風浪中平穩巡遊。郵輪平穩行進的感覺給參加過巡遊的遊客留下了深刻印象。但如果您覺得必要，可在接待處洽領暈船藥片。

Q22：郵輪上有提供牙膏、牙刷、洗髮精、沐浴乳等備品嗎？

A：郵輪上皆備有沐浴用品，但基於環保及個人衛生習慣，牙膏及牙刷等個人盥洗用具建議您自行攜帶！

Q23：郵輪上有提供吹風機嗎？

A：郵輪上每個客艙通常皆備有吹風機供您使用（有時會依船隊不同，而有所差異）。

Q24：郵輪上有提供醫療服務嗎？

A：郵輪船隻均設有收費的醫務室提供急救和醫療服務，醫護人員來自國際醫生協會。急救服務只收取合理價格。醫療和配藥服務時間於每日節目表中列出。醫療室和資訊台會提供暈船醫護資料。旅客有特別醫療需要，請於訂艙時明示，特別是長期服藥者請帶備服藥清單內容和劑量。旅客如需要自行注射藥物，請聯絡艙房服務員索取棄置針筒的箱子。

Q25：郵輪上對賭博有特別的規定嗎？

A：幾乎每艘郵輪都設有娛樂場。娛樂場內有老虎機、輪盤以及其他娛樂臺。根據國際法，船隻駛往公海時，始能開放，並只准許成人進入。

Q26：我在郵輪上可以寄明信片回台灣嗎？

A：可以的，您可在服務台購買明信片並會提供郵寄服務。

Q27：郵輪上有託嬰的服務嗎？

A：由早上到晚間，我們的娛樂人員會安排不同活動給你的兒童（他們必須獨立、能自理），讓你能在船上享受到寧靜的時刻，甚至讓你自由自在地參加岸上觀光的活動。

每日 9：00a.m.~11：30p.m.有娛樂人員照顧你 3~11 歲的孩子（孩童與少年均可）。若有需要，可要求 11：30p.m.~1：30a.m.的集體式托兒服務。服務時段會因應船上的節目安排而有所改變。

在某些時段，這項服務將有一些限制，具體時間將會在船上公布。船上設有四個俱樂部：

- 迷你俱樂部，適合 3~6 歲的兒童
- 高年級俱樂部，適合 7~11 歲的兒童
- 少年俱樂部，適合 12~14 歲的少年人
- 青年俱樂部，適合 15~17 歲的青年人
- 青年俱樂部只活躍於指定時段。俱樂部活動可能根據參加人數作出變更。
- 三歲以下幼童，船上將不獲提供托兒及娛樂服務。

＊我們提醒你：兒童少於 18 歲不能單獨乘船，而嬰兒於乘船當日起計少於 6 個月大則不能上船。至於橫渡大西洋或 15 天以上之航線，最低年齡限制為 12 個月。

Q28：我只有 1 人報名，團費要如何計算呢？

A：船上每間艙房都設定最少二人一間，如果產生單人房的狀況，還是要付兩個人的費用。

Q29：我繳了團費之後，還須要額外支付什麼費用呢？

A：通常一般船費中包括的船艙住宿費、航行交通費、所有餐廳之餐點提供（但不含單點飲料費及訂位餐廳）、船上的娛樂表演活動及遊樂設

施。此外，船費中並不包括個人醫療費用、小費，及私人消費的項目，如酒類及非酒類飲料、洗衣費、電話費、沖洗相片、SPA、美容、艙房內所提供之瓶裝礦泉水飲料等費用，都是您個人須自行負擔的範圍。

Q30：郵輪的團費怎麼都那麼貴呢？

A：郵輪上所提供的服務、餐飲、活動設施等都具備一定的專業水準，且所繳交之團費其中更涵蓋船上許多設備上的使用，活動參與及餐飲享用，同時也因航程天數不依及郵輪的不同，售價上相對的也會有所不同。

Q31：郵輪的小費是如何計算呢？

A：我們將向所有使用船上酒店服務的乘客收取每天的服務費用。此費用將視航程的天數在整個旅行結束後收取。具體標準為：

- 航程 8 天或不長於 8 天，每位成人每天 7 歐元。航程長於 8 天，每位成人每天 6 歐元。
- 歌詩達幸運號和大西洋號由 Fort Lauderdale 出發之加勒比海航線，每位成人每天 11 美元。
- 歌詩達愛蘭歌娜號、經典號和羅曼蒂克號，之 4-5-6 天遠東短線，每位成人每天 9 美元。
- 歌詩達協和號、命運女神號和維多利亞號之橫渡大西洋之春季及南美洲線，每位成人每天 9 美元。

Q32：小孩（含嬰兒）也必須支付小費嗎？

A：旅客 14 歲以下免收服務費。而 14~17 歲的旅客將收取 50%上述之服務費（計費方式依船隊不同而有所差異）。

Q33：是否有針對親子優惠的郵輪行程呢？

A：4~14 歲的兒童可得到以下的優惠：不定期

- 旅遊地中海及北歐可享七折優惠
- 旅遊杜拜、阿拉伯酋長國、遠東、印度洋、南美及橫渡南美大西洋彼岸可享七五折優惠

- 旅遊加拿大、美國、加勒比海及橫渡加勒比海大西洋可享九折優惠，三歲以下兒童有成人陪伴而不占座位免費（計費方式依船隊不同而有所差異）。

Q34：有沒有什麼特別的優惠呢？

A：一般郵輪公司都有鼓勵客人提早報名的優惠方案(EARLY BIRD BOOKING)，船艙費會依報名及出發日期前後而有所調整，而且調幅很大；如果你已經有參加的計劃及預算的考量，建議您及早訂位並完成報名手續，以便為享有最好的特惠價格！

Q35：郵輪團費內有含保險費用嗎？

A：您於訂購郵輪行程時，郵輪公司將會強制享每位乘客收取強制性保險費用。以確保您於郵輪上發生事故時能獲得應有的基本保障。

郵輪生活－飲食篇

Q1：什麼是「不同的用餐時段或用餐梯次」呢？

A：旅客可以在航行期間預定餐廳桌位。請在預定單中說明你喜歡的菜式以及餐桌大小。關於你預定餐廳桌位的確認證明將會發送到你的客艙。晚餐有 2 個時段，以下時間作參考：

- 第一時段：晚上 7 點。
- 第二時段：晚上 9 點。

Q2：我可以自行帶酒類在郵輪上享用嗎？

A：船上禁止自行攜帶任何於岸上或船上免稅店購買的任何含酒精類的飲料，亦無法於船上享用，服務人員將把這些酒類代為保管，於航程結束前一天再送回您艙房中，讓您帶下船，請見諒並請務必配合！

Q3：我是吃素者，安排素食會很麻煩嗎？

A：不會的，郵輪上提供各式各樣的餐飲服務，當然也有針對素食者提供素食餐飲服務。

Q4：郵輪上是否禁菸呢？

A：在舞台內、餐廳、自助餐廳（室內部分）、走廊、大堂、電梯及梯間，皆禁止吸菸。賭場、酒廊內部分指定地方供給吸菸人士使用。菸斗及雪茄只能在指定地方吸食。為了避免引起火警意外，請記得在提供之菸灰缸內熄滅菸蒂及不要隨地丟棄菸蒂。

郵輪生活－遊程篇

Q1：行程中原已包含岸上觀光的部份，若不想參加，是否可以退費呢？

A：岸上觀光活動一經訂購不予退款。除非另有說明，岸上觀光費用一般包括交通費、導遊費，及入場參觀費。旅程時間表和價目表如有改變，組織機構不一定事前通知。如參加人數少於要求人數，行程會被取消，並退回已繳款項，但不會作任何賠償。

Q2：加購岸上觀光行程需要出發前事先預定嗎？

A：岸上觀光是配合船隻航行的時間，按自己喜好，旅客可於登船後訂購岸上觀光活動，或在出發前進入我們的網頁預訂。有些觀光活動（特別是北歐）名額有限，因此我們建議您早日預訂。

Q3：我如何能獲得岸上觀光的資訊及計費方式呢？

A：您可在郵輪上事先詢問辦理岸上觀光之服務人員，並從中取的您所需要之資訊，但乘客於旅遊期間於停泊之港口購物（地毯、珠寶、商品超過某些價值等），可能需要按當地國家規定繳付稅款。請注意，郵輪方面不能替旅客估計稅額及收集稅款。

Q4：參加岸上觀光須要另外再支付導遊小費呢？

A：是的，如您欲參加岸上觀光之活動，皆會派當地導遊以及司機隨行，亦會於岸上觀光結束時向每位旅客收取導遊司機小費。

Q5：郵輪行程是否一定會有領隊隨行呢？

A：當人數達一定出團人數時，旅行社即會派領隊隨行。

Q6：岸上觀光的導遊會說中文嗎？

A：不一定，因郵輪上之乘客多半來自不同國家，無法因語言需求而做導遊之選擇。

郵輪生活－常識篇

Q1：郵輪旅遊需要辦理護照嗎？

A：所有乘客必須準備半年以上有效期之護照，如果您持用非美國護照，您還須準備有效之簽證或綠卡。

Q2：船上服務有分等級嗎？

A：今日的郵輪都是一個等級。每一個人在船上可使用所有設施。價格則取決於艙房的大小和位置。但不管你的艙房大小，大家所享受的服務是相同的。

Q3：我會覺得無聊或封閉嗎？

A：不會。在海上足以給你一種自由的感覺。你大約要花個兩三天去發現船上有什麼設施，而且每次在新港口停靠，都是個令人興奮的驚奇旅程。郵輪就像是一座漂浮的渡假聖地，可以自己決定要做什麼，像躺在泳池甲板的椅子、呼吸海上新鮮空氣、曬太陽、讀本好書、觀賞多變的景觀。你可以參加一個運動課程、舞蹈課程、運動比賽，或其他的有組織的甲板活動，也許你可以練習網球與高爾夫球的動作、投籃球、游泳、享受三溫暖、到健身房運動、欣賞電影、聽場演講、玩橋牌等等。

Q4：到港口時可以做什麼？

A：你可來個自由行或請導遊或參加船上的岸上觀光團。你可以尋求古代的廢墟或來個瘋狂大血拼、到河川泛舟、騎腳踏車由 10,000 呎的火山口旁向下衝、騎馬過山丘或海灘、爬上瀑布或金字塔、看文明誕生地、追逐歷史的腳步。假如還有時間，欣賞民族舞蹈、打場高爾夫或網球、吃些當地食物、學習玩風帆船、到世上最好的沙灘遊泳或曬太陽、海釣馬林魚、浮潛、潛水、到夜總會、賭場、搭纜車到山頂。郵輪是一個最簡單的方式去參觀新的地方和做些你夢想的事。郵輪假期是最理想的方式去些你已去過的地點做為下一個假期。重點是，你不需要一直打包行李。

Q5：我一定要參加船上的活動嗎？

A：在郵輪上，你可以做你想做的事。或躺下不做任何事，隨心所欲的。

Q6：郵輪是否適合全家旅行？

A：32%的郵輪假期是為有孩子的家庭所訂的。大多數的船公司會為兒童安排有監護的特別活動，尤其是在學校放假期間。假如你的孩子喜歡游泳、運動、遊戲、電影和到新地方的探險，他們會喜歡全家去郵輪渡假。你將會發現兒童很快的適應船上的生活。郵輪上的顧問將會提供他們層出不窮的活動。

Q7：晚上有什麼活動？

A：夜晚，船上的生活才正要開始。有百老匯式秀、舞蹈、在夜總會現場表演、DISCO、酒吧、電影。大多數的船上有賭場，還有許多特別活動，如船長的雞尾酒會、旅客的才藝表演、午夜自助餐。夜晚你想要玩到多晚都可以甚至觀賞海上壯觀的日出。

Q8：船上娛樂是否要付費？

A：不需要。在郵輪假期裡，我們不用入場費，而且有現場的表演，首輪的電影。多樣選擇，皆無需付費。

Q9：在船上是否容易認識新朋友？

A：船上是認識新朋友最好的地方，因為每一個人都是友善的。船上氣氛熱絡且休閒。你會因為晚宴、因為雞尾酒會，在泳池旁或沿甲板的欄杆，與許多擁有共同話題而交談甚歡的新朋友相遇，也許你們還會相約來年再續呢!

Q10：單獨旅行者是否適合郵輪？

A：單獨旅行者，會在郵輪裡認識很多人。事實上，大多數的船都有為單身的人安排宴會，你可以馬上參加。部分的船有單人房或單人住雙人房的價格。

Q11：我應該怎麼打包行李？

A：郵輪和其他度假勝地沒什麼不同。郵輪假期裡，白天是休閒的，而夜晚，則要看場合。船長的宴會(CAPTAIN'S GALA)最好穿較正式的服裝如深色西裝或禮服，在雞尾酒會則穿晚宴服或晚禮服。

Q12：我可以用吹風機或電動刮鬍刀嗎？

A：大多數船上房間內的電源是 110 伏特／220 伏特，台灣的電器大多可以使用。

Q13：郵輪上的餐點有哪些選擇？

A：每當你坐下來時，你會有各種頭盤的選擇（開胃菜、沙拉、湯、蔬菜和甜點都是）。不會限制你要點什麼點多少，因為船方只想提供您各種美味的餐點，但不表示你回家時會發福，你可以選擇低卡路里的食物、到溫泉場(SPA)或到健身中心、做體操、游泳、打高爾夫、網球和其他。

Q14：我可以在船上得到特別的餐飲需要嗎？

A：大多數的船上可提供無鹽、素食、低碳水化合物、猶太或其他的特別餐飲。不過，這個需求應在事先安排。所以請您事先告知。

Q15：我可以慶祝特別的日子嗎？

A：當然，大多數的船公司會給你免費蛋糕和唱生日快樂。無論您想如何慶祝這個節目，當然也可以與香檳、鮮花、美酒一同慶祝。你只要於訂位時事先告知。

Q16：渡蜜月的人是否適合郵輪旅遊？

A：毫無疑問的。郵輪提供一個最適合的羅曼蒂克氣氛，舒適的兩人晚餐，日落時散步在甲板。大多數的船公司提供特別的服務從出發到歡迎香檳和在床上用早餐。（郵輪裡多數為 TWIN 的床，但可以合併成為一個 QUEEN SIZE 的床，部分豪華船艙有真正的 QUEEN 或 KING SIZE 的床），有些船提供結婚儀式或重新宣示結婚誓言的特別安排。

Q17：我可以與外界保持聯繫嗎？

A：相當容易。大多數的船有每日的新聞報導。許多船上的艙房都有電視，甚至電話，經過船上的報務人員或 IDD 你可以打電話給岸上的人，你也可以在港口時打電話。許多船也有傳真機。新型郵輪上都有網路咖啡館提供上網和收發 E-MAIL 服務。

Q18：要付多少小費呢？

A：小費是屬於個人的喜好。一個簡單的規則是大約每人每天給餐廳和房間服務生美金 3.50 元，給 BUS BOY（或叫 ASSISTANT WAITER 助理服務生）美金 2.00 元，給服務生領班美金 1.00 元和給船艙服務生美金 3.50 元（詳細要看每家公司的政策，有少數公司價格包括小費）。其他的人員因特別的服務就看你自己的意思。

Q19：我會暈船嗎？

A：多數不會，最受歡迎的郵輪是航行在最平靜的海域，大部分新船上有平衡翼，再加上精準的氣象資訊和有效的醫藥，大多數暈船的情形都會被克服。

Q20：船上有醫療服務嗎？

A：每條船都有全套的醫療設備和醫護人員來應付緊急情況。

Q21：船上有洗衣服務嗎？

A：是的，所有的船都有洗衣設備，大多數還提供乾洗服務。不過專業洗衣和乾洗是要額外付費的。少數的船也有自助洗衣的設備。

Q22：船上有會議室嗎？

A：每艘大型郵輪上有公共空間可作為團體的會議室，假如您有這樣的需求，請先提出時間與餐飲的需求，有些船也提供視聽設備。

一、中文部分

王諾(2008)，郵輪經濟－郵輪管理、郵輪碼頭、郵輪產業，化學工業出版社。

可樂旅遊網，郵輪 Q&A，http://www.colatour.com.tw

呂江泉(2001)，旅客選擇海上郵輪旅遊之動機與體驗之研究，中國文化大學觀光事業研究所碩士論文。

呂江泉(2002)，郵輪旅遊，新文京出版。

呂江泉(2008)，台灣發展郵輪停靠港之區位評選研究，中國文化大學地學研究所博士論文。

呂江泉(2015)，郵輪旅遊實務，新學林出版。

林志恆(2007)，愛上遊輪旅行，墨刻出版。

林志恆(2009)，遊輪：一生一次的尊榮旅行，墨刻出版。

欣傳媒(2014)，大玩遊輪，雄獅旅遊集團。

徐國裕(2013)，船舶管理（第二版），五南圖書出版。

潘勤奮(2007)，國際郵輪經濟發展模式及對我國的啟示，科技和產業研究。

孫曉東(2014)，郵輪產業與郵輪經濟，上海交通大學出版社。

蔣昭弘(2013)，台灣發展郵輪產業的可行性及策略評估分析，國家政策研究。

森岡邦彥(1999)，客船旅行，風濤社，日本東京。

廈門沃燊海事(2016)，2016 年郵輪盤點：http://news.hsdhw.com

雄獅旅遊網(2017)，郵輪 Q&A，http://www.liontravel.com

楊杰(2012)，郵輪運營實務，對外經濟貿易大學出版社，中國北京。

郵輪經濟(2004)，MBA 智庫百科，網頁資訊：http://wiki.mbalib.com/zh-tw。

顏闓明(2006)，船舶下水、命名及交船典禮儀式的傳統，網頁資訊：http://www.catholic.org.tw

二、英文部分

CLIA (2020), 2019 Global Market Report. https://cruising.org

CLIA (2020), State of the Cruise Industry Outlook 2019. http://www.cruising.org

CLIA (2020), Cruise, It's All About You. http://www.cruising.org

Cruise Critic (2020), Your Ultimate Cruise Guide. http://www.cruisecritic.com

Cruise Critic (2020), Cruise Reviews, Cruise Deals and Cruises. http://www.cruisecritic.com

Cruise Market Watch (2020), Market Share. http://www.cruisemarketwatch.com

Douglas Ward (2020), Cruising & Cruise Ships 2018. Berlitz Publishing.

Gibson, Philip (2006), Cruise Operations Management. Burlington, MA: Butterworth-Heinemann.

Giora Israel & Laurence Miller (1999), Dictionary of the Cruise Industry, Seatrade Cruise Academy.

International Maritime Organization (2020), IMO Official Website: http://www.imo.org

John Tercek (2014), Cruise Port Criteria and Design, Asia Cruise Forum Taiwan.

Marc Mancini (2016), The CLIA Guide to the Cruise Industry. DELMAR.

Recruiement (2020), Cruise Ship Jobs / 2020 Employment Manual. http://www.recruisement.com

Scott Lagueux (2014), LandDesign, Asia Cruise Forum Taiwan.

New Wun Ching Developmental Publishing Co., Ltd.

New Age · New Choice · The Best Selected Educational Publications — NEW WCDP

NEW WCDP
新文京開發出版股份有限公司
新世紀・新視野・新文京 — 精選教科書・考試用書・專業參考書